21世纪应用型创新实践实训教材

统计学实验教程
——基于Excel

黄顺泉 ◎ 主 编

清华大学出版社
北京

内容简介

本书选择通用性较强的 Excel 软件，每章在简要介绍统计学相关基础知识的基础上，对每个统计实验分别列明实验要求、详细操作步骤和输出结果，并提供相应的实验习题，供学生练习使用。实验项目涵盖统计整理、数据的图形展示、描述性统计分析、抽样及分布函数、参数估计、假设检验、方差分析、相关与回归分析、时间序列分析、统计指数等统计学内容。本书既可以作为各类高等院校经济管理专业学生学习统计学的实验教材或教学参考书，也可以供经济管理人员阅读和参考。

图书在版编目（CIP）数据

统计学实验教程：基于 Excel/黄顺泉主编.—北京：清华大学出版社，2020.5（2025.1重印）
21 世纪应用型创新实践实训教材
ISBN 978-7-302-55490-5

Ⅰ. ①统…　Ⅱ. ①黄…　Ⅲ. ①表处理软件－应用－统计分析－高等学校－教材　Ⅳ. ①C819

中国版本图书馆 CIP 数据核字（2020）第 085088 号

责任编辑：高晓蔚
封面设计：李伯骥
责任校对：宋玉莲
责任印制：杨　艳

出版发行：清华大学出版社
　　　　网　　　址：https://www.tup.com.cn, https://www.wqxuetang.com
　　　　地　　　址：北京清华大学学研大厦 A 座　　　邮　　编：100084
　　　　社 总 机：010-83470000　　　　　　　　　邮　　购：010-62786544
　　　　投稿与读者服务：010-62776969，c-service@tup.tsinghua.edu.cn
　　　　质量反馈：010-62772015，zhiliang@tup.tsinghua.edu.cn
印 装 者：天津鑫丰华印务有限公司
经　　销：全国新华书店
开　　本：185mm×260mm　　印　张：15.75　　　字　　数：351 千字
版　　次：2020 年 7 月第 1 版　　　　　　　　　印　　次：2025 年 1 月第 3 次印刷
定　　价：45.00 元

产品编号：086901-01

21世纪应用型创新实践实训教材
编委会

序

　　国家"互联网＋"战略的实施加速了"大智移云"时代的到来,给经济活动和社会发展带来深远影响。企业财会工作向信息化、智能化转变,财会工作岗位所要求的理论素养和实践技能也随之发生深刻变革。这一变革对于高等院校人才的培养模式、教学改革以及学校转型发展都提出了新的要求。自2015年起,上海市教育委员会持续开展上海市属高校应用型本科试点专业建设工作,旨在提高学生综合素质,增强学生创新和实践能力。

　　上海海事大学会计学专业始创于1962年,是恢复高考后于1978年在上海市与原交通部所属院校中率先复办的专业,以会计理论与方法在水运行业的应用为特色。进入21世纪后,上海海事大学会计学专业对会计人才的培养模式进行了全方位的探索与实践,被列入上海市属高校应用型本科试点专业建设,将进一步促进专业的发展,增强专业的应用特色。

　　教材是实现人才培养目标的重要载体,依据"应用型本科试点专业"的目标定位与人才培养模式的要求,上海海事大学经济管理学院组织编撰"21世纪应用型创新实践实训教材"。本系列教材具有以下特点。

　　(1)系统性。本系列教材不仅涵盖会计学专业核心课程的实践技能,还涵盖管理学、经济学和统计学等学科基础课程的实践技能,并注重课程之间的交叉和衔接,从不同维度培养学生的实践应用能力。

　　(2)真实性。本系列教材的部分内容来源于企业的真实资料,例如,《中级财务会计实训教程》《成本会计实训教程》《审计学实训教程》的资料,来源于某大型交通制造业企业;《财务软件实训教程》的资料来源于财务软件业知名企业;《财务管理实践教程》的资料来源于运输企业。

　　(3)创新性。本系列教材在内容结构上进行了新的探索与设计,突出了按照会计岗位对应实践技能需求的特色,教学内容得到了优化整合。

　　(4)校企融合性。本系列教材的编撰人员具有丰富的教学和实践经验,既有双师型高校教师,也有企业会计实务专家。

　　相信本系列教材的出版,在更新知识体系、增强学生实践创新能力、培养应用型人才等方面能够发挥预期的作用,提升应用型本科试点专业的建设水平。

2020 年 7 月

前　言

　　统计学是经济管理类学科的核心课程之一。统计学实验不仅是统计学理论教学的延续，更是提高统计学教学质量的有效手段，能够使学生的统计学基本原理掌握更加扎实、专业技能操作更加熟练。本书选择通用性较强的 Excel 软件，每章在简要介绍统计学相关基础知识的基础上，对每个统计实验列明详细操作步骤和输出结果，并提供相应的实验习题，供学生练习使用。为方便学习，本书还提供实验例题和实验练习的数据文件，以及实验练习的参考答案，读者可按书后的教学支持说明扫码获取。

　　本书由上海海事大学黄顺泉负责全书框架设计和统稿，陈丽江撰写第一章和第八章，钟俊娟撰写第二章和第三章，蒋元涛撰写第四章，袁象撰写第五章，吴敏撰写第六章，邹玉叶撰写第七章，黄顺泉撰写第九章，张敏撰写第十章，沈超撰写第十一章。姚雪娇、王琳、彭丽、周林静、梅颖娴、代钰璇、胡广多、叶英泽、刘梦寒、徐龙等同学参与了本书的部分编写校对工作。非常感谢余思勤教授和吴先华教授在百忙之中对本书进行审阅，并提出宝贵的意见与建议。

　　本书既可以作为各类高等院校经济管理专业学生学习统计学的实验教材或教学参考书，也可以供经济管理人员阅读和参考。

　　本书的出版受到上海市属高校第五批应用型本科试点专业(上海海事大学会计学专业)建设经费资助，在此致以衷心的感谢!

　　在本书编写过程中，参考了大量国内外有关统计学、Excel 等方面的文献资料。在此，向本书参考文献中已列出和未列出的文献作者表示感谢!

　　最后，由于编者水平有限，书中难免存在不足与错误之处，恳请各位读者、同行和专家批评指正，帮助我们进一步修订、完善实验教材。

编　者

2020 年 5 月

目 录

第 一 章

Excel 概述

第一节　常用统计软件概述

常用的统计软件有 SAS、SPSS、Stata、Statistica、S-PLUS、R 语言、Excel 等，它们有着各自的特点。

SAS 系统中提供的主要分析功能包括统计分析、经济计量分析、时间序列分析、决策分析、财务分析和全面质量管理工具等。SAS 是用汇编语言编写而成的，通常使用 SAS 需要编写程序，适合统计专业人员使用。

SPSS 的基本功能包括数据管理、统计分析、图表分析、输出管理等。SPSS 统计分析过程包括描述性统计、均值比较、一般线性模型、相关分析、回归分析、对数线性模型、聚类分析、数据简化、生存分析、时间序列分析、多重响应等几大类。

Stata 统计软件由美国计算机资源中心（Computer Resource Center）1985 年研制。其特点是采用命令操作，程序容量较小，统计分析方法较齐全，计算结果的输出形式简洁，绘出的图形精美。不足之处是数据的兼容性差，占内存空间较大，数据管理功能需要加强。

Statistica 是美国 StatSoft 公司开发的一套完整的统计资料分析、图表、资料管理、应用程式发展系统，制图功能强大，能够在图表视窗中显示各种统计分析和作图技术。

S-PLUS 提供超过 4200 种统计分析函数，包含了传统和现代的统计分析、数据挖掘、预测分析的算法。S-PLUS 提供了交互、可视化的操作环境。

R 语言可以处理横截面数据、时间序列数据、面板数据。其特点在于 R 软件是开源的软件，其中有丰富的（约有 1 万多个）可以调用的"包"。

Excel 是我们最常见的办公工具，对于数据量并不是很大的数据，Excel 可以很灵活便捷地处理。所以 Excel 一定要学好，不仅要掌握好 Excel 基本的功能，还要会熟练使用 Excel 公式、Excel 图表等功能。

第二节　工作簿的创建和数据的输入

工作簿是 Excel 用于处理和存储数据的文件。每一个工作簿可以由一张或多张工作表组成。在 Excel 2013 中，用户可以同时打开多个工作簿，但是在当前状态下，只有一个工作簿是活动的；工作簿中的工作表也只有一个是活动的。如果要激活其他工作簿，可以进入【视图】选项卡的【窗口】组，通过在【切换窗口】下拉列表中选择其他工作簿名称来实现。

一、工作簿的创建和保存

（一）工作簿的创建

创建工作簿是用户使用 Excel 2013 的第一步。创建工作簿主要有以下两种方法。

1. 自动创建

当启动 Excel 2013 时，系统会自动创建一个 Excel 工作簿，并自动命名为"Book1.xlsx"。

2. 手动创建

单击【文件】按钮，选择其中的【新建】命令，在可用模板下选择【空白工作簿】。选择后，单击【空白工作簿】按钮即可创建出相应的工作簿。

（二）工作簿的保存

1. 手动保存

在对工作簿进行操作时，应记住经常保存 Excel 工作簿，以免由于一些突发状况而丢失数据。在 Excel 2013 中常用的保存工作簿方法有以下 3 种：单击【开始】按钮，在下拉菜单中执行【保存】命令；在快速访问工具栏中单击【保存】按钮；使用 Ctrl＋S 组合键。

若第一次保存工作簿，则按上述 3 种方法之一操作后，将弹出【另存为】对话框，鼠标左键双击【计算机】将会弹出如图 1-1 所示对话框，可以为文件选择一个保存位置，在【文件名】文本框中输入工作簿的名称，在【保存类型】列表中选择要保存的文件类型，默认为".xlsx"，单击【保存】按钮即可对工作簿进行保存。

2. 自动保存

除手动保存外，Excel 2013 还提供了【自动保存】功能，以免因死机、停电或其他意外事故造成数据丢失。设置自动保存的方法如下：单击【文件】按钮，在下拉菜单中单击【选项】按钮，打开【Excel 选项】对话框，单击左侧列表中的【保存】项，打开【自定义工作簿的保存】方法设置属性页，如图 1-2 所示；在该对话框中的【将文件保存为此格式】文本框中可选择想要设置文件保存的格式，在【保存自动恢复信息时间间隔】中可设置保存自动恢复信息时间间隔，还可以设置【自动恢复文件位置】和【默认本地文件位置】等选项，设置完成后单击【确定】按钮即可定时自动保存。

图 1-1　工作簿的手动保存对话框

图 1-2　自定义工作簿的保存

二、数据的输入和导入

(一)数据的输入

在创建好的工作表中就可以输入数据,在 Excel 2013 工作表中可以输入数值、日期或时间等数据。

输入数据可以直接在单元格内进行,也可以在编辑栏里输入。单个单元格数据输入时,只需选定需要输入数据的单元格,输入数字、文本、日期或时间,按【Enter】键即可。

1. 输入数值型数据

在 Excel 2013 中的单元格中可以输入整数、小数、分数以及科学计数法的数值。

2. 输入文本型数据

在 Excel 2013 中输入文字,只需选中单元格,输入文字,按【Enter】键即可。Excel 2013 会自动将输入的文本设置为左对齐。文本型数据可由汉字、字幕、数字及其他符号共同组成。如果将数值型数据作为文本型数据保存,可在前面加单撇号"'"。

3. 输入日期或时间数据

在 Excel 2013 中,输入的数据若符合日期或时间的格式,会自动被识别为日期或时间;如果不能识别当前输入的日期或时间格式,则按文本处理。

第一种方法:是将单元格设置为日期或时间格式,设置后输入数字就可显示为日期或时间。设置单元格格式的步骤如下:

右键单击单元格,在打开的快捷菜单中选择【设置单元格格式】,转到【数字】选项卡,在【分类】列表中选择【日期】或【时间】选项,在右侧的【类型】中选择需要显示的格式即可。

第二种方法:手工输入日期或时间。

在输入日期时,日期的连接符号为"/"或"-"。在输入时间时,时间的连接符号是":"。在同一单元格中可以同时输入日期和时间,但要求在日期和时间之间用空格隔开,否则将被认为是文本。

(二)数据的导入

Excel 允许用户使用外部数据库文件,外部数据导入的方法有两种:

第一种方法是使用【文件】选项卡的【打开】命令,随即弹出【打开】对话框,如图 1-3 所示。在存放位置找到需要导入的外部文件,单击【打开】命令即可。

第二种方法是使用【数据】选项卡的【获取外部数据】命令,获取的外部数据的来源有:自 Access、自网站、自文本、自其他来源,如图 1-4 所示,可以选择需要的方式。

图 1-3 从"文件"选项卡导入外部数据文件

图 1-4 从"数据"选项卡导入外部数据文件

第三节 数据的编辑

为了方便用户建立和维护工作表,Excel 2013 提供了多种编辑命令,支持对单元格进行修改、插入、删除、移动、复制以及查找、替换等操作。

一、插入单元格、行或列

如果想在某个位置上插入单元格,可以按照以下步骤进行操作。

第 1 步:选择要插入单元格的位置。

第 2 步:在【开始】选项卡的【单元格】组中,单击【插入】按钮,打开【插入】下拉菜单,如图 1-5 所示。

第 3 步:选择【插入单元格】命令,在插入对话框中选择插入的方式,如图 1-6 所示。在插入对话框中可通过选择活动单元格右移或活动单元格下移来控制插入新单元格后原单元格的移动方向。

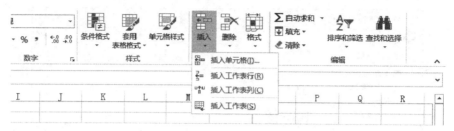

图 1-5 "插入"下拉菜单

此外,若要在工作表中插入行或列,只要在如图 1-5 所示的【插入】下拉菜单中,选择【插入工作表行】或【插入工作表列】即可。

图 1-6 插入方式选择对话框

二、清除或删除单元格、行或列

对于工作表中出现的多余内容,为了清除或删除这些内容,就需要清除或删除包含这些多余内容的单元格、行或列。

(一)清除单元格、行或列

清除操作只是删除了单元格中的内容,而该单元格仍然存在。清除单元格中内容的具体步骤如下:

第 1 步:选择要清除内容的单元格或单元格区域。

第 2 步:在【开始】选项卡的【编辑】组中,单击【清除】按钮,打开如图 1-7 所示的【清除】下拉菜单。

图 1-7 "清除"下拉菜单

第 3 步:选择菜单中的相应命令即可。若选择【全部清除】命令,则清除单元格中的所有内容;若选择【清除格式】命令,则只清除单元格的格式;若选择【清除内容】命令,则只清除单元格的内容;若选择【清除批注】命令,则只清除单元格的批注(若选择【清除超链接】命令,则只清除单元格的超链接)。

（二）删除单元格、行或列

删除操作则不仅删除了单元格的内容,而且连同单元格本身也一并删除。若要在某个位置上删除单元格、整行或整列,其操作步骤如下。

第 1 步:选择要删除的单元格。

第 2 步:在【开始】选项卡的【单元格】组中,单击【删除】按钮,打开【删除】下拉菜单,如图 1-8 所示。

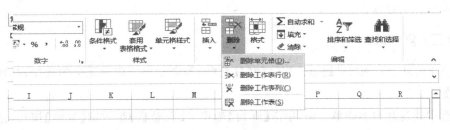

图 1-8　"删除"下拉菜单

第 3 步:选择【删除单元格】命令,在删除对话框中选择删除的方式,如图 1-8 所示。在【删除】对话框中可通过选择【右侧单元格左移】或【下方单元格上移】来控制删除单元格后的填补方向。

此外,若要在工作表中删除行或列,只要在如图 1-8 所示的【删除】下拉菜单中,选择【删除工作表行】或【删除工作表列】即可。

三、移动或复制单元格

在 Excel 2013 中,可通过鼠标拖动进行移动单元格操作,也可以通过剪贴板进行单元格的移动或复制。

（一）移动单元格

在处理数据时,有时用户会对表格或部分单元格的位置进行调整,这时用移动单元格是非常方便的,移动单元格的方法有以下两种。

1. 用鼠标移动单元格

用鼠标移动单元格的方法适合短距离移动单元格,具体操作为:选择要移动或复制的单元格,将鼠标指针指向选定区域的边框,此时鼠标指针显示为四个方向的箭头形状,拖动选定单元格或区域到选定粘贴的位置即可。

2. 用剪贴板移动单元格

如果单元格要移动的距离比较长,超过了屏幕,这样拖动起来就很不方便,这时可以使用如图 1-9 所示的剪贴板来移动单元格,具体操作如下。

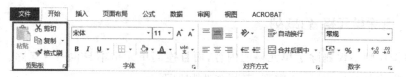

图 1-9 "剪贴板"菜单

选中要移动的单元格或区域,单击开始选项卡【剪贴板】组中的【剪切】按钮,此时剪切的部分就被虚线包围了,选中要移动到的单元格,单击工具栏上的【粘贴】按钮,单元格就移动到相应位置。

(二)复制单元格

在 Excel 2013 中,可通过使用【复制】【粘贴】等命令来复制单元格的数据,具体操作方法如下。

选中要复制内容的单元格,单击【开始】选项卡【剪贴板】组中的【复制】按钮,选中要复制到的目标单元格,单击【开始】选项卡【剪贴板】组中的【粘贴】按钮即可将内容复制到目标单元格。

四、查找和替换数据

Excel 2013 具有查找与替换功能,不仅可以查看与编辑指定的文字或数字,还可以自动替换查找到的内容。

(一)查找数据

实际操作中,有时用户需要查找特定的数据,此时可以使用 Excel 2013 中的查找功能,具体操作如下。

第 1 步:在【开始】选项卡的编辑组中,转到【查找和选择】按钮,在下拉菜单中选择【查找】命令,如图 1-10。

图 1-10 "查找和替换"菜单

第 2 步:在弹出的【查找和替换】对话框中,单击【查找】选项卡,输入要查找的内容。

第 3 步:单击【查找下一个】或【查找全部】按钮,则 Excel 2013 将会自动查找符合条件的单元格。

(二)替换数据

替换数据的操作方法与查找数据的方法大致相同,具体操作如下。

第 1 步：在【开始】选项卡的编辑组中，单击【查找和选择】按钮，在下拉菜单中选择【替换】命令。

第 2 步：在弹出的【查找和替换】对话框中，转到【替换】选项卡，在【查找内容】文本框中输入要替换的内容，在【替换为】文本框中输入替换后的内容。

第 3 步：单击【替换】或【全部替换】按钮，则 Excel 2013 将会自动替换符合条件的单元格。

第四节　Excel 的数据分析模块的加载

第 1 步：打开 Excel 2013 工作文件，鼠标左键单击左上角【文件】按钮（如图 1-11），鼠标左键单击【选项】按钮（如图 1-12），则弹出 Excel 选项窗口。

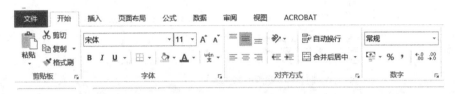

图 1-11　"文件"选项卡

图 1-12　文件选项卡中的"选项"按钮

第 2 步：然后在弹出的【Excel 选项】窗口（如图 1-13）下选择【加载项】，然后在【管理：】右方选择【Excel 加载项】选项卡，然后鼠标左键单击【转到】按钮。

图 1-13　Excel 选项卡中的加载项

第 3 步：再在弹出的【加载宏】窗口下鼠标左键单击勾选【分析工具库】（如图 1-14 所示），在【Excel 选项】窗口右下方鼠标左键单击【确定】按钮。

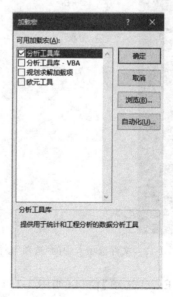

图 1-14　可用加载宏

第 4 步：在 Excel 2013 工作文档中鼠标左键单击【数据】选项卡弹出【数据分析】窗口，其模块下包含的【分析工具】如图 1-15 所示。

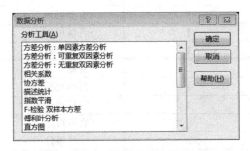

图 1-15　"分析工具"菜单

实验练习一

请用 Excel 2013 创建一个新的数据表格，将表 1-1 中的数据复制到"Sheet1"，命名为"表 1-1 40 位顾客在超市购买的饮料品牌"，利用此数据表用"复制""粘贴""查找""替换"等功能编辑"Sheet2"变为表 1-2 中数据形式，命名为"表 1-2 代码表示饮料品牌"。

表 1-1　40 位顾客在超市购买的饮料品牌

旭日升冰茶	可口可乐	旭日升冰茶	汇源果汁
露露	旭日升冰茶	可口可乐	露露
旭日升冰茶	可口可乐	可口可乐	百事可乐
可口可乐	百事可乐	旭日升冰茶	可口可乐
百事可乐	露露	露露	百事可乐
可口可乐	旭日升冰茶	旭日升冰茶	汇源果汁
汇源果汁	旭日升冰茶	可口可乐	可口可乐
可口可乐	百事可乐	露露	汇源果汁
露露	可口可乐	百事可乐	可口可乐
可口可乐	旭日升冰茶	百事可乐	汇源果汁

表 1-2　代码表示饮料品牌

品牌名称	代码	品牌名称	代码
旭日升冰茶	2	旭日升冰茶	2
露露	5	可口可乐	1
旭日升冰茶	2	可口可乐	1
可口可乐	1	旭日升冰茶	2
百事可乐	3	露露	5
可口可乐	1	旭日升冰茶	2
汇源果汁	4	可口可乐	1
可口可乐	1	露露	5

续表

品 牌 名 称	代 码	品 牌 名 称	代 码
露露	5	百事可乐	3
可口可乐	1	百事可乐	3
可口可乐	1	汇源果汁	4
旭日升冰茶	2	露露	5
可口可乐	1	百事可乐	3
百事可乐	3	可口可乐	1
露露	5	百事可乐	3
旭日升冰茶	2	汇源果汁	4
旭日升冰茶	2	可口可乐	1
百事可乐	3	汇源果汁	4
可口可乐	1	可口可乐	1
旭日升冰茶	2	汇源果汁	4

第二章

统计整理

第一节 统计分组

一、基础知识

数据整理是根据统计研究任务的要求,对统计调查所搜集到的数据进行分类和汇总,使其系统化、条理化、科学化,以得出反映事物总体综合特征的资料的工作过程。统计数据整理,是统计调查的继续,也是统计分析的前提,承前启后,在整个统计工作中具有重要的作用。

(一)数据整理的原则

统计数据整理遵循的两个基本原则:

第一,根据统计分析推断的目的进行;

第二,数据整理过程中,应尽量减少信息损失。

(二)数据整理的步骤

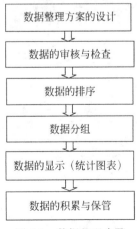

图 2-1 数据整理步骤

13

（三）数据整理的核心工作

统计数据整理的核心是统计分组和频数统计。

其中统计分组是根据现象的特点和统计研究的目的要求，按照某个（或几个）标志把总体划分为若干不同性质的组，称为统计分组。统计分组的特点是组内质、组间差异。统计分组一般遵循"上限不在本组内"的原则。例如，对统计学课程成绩进行分组，通常可分为"60 分以下""60～70 分""70～80 分""80～90 分"和"90 分以上"五组，其中 80 分属于"80～90 分"这一组。

二、实验：统计分组

（一）实验要求

某班学生入学测验成绩统计如下：

80、75、68、55、50、72、82、90、65、95、87、54、73、68、65、86、75、60、85、84、70、73、99、61、81、76、46、88、94、87、80、78、80、76、65、74、78、93、75、79

要求对上述收集的原始数据进行统计分组。

（二）实验步骤

由于此实验要求中的入学测验成绩是连续型数据，其分组只能是组距式分组。最小值为 46，最大值为 99，变化幅度较大。一般而言，学习成绩基本可分为 60 分以下、60～70 分、70～80 分、80～90 分、90 分以上这 5 组数据。

具体操作步骤如下。

第 1 步：打开 Excel 2013，录入原始数据，并进行排序（升序或降序）。如图 2-2 所示。

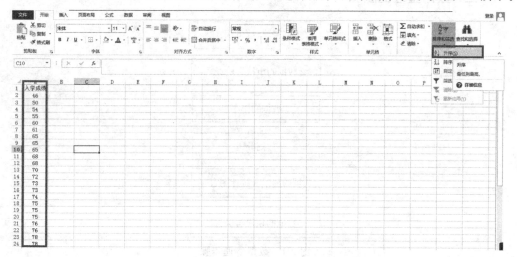

图 2-2 数据的排序

第 2 步：设置单元格区域。在 C1 单元格和 D1 单元格中分布输入"成绩分组"和"频数"；在 C2 单元格、C3 单元格、C4 单元格、C5 单元格和 C6 单元格中分别输入"60 分以下""60-70""70-80""80-90"和"90 分以上"，如图 2-3 所示。

	A	B	C	D	E
1	入学成绩		成绩分组	频数	
2	46		60分以下	4	
3	50		60-70	7	
4	54		70-80	13	
5	55		80-90	11	
6	60		90分以上	5	
7	61		合计	40	
8	65				
9	65				
10	65				

图 2-3　设置单元格区域

第 3 步：在 D2 单元格中输入公式＝COUNTIF(A2：A41,"≤60")，按下【Enter】键即可得到入学成绩在 60 分以下的数据个数。

第 4 步：在 D3 单元格中输入公式

＝COUNTIF(A2：A41,">＝60")-COUNTIF(A2：A41,">＝70")，按下【Enter】键即可得到入学成绩在 60～70 分之间的数据个数。

第 5 步：在 D4 单元格中输入公式

＝COUNTIF(A2：A41,">＝70")-COUNTIF(A2：A41,">＝80")，按下【Enter】键即可得到入学成绩在 70～80 分之间的数据个数。

第 6 步：在 D5 单元格中输入公式

＝COUNTIF(A2：A41,">＝80")-COUNTIF(A2：A41,">＝90")，按下【Enter】键即可得到入学成绩在 80～90 分之间的数据个数。

第 7 步：在 D6 单元格中输入公式＝COUNTIF(A2：A41,">＝90")，按下【Enter】键即可得到入学成绩在 90 分以上的数据个数。

（三）实验结果

该班学生入学测验成绩统计分组结果如图 2-4 所示。

C	D
成绩分组	频数
60分以下	4
60-70	7
70-80	13
80-90	11
90分以上	5
合计	40

图 2-4　统计分组结果

第二节　频数统计

一、基础知识

（一）频数与频率

1．频数

频数是指分布在各组的总体单位数。各组的频数之和等于总体单位总数。通过对每组频数的统计，可以看出数据的大体分布情况。根据分组标志的特点，还可以利用频数统计进行比较分析，进一步把握数据的规律。

2．频率

频率是指各组次数（频数）占总次数的比重。各组比重之和等于 100%（或 1）。

（二）频数统计类型

根据变量性质和分组标志的不同，频数统计的分组方法一般分为单项式分组和组距式分组两种。

1．单项式分组的频数统计

单项式分组的频数统计就是用一个变量值或分组标志值作为一个组的代表性质，每个变量或标志值对应一个分组。当总体数据是离散型变量且变量变动范围不大时，可以选择单项式分组的分组方法。同时，单项式分组的分组方法也是按属性标志分组的主要方法。

2．组距式分组的频数统计

组距式分组是将变量按照一定的数量或质量关系划分为几个区间段，一个区间段就是某两个变量分组界限的距离，并把一个区间段的所有变量值归为一类，分到一组当中，形成组距式变量数列。这段区间的距离就是组距。对于连续型变量或者变动范围较大的离散型变量，适宜采用组距式分组，它也是按变量标志分组的对应分组方法。

二、实验一：单项式分组的频数统计

（一）实验要求

某企业 40 名工人在一个工作日内生产零件数见表 2-1。

表 2-1 某企业 30 名工人的日产零件数

工人编号	生产数量(件)	工人编号	生产数量(件)
1	100	21	93
2	100	22	93
3	90	23	82
4	93	24	96
5	85	25	90
6	90	26	88
7	89	27	90
8	89	28	92
9	90	29	92
10	92	30	90
11	91	31	89
12	98	32	88
13	95	33	90
14	107	34	95
15	90	35	91
16	91	36	92
17	89	37	88
18	88	38	89
19	85	39	97
20	97	40	85

要求：根据表中资料编制频数分布表。

(二)实验步骤

分析：此例中的生产零件数属于离散型变量且变量变动范围不大,所以应该选择单项式分组的方法进行频数统计。具体操作步骤如下。

第 1 步：排序后,按生产零件数量进行分组,每组只有 1 个变量值。如图 2-5 所示。

第 2 步：在 D2 单元格中输入公式 =COUNTIF (Sheet1!B2:B41,Sheet1!C2),按下【Enter】键即可得到生产零件数为 82 的数据个数。

第 3 步：在 D3 单元格中输入公式 =COUNTIF (Sheet1!B2:B41,Sheet1!C3),按下【Enter】键即可得到生产零件数为 85 的数据个数。

第 4 步：在 D4 单元格中输入公式 =COUNTIF (Sheet1!B2:B41,Sheet1!C4),按下【Enter】键即可得到生产零件数为 88 的数据个数。

	C	D	E
1	生产数量(件)	频数	频率
2	82		
3	85		
4	88		
5	89		
6	90		
7	91		
8	92		
9	93		
10	95		
11	96		
12	97		
13	98		

图 2-5 设置单元格区域

以此类推,重复上述步骤,最后得出所有频数,如图 2-6 所示。

第 5 步：频率＝频数/总体单位数（或样本量）。在 D16 单元格中汇总总体单位数（或样本量）为 40，在 E2 单元格中输入公式＝D2/D16，按下【Enter】键即可得出频率结果。设置单元格格式，以百分数形式表示频率。如图 2-7 所示。

	C	D
1	生产数量（件）	频数
2	82	1
3	85	3
4	88	4
5	89	5
6	90	8
7	91	3
8	92	4
9	93	3
10	95	2
11	96	1
12	97	2
13	98	1
14	100	2
15	107	1
16	合计	40

图 2-6　单项式分组频数计算结果

	C	D	E
1	生产数量（件）	频数	频率
2	82	1	2.50%
3	85	3	
4	88	4	
5	89	5	
6	90	8	
7	91	3	
8	92	4	
9	93	3	
10	95	2	
11	96	1	
12	97	2	
13	98	1	
14	100	2	
15	107	1	
16	合计	40	

图 2-7　第一组频率计算结果

第 6 步：在编辑栏中，选中 D16，按 F4 键将其固定，或在字母和数字前分别键入 $，也可实现固定。如图 2-8 所示。

第 7 步：固定频率计算公式分母后，选中 E2 单元格，鼠标放置于该单元格右下角，出现"＋"后，左键下拉填充下方单元格，即可计算各组的频率。

（三）实验结果

该企业 30 名工人日产零件数的频数分布如图 2-9 所示。

E2　｜　×　✓　fx　=D2/$D$16

	C	D	E
1	生产数量（件）	频数	频率
2	82	1	2.50%
3	85	3	
4	88	4	
5	89	5	
6	90	8	
7	91	3	
8	92	4	
9	93	3	
10	95	2	
11	96	1	
12	97	2	
13	98	1	
14	100	2	
15	107	1	
16	合计	40	

图 2-8　固定频率计算公式分母

	C	D	E
1	生产数量（件）	频数	频率
2	82	1	2.50%
3	85	3	7.50%
4	88	4	10.00%
5	89	5	12.50%
6	90	8	20.00%
7	91	3	7.50%
8	92	4	10.00%
9	93	3	7.50%
10	95	2	5.00%
11	96	1	2.50%
12	97	2	5.00%
13	98	1	2.50%
14	100	2	5.00%
15	107	1	2.50%
16	合计	40	100.00%

图 2-9　频率计算结果

由上述计算结果可知，各组频数之和等于总体单体数或样本量，各组频率之和等于 100%。

三、实验二：组距式分组的频数统计

（一）实验要求

某单位 20 名职工月工资原始资料如下（单位：元）。

1250、1260、1280、1280、922、966、988、1020、1040、900、1090、1130、1180、1240、1250、840、885、896、902、910

要求：根据上述资料编制频数分布表。

（二）实验步骤

由于工人人工资属于连续型变量，所以应该选择组距式分组的方法进行频数统计。具体操作步骤如下。

第 1 步：计算全距。将各变量值由小到大排序，确定最大值（可采用函数 MAX 计算）和最小值（可采用 MIN 函数计算），并计算全距，其中，全距＝最大值－最小值。计算结果如图 2-10、图 2-11、图 2-12 所示。

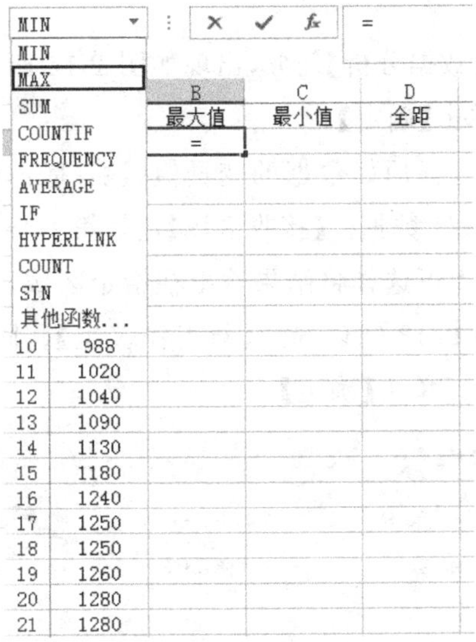

图 2-10　用函数 MAX 求最大值

图 2-11　用函数 MIN 求最小值

第 2 步：确定组数和组距。在等距分组时，组距与组数的关系是组距＝全距/组数。根据本例中的原始数据，该企业职工月工资额分布在 800～1300 元之间，最小值为 840 元，最大值 1280 元，可将组距确定为 100，分成 5 个组。

第 3 步：设置单元格区域，确定组限。在 C7、C8、C9、C10、C11 和 C12 单元格中分别输入"组限""899""999""1099""1199"和"1299"。在 D7、D8、D9、D10、D11 和 D12 中分别

输入"区间""800-900""900-1000""1100-1200"和"1200-1300",如图 2-13 所示。注意：这里设置组限时遵循"上限不在本组内"的原则。

C2	▼	:	× ✓ f_x	=B2-C2

▲	A	B	C	D
1	月工资额	最大值	最小值	全距
2	840	1280	840	=B2-C2
3	885			
4	896			
5	900			
6	902			
7	910			
8	922			
9	966			
10	988			
11	1020			
12	1040			
13	1090			
14	1130			
15	1180			
16	1240			
17	1250			
18	1250			
19	1260			
20	1280			
21	1280			

图 2-12　计算全距

	A	B	C	D
1	月工资额	最大值	最小值	全距
2	840	1280	840	440
3	885			
4	896			
5	900			
6	902			
7	910		组限	区间
8	922		899	800-900
9	966		999	900-1000
10	988		1099	1000-1100
11	1020		1199	1100-1200
12	1040		1299	1200-1300
13	1090			
14	1130			
15	1180			
16	1240			
17	1250			
18	1250			
19	1260			
20	1280			
21	1280			

图 2-13　设置组限和组距

第 4 步：计算频数和频率。单击【数据】中的【数据分析】任务，出现如图 2-14 所示的对话框，在左侧【分析工具】框中选择【直方图】并单击【确定】。

第 5 步：在【直方图】对话框中的【输入区域】选择原始数据的变量值（注：是否选择变量名称与下方是否勾选【标志】相对应），即 A2-A21 数据。【接收区域】选择第一步中提前定义的"组限"，即 C8-C12 数据。在【输出选项】中可选择将结果输出在指定区域，也可选择将结果输出在新工作表组或新工作簿，Excel 2013 默认选择【新工作表组】。同时，还可选择输出累积频率和直方图。如图 2-15 所示。单击【确定】。

图 2-14　分析工具选择

图 2-15　分析工具对话框

第 6 步：得出统计结果。频数统计结果如图 2-16 所示。其中"频率"指的是统计学中的"频数"，"累积％"指的是"累积频率"。

	A	B	C
1	接收	频率	累积 %
2	899	3	15.00%
3	999	6	45.00%
4	1099	3	60.00%
5	1199	2	70.00%
6	1299	6	100.00%
7	其他	0	100.00%

图 2-16　Excel 输出结果

可将图 2-16 结果整理为频数分析表 2-2。

表 2-2　组距式分组的频数分布表

月工资额（元）	职工人数（人）	累积频率（％）
800～900	3	10.53
900～1000	6	42.11
1000～1100	3	57.89
1100～1200	2	68.42
1200～1300	6	100.00
合计	20	100.00

图形输出结果如图 2-17 所示。

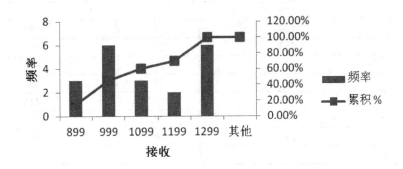

图 2-17　直方图输出结果

图 2-17 显示为柱形图，因此需要对图形进行设置。双击图形，在【设置数据系列格式】中将【分类间距】设置为 2％或 0％，并设置边框颜色和图例位置。如图 2-18 所示。

（三）实验结果

根据上述步骤，得出直方图结果，如图 2-19 所示。

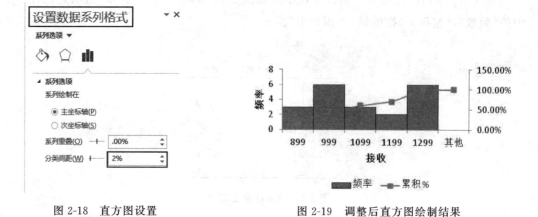

图 2-18 直方图设置   图 2-19 调整后直方图绘制结果

此外,还可使用 Excel 2013 中的"FREQUENCY"函数进行频数统计。

实验练习二

根据抽样调查,S 市 50 家企业固定资产价值资料如表 2-3 所示。

表 2-3 S 市 50 家企业固定资产价值   万元

企业编号	固定资产价值	企业编号	固定资产价值
1	610	21	625
2	440	22	938
3	320	23	750
4	780	24	463
5	782	25	940
6	720	26	655
7	545	27	590
8	925	28	415
9	895	29	1180
10	910	30	910
11	920	31	415
12	447	32	590
13	703	33	703
14	388	34	367
15	464	35	625
16	447	36	447
17	640	37	432
18	590	38	542
19	575	39	415
20	685	40	685

企业编号	固定资产价值	企业编号	固定资产价值
41	1150	46	625
42	607	47	590
43	543	48	528
44	1137	49	875
45	350	50	800

要求：根据以上数据，编制组距式频数分布表，同时用直方图加以表现。

第 三 章

数据的图形展示

统计图是根据统计数字,用几何图形、事物形象和地图等绘制的各种图形。具有直观、形象、生动、具体等特点。统计图一般由图形、图号、图标题、图注等组成。常用的图形有饼图、条形图、直方图、折线图、散点图等。不同类型的数据适用的图形略有不同,具体见图 3-1。

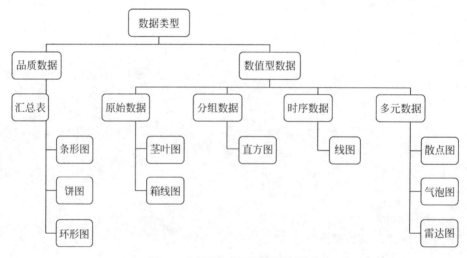

图 3-1　不同类型数据适用的图形

第一节　品质型数据的图形展示

一、基础知识

(一)品质型数据

品质型数据包括分类数据和顺序数据,它们在整理和图形展示的方法上多是相同的。

（二）适用图形

1. 饼图

饼图（pie chart）也称圆形图，是用圆形及圆内扇形的角度来表示数值大小的图形。它主要用于表示样本或总体中各组成部分所占的比例，用于研究结构性问题。绘制圆形图时，样本或总体中各部分所占的百分比用圆内的各个扇形角度表示，这些扇形的中心角度，按各部分数据百分比乘以 360°确定。

2. 环形图

环形图（doughnut chart）中间有一个"空洞"，样本或总体中的每一部分数据用环中的一段表示。它与饼图类似，但又有区别。饼图只能显示一个总体各部分所占的比例；环形图则可以同时绘制多个样本或总体的数据系列，每一个样本或总体的数据系列为一个环，多用于结构比较研究。

3. 条形图

条形图（bar chart）是利用宽度相同的条形的高度或长短来表示各类别数据的图形。绘制时，各类别可以放在纵轴，称为条形图，也可以放在横轴，称为柱形图（column chart）。条形图有单式条形图、复式条形图等形式。

二、实验一：绘制饼图

饼图显示一个数据系列中各项的大小与各项总和的比例。饼图中的数据点显示为整个饼图的百分比。饼图虽好，需满足一些小要求：仅有一个要绘制的数据系列；要绘制的数值没有负值；要绘制的数值几乎没有零值；类别不超过 7 个，并且这些类别共同构成了整个饼图。Excel 2013 版本中，饼图共包含 4 个子图表类型，如图 3-2 所示。

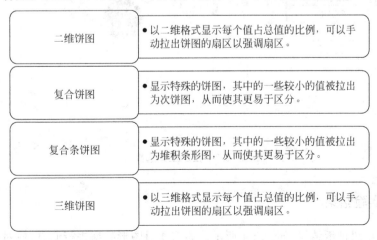

二维饼图	• 以二维格式显示每个值占总值的比例，可以手动拉出饼图的扇区以强调扇区。
复合饼图	• 显示特殊的饼图，其中的一些较小的值被拉出为次饼图，从而使其更易于区分。
复合条饼图	• 显示特殊的饼图，其中的一些较小的值被拉出为堆积条形图，从而使其更易于区分。
三维饼图	• 以三维格式显示每个值占总值的比例，可以手动拉出饼图的扇区以强调扇区。

图 3-2　Excel 中饼图的类型

（一）实验要求

A 游戏开发公司 2018 年各类产品销售量数据见表 3-1。要求：用图形显示表中数据。

表 3-1   A 公司游戏产品销量数据

种　　类	销量（件）
体育	27500
策略	11500
动作	6000
射击	3500
其他	1500

（二）实验步骤

第 1 步：打开 Excel 2013，选中数据区域。

第 2 步：点击工具栏中的【插入】，在【图表】中选择【饼图】，如图 3-3 所示，点击【确定】。

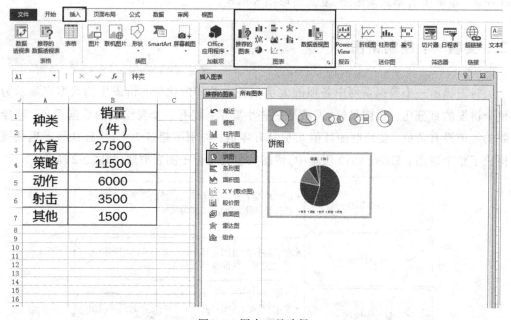

图 3-3   图表工具选择

（三）实验结果

得到的饼图显示结果，如图 3-4 所示。如需要对图形数据进行调整，或对饼图进行美化,可双击饼图,在【设置数据标签格式】中进行设置。

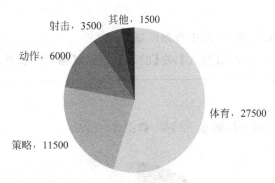

图 3-4　A公司产品销售量数据饼图(件)

从饼图各扇形面积可以看出,体育类游戏是 A 公司最受欢迎的产品,销售量占比最大,依次为策略类、动作类、射击类和其他类游戏。

若是产品销售数据波动较大的情况,如直接使用饼图,可能出现因占比过小,难以直观区别这些产品的销量情况,这时候就要用到复合饼图。选择图表,工具栏【图表工具】-【设计】-【更改图表类型】,调整图表类型为【复合饼图】。复合条饼图除了右侧是条形图外,其他操作和复合饼图都是一样的。

三、实验二:绘制环形图

环形图也称圆环图。像饼图一样,圆环图也显示了部分与整体的关系,但圆环图可以包含多个数据系列。圆环图以圆环的形式显示数据,其中每个圆环分别代表一个数据系列。如果在数据标签中显示百分比,则每个圆环总计为 100%。

(一)实验要求

根据调查显示,甲乙两城市居民家庭对住房状况的评价如表 3-2 所示,要求用图形展示两城市的评价对比。

表 3-2　甲乙两城市居民家庭对住房状况的满意度

满意程度	甲　城　市	乙　城　市
非常满意	13%	10%
满意	21%	15%
一般	26%	31%
不满意	33%	36%
非常不满意	7%	8%

（二）实验步骤

第 1 步：打开 Excel 2013，选中数据区域。

第 2 步：点击工具栏中的【插入】，在【图表】中选择【圆环图】，点击【确定】。

（三）实验结果

根据上述步骤，得到环形图显示结果，如图 3-5 所示。

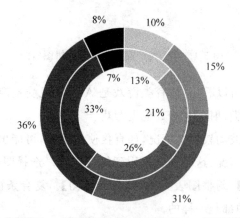

☐非常满意   ☐满意   ☐一般   ☐不满意   ☐非常不满意

图 3-5   甲乙两城市家庭对住房状况的评价

通过环形图可以看出，乙城市（外环）居民家庭对住房状况较不满意，其非常满意和满意的比例均小于甲城市（内环），而不满意和非常不满意的比例均高于甲城市。

四、实验三：绘制条形图

对于各个类的大小大致相同的情况，条形图是理想的图形。它能够更精确地看出哪个类的频数最高，也更容易发现细小的差别。在 Excel 2013 中，条形图分为柱形图和条形图两种。柱形图有 7 种子图表类型；条形图有 6 种子图表类型。

（一）实验要求

运用表 3-1 数据，绘制条形图。

（二）实验步骤

第 1 步：打开 Excel 2013，选中数据区域。

第 2 步：点击工具栏中的【插入】，在【图表】中选择【条形图】-【簇形条形图】。如图 3-6 所示，点击【确定】。

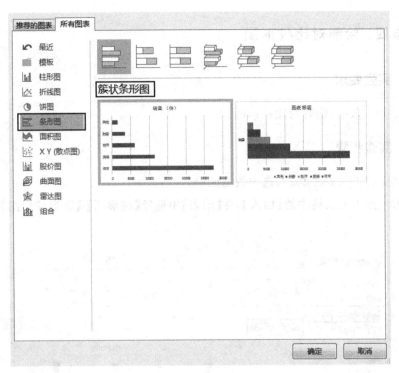

图 3-6 条形图操作步骤

(三) 实验结果

根据上述步骤,得到条形图显示结果,如图 3-7 所示。

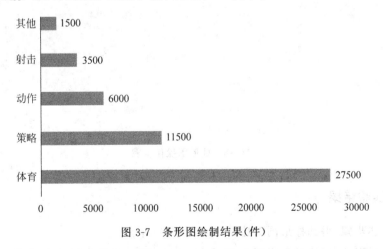

图 3-7 条形图绘制结果(件)

通过条形图可以看出,体育类游戏销售量远高于其他类型游戏,并且可以较精确地表示销售量高出策略类游戏的具体数量。

五、实验四：绘制对比柱形图

（一）实验要求

运用表 3-2 数据，绘制对比柱形图。

（二）实验步骤

第 1 步：打开 Excel 2013，选中数据区域。

第 2 步：点击工具栏中的【插入】，在【图表】中选择【柱形图】-【簇形柱形图】。如图 3-8 所示。

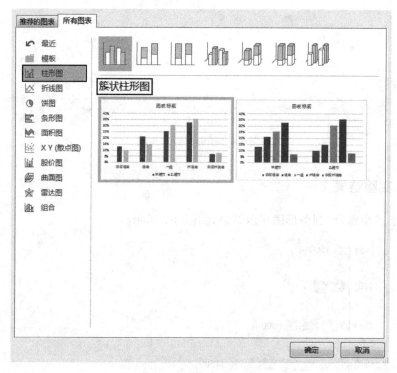

图 3-8　柱形图操作步骤

（三）实验结果

根据上述步骤，得到柱形图对比结果，如图 3-9 所示。

通过柱形图，不仅能够看出甲乙两城市居民家庭对住房状况的满意度，而且能较精确地对比显示两城市满意度的差别。

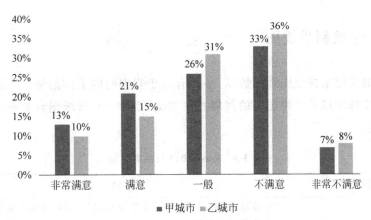

图 3-9　柱形图绘制结果

第二节　数值型数据的图形展示

一、基础知识

（一）数值型数据

数值型数据多为连续取值且取值的个数往往较多，因此，数据型数据通过分组后通常编制组距式频数分布表，以显示数据整体的频数分布特征。

（二）适用图形

1. 折线图

折线图（line plot）将同一数据系列的数据点在图上用直线连接起来，主要用于反映现象随时间变化的特征。

2. 散点图

散点图（scatter diagram）也称 XY 图，是用二维坐标展示两个变量之间关系的一种图形。用横轴代表变量 x，纵轴代表变量 y，每组数据 (x_i, y_i) 在坐标系中用一个点表示，n 组数据在坐标系中形成的 n 个点称为散点，由坐标及其散点形成的二维数据图称为散点图。

3. 雷达图

雷达图（radar chart）是专门用来进行多指标体系比较分析的专业图表。从雷达图中可以看出指标的实际值与参照值的偏离程度，一般用于成绩展示、效果对比量化、多维数据对比等，只要有前后 2 组 3 项以上数据均可制作雷达图，其展示效果非常直观。

二、实验一：绘制折线图

折线图通常用来描绘连续的数据，并且有益于观察时间上的趋势。一般情况下，折线图的分类坐标轴显示的是相等的间隔。在 Excel 2013 中，折线图有 7 种子图表类型，如表 3-3 所示。

表 3-3　Excel 2013 折线图类型

子图表类型	功　　能
折线图	按时间（年、月和日）或类别显示趋势，在类别数据很重要或数据点非常多时使用。
堆积折线图	显示整体的各个部分随时间而变化。常用堆积面积图替代。
百分比堆积折线图	按时间或类别显示占整体的百分比；显示每个值的百分比随时间的变化。常用百分比堆积面积图替代。
带数据标记的折线图	按时间（年、月和日）或类别显示趋势，在类别数据很重要或数据点非常多时使用。
带标记的堆积折线图	显示整体的各个部分随时间而变化。
带数据标记的百分比堆积折线图	按时间或类别显示占整体的百分比；显示每个值的百分比随时间的变化。常用百分比堆积面积图替代。
三维折线图	按时间（年、月和日）或类别显示趋势。显示第三个坐标轴上的数据。

（一）实验要求

2008—2017 年中国国民总收入如表 3-4 所示。要求：用折线图展示国民总收入变化趋势。

表 3-4　2008—2017 年中国国民总收入　　　　　　　　　　　亿元

时　　间	国民总收入	时　　间	国民总收入
2008 年	321229.5	2013 年	588141.2
2009 年	347934.9	2014 年	642097.6
2010 年	410354.1	2015 年	683390.5
2011 年	483392.8	2016 年	737074
2012 年	537329	2017 年	818461

注：数据来源于国家统计局网站。

（二）实验步骤

第 1 步：打开 Excel 2013，选中数据区域。

第 2 步：点击工具栏中的【插入】，在【图表】中选择【折线图】-【带数据标记的折线图】,点击【确定】。

（三）实验结果

根据上述步骤,得到折线图显示结果,如图 3-10 所示。

图 3-10　2008—2017 年我国国民总收入发展趋势(亿元)

由图 3-10 可知,10 年来,我国国民总收入呈现不断增长的趋势。

三、实验二:绘制散点图

在工作表中以列或行的形式排列的数据可以绘制为 XY(散点)图。将 X 值放在一行或一列,然后在相邻的行或列中输入对应的 Y 值。散点图有两个数值轴:水平(X)数值轴和垂直(Y)数值轴。散点图将 X 值和 Y 值合并到单一数据点并按不均匀的间隔或簇来显示它们。Excel 2013 中散点图包括 7 个子图表,其中包含气泡图和三维气泡图。

（一）实验要求

某市 2007—2014 年的工资性现金支出与城镇储蓄存款余额的资料如表 3-5 所示。要求:用散点图表示工资性现金支出与城镇储蓄存款余额之间的关系。

表 3-5　某市 2007—2014 年的工资性现金支出与城镇储蓄存款余额数据　　　万元

序号	年份	工资性现金支出	城镇储蓄存款余额
1	2007	500	120
2	2008	540	140
3	2009	620	150
4	2010	730	200

续表

序号	年份	工资性现金支出	城镇储蓄存款余额
5	2011	900	280
6	2012	970	350
7	2013	1050	450
8	2014	1170	510

（二）实验步骤

第1步：打开 Excel 2013，选中数据区域。

第2步：点击工具栏中的【插入】，在【图表】中选择【散点图】，点击【确定】。

（三）实验结果

得到散点图显示结果，如图 3-11 所示。可在工具栏【图表样式】中美化散点图。

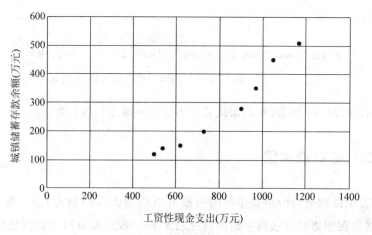

图 3-11　散点图显示结果

从图 3-11 可以看出，工资性现金支出与城镇储蓄存款余额之间存在线性相关关系。

四、实验三：绘制雷达图

在 Excel 2013 版本中，雷达图有三种类型：一是雷达图，二是带有数据标记的雷达图，三是填充雷达图。如表 3-6 所示。

表 3-6　Excel 2013 雷达图类型

子图表类型	功　　能
雷达图	使用此类图表类型时将显示相对中心点的值。在不能直接比较类别时推荐使用。
带数据标记的雷达图	相较于标准雷达图，多标注了数据点。
填充雷达图	相较于标准雷达图，只有一个线框，填充雷达图会把这个区域自动设置填充色。

（一）实验要求

A 企业 2017 年、2018 年连续两年展开"客户满意度"调查,得到该公司员工在团队合作能力、创新能力、问题发现和解决能力、工作热情度、交流沟通能力 5 个方面的得分(每个指标百分制),如表 3-7 所示。要求:用雷达图展示数据。

表 3-7　A 企业"客户满意度"得分

指　　标	2017 年	2018 年
团队合作能力	63	75
创新能力	35	50
问题发现和解决能力	70	77
交流沟通能力	73	85
工作热情度	85	90

（二）实验步骤

第 1 步:打开 Excel 2013,选中数据区域。

第 2 步:点击工具栏中的【插入】,在【图表】中选择【雷达图】,点击【确定】。

（三）实验结果

得到雷达图显示结果,如图 3-12 所示。可在工具栏【图表样式】中美化雷达图。也可右键点击图形,设置【图表区格式】。

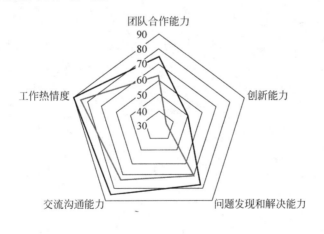

—— 2017年　—— 2018年

图 3-12　雷达图绘制结果

从雷达图可以看出,2018 年与 2017 年相比,五项指标中,创新能力提升较明显,工作热情度和问题发现和解决能力的提升较少。

🎯 实验练习三

1. 请根据表 3-8 的数据,分别绘制柱形图、折线图。

表 3-8　2008—2017 年我国国内生产总值　　　　　　　　　　　　亿元

年　　份	2017	2016	2015	2014	2013
国内生产总值	820754.3	740060.8	685992.9	641280.6	592963.2
年　　份	2012	2011	2010	2009	2008
国内生产总值	538580	487940.2	412119.3	348517.7	319244.6

2. 根据表 3-9 的数据,绘制散点图,并说明影响草场音乐会举办的因素中,天晴时数与听众人数之间的关系。

表 3-9　影响草场音乐会举办的两个因素

天晴时数(小时)	1.9	2.5	3.2	3.8	4.7	5.5	5.9	7.2
听众人数(百人)	22	33	30	42	38	49	42	55

第四章

描述性统计分析

第一节　集中趋势分析

一、基础知识

（一）描述统计的类型

通过某种方式收集的一组数据,通常称为一个样本,其中的数据量称为样本量(sample size)。在对收集的数据进行统计分析的时候,一般首先要对数据进行描述性统计分析(descriptive analysis),其目的是描述所调查总体的一些特征,发现数据内在的基本规律,从而有助于正确选择下一步的分析方法。描述性统计分析要对调查总体所有变量分布的特征进行描述,主要从以下三个方面:数据的集中趋势分析与平均指标、数据的离散程度分析和离散指标、数据的分布形状分析与形状指标。

（二）描述性统计的含义

数据的集中趋势,也称为趋中性,是指变量分布以某一数值为中心的倾向,用来反映数据的一般水平。集中趋势用平均指标来反映,具体表象为平均数,常用的平均数指标有数值平均数:算术平均值、调和平均值和几何平均值,以及位置平均数:中位数和众数等。各指标的具体意义如下。

第一,数值平均数:是衡量数据数值中心位置的重要指标,反映了一些数据必然性的特点,包括算术平均值、加权算术平均值、调和平均值和几何平均值等。

第二,中位数:是另外一种反映数据的中心位置的指标,其确定方法是将所有数据以由小到大的顺序排列,位于中央的数据值就是中位数。

第三,众数:是指在数据中发生频率最高的数据值。

如果各个数据之间的差异程度较小,用平均值就有较好的代表性;而如果数据之间的差异程度较大,特别是有个别的极端值的情况,用中位数或众数有较好的代表性。

（三）数据集中趋势的计算方法

1. 算术平均数的计算方法

（1）简单算术平均数

在刻画数据"平均"特性的特征值中，最普遍最常用的是样本数据的算术平均数，在统计上称为样本均值。

设有 n 个观察值 $x_1, x_2, \cdots, x_n$ 的样本，把它们从小到大排列后记为：$x_{(1)} \leqslant x_{(2)} \leqslant \cdots \leqslant x_{(n)}$，则样本均值 $\bar{x}$ 定义为

$$\bar{x} = \frac{1}{n} \sum_{i=1}^{n} x_i \tag{4-1}$$

（2）加权算术平均数

加权算术平均数是根据变量数列计算的，即以各组变量值（或组中值）乘以相应的频数求出各组标志总量，加总各组标志总量后得到总体标志总量，再除以总频数。设有 n 组观察值 $x_1, x_2, \cdots, x_n$ 的样本，f 代表各组变量值出现的频数。其计算公式为

$$\bar{x} = \frac{x_1 f_1 + x_2 f_2 + \cdots + x_n f_n}{f_1 + f_2 + \cdots + f_n} = \frac{\sum xf}{\sum f} \tag{4-2}$$

2. 调和平均数（harmonic mean）

（1）简单调和平均数

调和平均数是平均数的一种，从数学形式上来看，它是各个标志值倒数的算术平均数的倒数，又称为倒数平均数。调和平均数主要用于比值数据，如元/千克、公里/升、产量/班等。当所掌握的资料未进行统计分组，且各个标志值所对应的标志总量都相同时，用简单调和平均数计算。设有 n 个观察值 $x_1, x_2, \cdots, x_n$ 的样本，其简单调和平均数计算公式如下：

$$H = \frac{n}{\dfrac{1}{x_1} + \dfrac{1}{x_2} + \cdots + \dfrac{1}{x_n}} = \frac{n}{\sum \dfrac{1}{x}} \tag{4-3}$$

（2）加权调和平均数

在调和平均数的计算中，当所掌握的资料已进行统计分组，而且分组后各组的标志总量不相等时，要以各组的标志总量为权数，假设为 m，其结果就是加权调和平均数。设有 n 个观察值 $x_1, x_2, \cdots, x_n$ 的样本，其加权调和平均数计算公式如下：

$$H = \frac{m_1 + m_2 + \cdots + m_n}{\dfrac{m_1}{x_1} + \dfrac{m_2}{x_2} + \cdots + \dfrac{m_n}{x_n}} = \frac{\sum m}{\sum \dfrac{m}{x}} \tag{4-4}$$

3. 几何平均数（geometric mean）

（1）简单几何平均数

一般用于百分比的平均（如增长率等）。设有 n 个观察值 $x_1, x_2, \cdots, x_n$ 的样本，其

简单几何平均数计算公式为

$$G = \sqrt[n]{X_1 \cdot X_2 \cdots X_n} = \sqrt[n]{\prod_{i=1}^{N} X_i} \tag{4-5}$$

（2）加权几何平均数

当计算几何平均数的各种变量出现的次数不等时，就需要用到加权几何平均数。设有 n 个观察值分别是 $x_1, x_2, \cdots, x_n$，其中，每个观察值出现的次数为 f_i，其中 i 为 1 到 n 的数值。则加权几何平均数的计算公式为

$$G = \sum{}^f\sqrt{X_1^{f_1} \cdot X_2^{f_2} \cdots X_n^{f_n}} = \sum_{i=1}^{n}{}^f\sqrt{\prod_{i=1}^{N} X_i^{f_i}} \tag{4-6}$$

4．中位数和众数

设有 n 个观察值 $x_1, x_2, \cdots, x_n$ 的样本。

$$\text{样本中位数 } m = \begin{cases} x_{\left(\frac{n+1}{2}\right)} & \text{当 } n \text{ 为奇数} \\ \frac{1}{2}\left(x_{\left(\frac{n}{2}\right)} + x_{\left(\frac{n}{2}+1\right)}\right) & \text{当 } n \text{ 为偶数} \end{cases} \tag{4-7}$$

数据 $x_1, x_2, \cdots, x_n$ 中出现频率最高的那个数称为众数（mode），记为 m_0。

注意：众数不一定唯一，可以有两个或者以上的众数。在用平均数反映问题时，有时不够全面，带有片面性。

二、实验一：利用数据分析功能进行描述性统计

（一）实验要求

根据表 4-1 的数据资料，利用数据分析功能对某班 20 名学生的数学和语文成绩进行描述性统计分析。

表 4-1　某班学生数学和语文期末成绩　　　　　　　　　　　　分

学　号	性　别	数　学	语　文
1	男	65	76
2	男	78	92
3	女	76	86
4	男	80	88
5	女	77	50
6	女	78	70
7	男	76	77
8	男	77	76
9	女	67	88
10	女	78	95

续表

学　号	性　别	数　学	语　文
11	男	72	80
12	男	82	75
13	女	56	88
14	男	78	75
15	男	80	65
16	女	65	72
17	男	98	91
18	男	60	68
19	女	70	72
20	男	82	88

（二）实验步骤

第1步：将表 4-1 的数据输入 Excel 工作表单元格区域 A1:D21,如图 4-1 所示。

	A	B	C	D
1	学号	性别	数学	语文
2	1	男	65	76
3	2	男	78	92
4	3	女	76	86
5	4	男	80	88
6	5	女	77	50
7	6	女	78	70
8	7	男	76	77
9	8	男	77	76
10	9	女	67	88
11	10	女	78	95
12	11	男	72	80
13	12	男	82	75
14	13	女	56	88
15	14	男	78	75
16	15	男	80	65
17	16	女	65	72
18	17	男	98	91
19	18	男	60	68
20	19	女	70	72
21	20	男	82	88

图 4-1　某班学生成绩工作表

第2步：选择【数据】菜单中的【数据分析】按钮,如图 4-2 中的矩形框所示。

图 4-2　数据分析按钮

第3步：在弹出的对话框(如图 4-3 所示)中,选择【描述统计】选项,单击【确定】按钮。

第4步：弹出【描述统计】对话框后,在【输入区域】方框中输入待分析数据区域单元格引用＄C＄1：＄D＄21,选中【标志位于第一行】复选框,在【输出选项】方框中选择新工作表组,选择汇总统计,单击【确定】按钮,如图 4-4 所示。

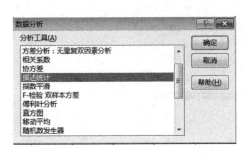

图 4-3 数据分析对话框　　　　　　　　图 4-4 描述统计对话框

（三）实验结果

从输出结果中,可以得到某班数学和语文成绩的描述性统计结果,以数学成绩为例,其集中趋势的指标包括平均数为 74.75、中位数为 77、众数为 78；离散趋势的指标包括标准差为 9.19、方差为 84.51；形状分布指标包括峰度为 1.45、偏度为 0.116 等,具体结果如图 4-5所示。

数学		语文	
平均	74.75	平均	78.6
标准误差	2.055641	标准误差	2.476628
中位数	77	中位数	76.5
众数	78	众数	88
标准差	9.193104	标准差	11.07582
方差	84.51316	方差	122.6737
峰度	1.446333	峰度	0.723713
偏度	0.115585	偏度	-0.68821
区域	42	区域	45
最小值	56	最小值	50
最大值	98	最大值	95
求和	1495	求和	1572
观测数	20	观测数	20

图 4-5 描述性统计计算结果

三、实验二：利用 AVERAGE 函数计算算术平均数

（一）实验要求

根据表 4-1 的数据资料,利用 AVERAGE 函数计算该班 20 名学生的数学平均成绩。

（二）实验步骤

第 1 步：在图 4-1 所示的工作表中,单击选中任意一个空白单元格(如 E10),选择【公式】菜单中的【插入函数】按钮或直接单击编辑栏左侧的 f_x 按钮,如图 4-6 中的矩形框所示。

第 2 步：弹出对话框后,在【或选择类别】下拉列表框中选择【统计】,然后在【选择函数】列表框中选择【AVERAGE】函数,单击【确定】按钮,如图 4-7 所示。

图 4-6　插入函数按钮

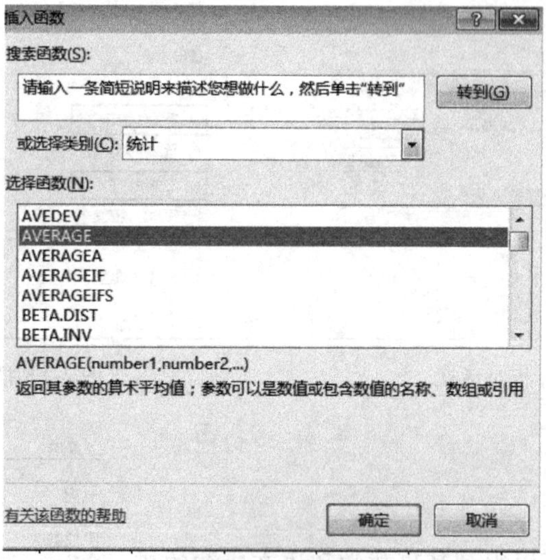

图 4-7　插入函数对话框

第 3 步：弹出 AVERAGE【函数参数】对话框，如图 4-8 所示。在【Number1】文本框中输入数学成绩数据所在的单元格区域"C2:C21"，具体数据如图 4-1 所示。也可以回到图 4-1 的界面，按住鼠标左键，用选择方框把 C2:C21 的数据圈住，如图 4-9 所示。

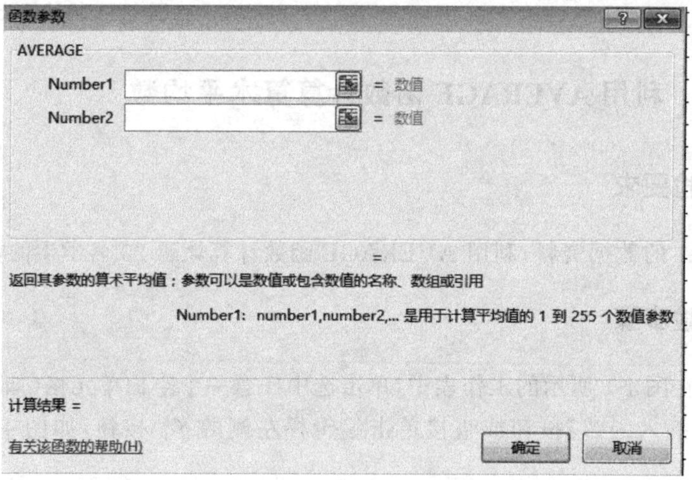

图 4-8　函数参数对话框

数学	语文
65	76
78	92
76	86
80	88
77	50
78	70
76	77
77	76
67	88
78	95
72	80
82	75
56	88
78	75
80	65
65	72
98	91
60	68
70	72
82	88

（函数参数 C2:C21）

图 4-9 数据选择框

（三）实验结果

从图 4-10 的下方数据展示区域可以看到数据分析结果。单击【确定】,则可以在选中的单元格(E10)中看到,该班 20 名学生的学生平均成绩计算结果为 74.75。

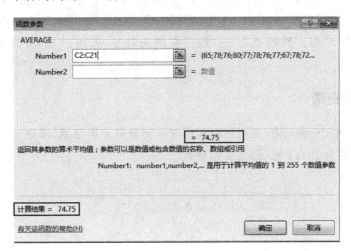

图 4-10 函数结果对话框

四、实验三：利用 SUMPRODUCT 和 SUM 函数计算加权算术平均数

（一）实验要求

根据表 4-2 职工工资的数据分组资料,利用 SUM 函数计算该单位 18 名职工的工资平均数。

表 4-2 某单位 18 名职工的工资额

工资额(元)	人数(人)
8000	10
12000	6
15000	2

(二) 实验步骤

第 1 步：把相关数据放在 Excel 工作表，如图 4-11 所示。在工作表中单击选中任意一个空白单元格(如 C6)，直接单击编辑栏 f_x 按钮右侧的编辑框，如图 4-12 中的矩形框所示。

	A	B
1	工资额 (元)	人数 (人)
2	8000	10
3	12000	6
4	15000	2
5		

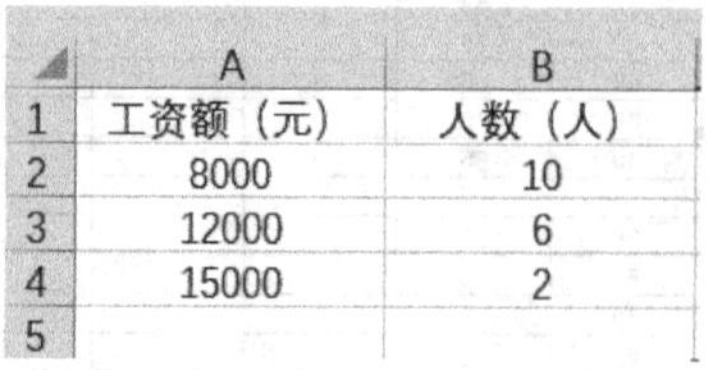

图 4-11 工资数据工作表

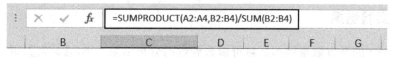

图 4-12 公式编辑框

第 2 步：在该编辑框中，输入＝"SUMPRODUCT(A2:A4, B2:B4)/SUM(B2:B4)"，注意公式前面的"＝"号。然后点击 f_x 按钮左侧的对号，就可以在 C6 单元格看到计算结果。

(三) 实验结果

从图 4-13 的 C6 单元格(见矩形框)，可以看到数据分析结果，即该单位 18 名职工工资的平均数结果为 10111 元，结果保留整数。

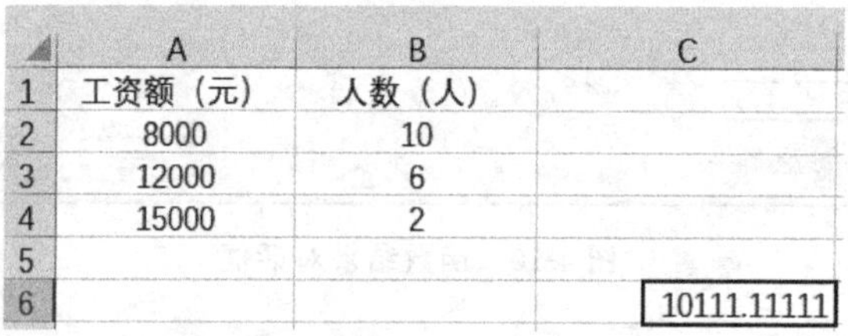

	A	B	C
1	工资额 (元)	人数 (人)	
2	8000	10	
3	12000	6	
4	15000	2	
5			
6			10111.11111

图 4-13 加权算术平均数计算结果

五、实验四：利用 HARMEAN 函数计算简单调和平均数

(一) 实验要求

某企业采购三批零部件，每批的价格、采购金额和采购数量如表 4-3 所示，根据表 4-3

的数据资料,利用 HARMEAN 函数计算这批材料的平均价格。

表 4-3 某企业采购的零部件数据

	价格（元/件）	采购金额（元）	采购数量（件）
第一批	25	10000	400
第二批	40	10000	250
第三批	50	10000	200

（二）实验步骤

第 1 步：把表 4-3 相关数据放在工作表,在图 4-14 所示的工作表中,单击选中任意一个空白单元格(如 D6),参考实验二的步骤,选择【公式】菜单中的【插入函数】按钮或直接单击编辑栏左侧的 f_x 按钮,进入函数对话框。

	A	B	C	D
1		价格（元/件）	采购金额（元）	采购数量（件）
2	第一批	25	10000	400
3	第二批	40	10000	250
4	第三批	50	10000	200

图 4-14 零部件数据工作表

第 2 步：弹出对话框后,在【或选择类别】下拉列表框中选择【统计】,然后在【选择函数】列表框中选择【HARMEAN】函数,单击【确定】按钮,如图 4-15 所示。

图 4-15 插入函数对话框

第 3 步：弹出 HARMEAN【函数参数】对话框。在【Number1】文本框中输入价格数据所在的单元格区域"B2:B4"。也可以回到工作表界面，按住鼠标左键，用选择方框把相关数据圈住，如图 4-16 所示。

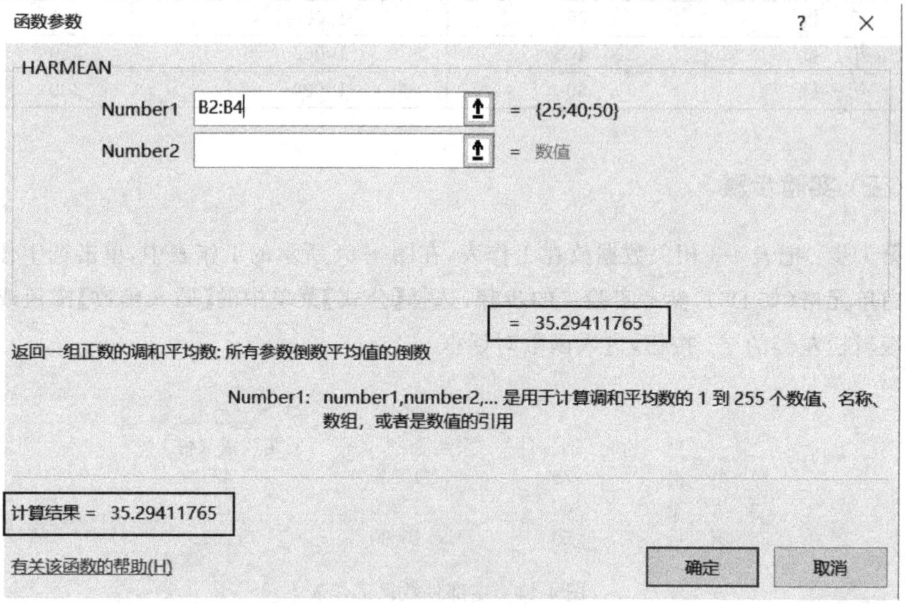

图 4-16　函数参数对话框

（三）实验结果

从图 4-16 可以看到计算结果，也可以单击按【确定】按钮，从图 4-14 的 D6 单元格看到数据分析结果，即该企业采购的三批零部件工资的平均数结果为 35 元/件，结果保留整数。

六、实验五：利用 SUM 和 SUMPRODUCT 函数计算加权调和平均数

（一）实验要求

某企业采购三批零部件，每批的价格和采购金额如表 4-4 所示，根据表 4-4 的数据资料，利用 HARMEAN 函数计算这批材料的平均价格。与表 4-3 相比，标志总量不相等，即采购金额有差别。

表 4-4　某企业采购的零部件数据

	价格(元/件)	采购金额(元)
第一批	45	9000
第二批	40	10000
第三批	50	15000

(二)实验步骤

第 1 步：把相关数据放在 Excel 工作表，如图 4-17 所示。在工作表中单击选中任意一个空白单元格(如 D5)，直接单击编辑栏 f_x 按钮右侧的编辑框，如图 4-18 中的矩形框所示。

	A	B	C
1		价格 (元/件)	采购金额 (元)
2	第一批	45	9000
3	第二批	40	10000
4	第三批	50	15000

图 4-17　某企业采购零部件数据工作表

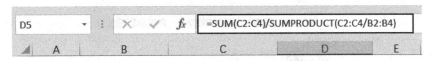

图 4-18　公式编辑框

第 2 步：在该编辑框中，输入"＝SUM(C2：C4)/SUMPRODUCT(C2：C4/B2：B4)"，注意公式前面的"＝"号。然后点击 f_x 按钮左侧的对号，就可以在 D5 单元格看到结果。

(三)实验结果

从图 4-19 的 D5 单元格，可以看到加权调和平均数的分析结果，即该企业三批零部件的平均价格为 45.33 元，结果保留两位小数。

	A	B	C	D
1		价格 (元/件)	采购金额 (元)	
2	第一批	45	9000	
3	第二批	40	10000	
4	第三批	50	15000	
5				45.33333333

图 4-19　加权调和平均数分析结果

七、实验六：利用 MEDIAN 函数计算中位数

(一)实验要求

根据表 4-1 的数据资料，利用 MEDIAN 函数计算该班 20 名学生数学成绩的中位数。

（二）实验步骤

第 1 步：参考实验一的方法，在图 4-1 所示的工作表中，单击选中任意一个空白单元格（如 E10），选择【公式】菜单中的【插入函数】按钮或直接单击编辑栏左侧的 f_x 按钮，参考图 4-6 中的矩形框。

第 2 步：弹出对话框后，在【或选择类别】下拉列表框中选择【统计】，然后在【选择函数】列表框中选择【MEDIAN】函数，单击【确定】按钮，如图 4-20 所示。

图 4-20　插入函数对话框

第 3 步：弹出 MEDIAN【函数参数】对话框。在【Number1】文本框中输入数学成绩数据所在的单元格区域"C2:C21"，具体数据如图 4-1 所示。也可以回到工作表界面，按住鼠标左键，用选择方框把相关数据圈住，如图 4-21 所示。

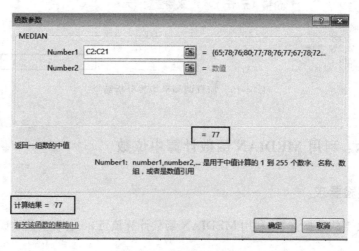

图 4-21　函数参数对话框

（三）实验结果

从图 4-21 能够直接看到结果，也可以单击【确定】按钮，从工作表的 E10 单元格中看到中位数的计算结果，即该班级 20 名学生数学成绩的中位数为 77。

八、实验七：利用 QUARTILE 函数计算分位数

（一）实验要求

根据表 4-1 的数据资料，利用 QUARTILE 函数计算该班 20 名学生数学成绩的第一个四分位数。

（二）实验步骤

第 1 步：参考实验一中的介绍，在图 4-1 所示的工作表中，单击选中任意一个空白单元格（如 E10），选择【公式】菜单中的【插入函数】按钮或直接单击编辑栏左侧的 f_x 按钮，见前面图 4-6 中的矩形框。

第 2 步：弹出对话框后，在【或选择类别】下拉列表框中选择【统计】，然后在【选择函数】列表框中选择【QUARTILE.EXC】函数，单击【确定】按钮，如图 4-22 所示。

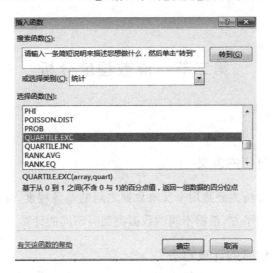

图 4-22　插入函数对话框

第 3 步：弹出 QUARTILE.EXC【函数参数】对话框。在【Array】文本框中输入数学成绩数据所在的单元格区域"C2：C21"，具体数据如图 4-1 所示。也可以回到工作表界面，按住鼠标左键，用选择方框把相关数据圈住。在【Quart】文本框中输入 1，表示计算第一个四分位数，如图 4-23 所示。

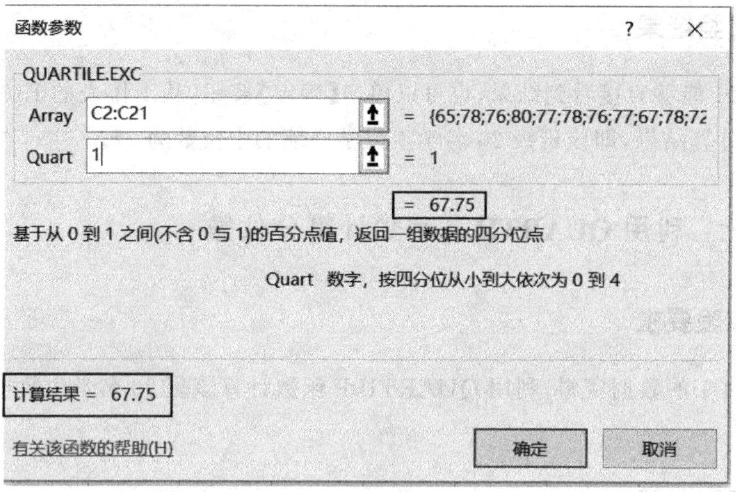

图 4-23   函数参数对话框

（三）实验结果

从图 4-23 能够直接看到结果，也可以单击【确定】按钮，从工作表的 E10 单元格中看到第一个四分位数的计算结果，即该班级 20 名学生数学成绩的第一个四分位数为67.75。

第二节   离散程度分析

一、基础知识

（一）离散程度分析的含义

数据的离散程度分析主要是用来反映数据之间的差异程度，常用的指标有方差和标准差。方差是标准差的平方，根据不同的数据类型有不同的计算方法。

（二）数据离散程度的计算方法

均值描述了总体的位置参数，中位数——中间值；众数——出现频率最高。这一节描述关于平均值的偏离程度的参数，偏差越小，数据越集中，偏差越大，数据越分散。

1. 方差

样本方差是数据集合中每个数据与其算术平均值之差的平方的算术平均数。如果某总体（离散）的全部数据是 $x_1, x_2, \cdots, x_N$，则总体方差为

$$\sigma^2 = \frac{1}{N} \sum_{i=1}^{N} (x_i - \bar{x})^2 \tag{4-8}$$

若从某个总体中抽取样本 $x_1, x_2, \cdots, x_n$，则称下式为样本方差：

$$S^2 = \frac{1}{n-1} \sum_{i=1}^{n} (x_i - \bar{x})^2 = \frac{1}{n-1} \left[\sum_{i=1}^{n} x_i^2 - n\bar{x}^2 \right] \tag{4-9}$$

2. 标准差

设从某个总体中抽取的数据为：$x_1, x_2, \cdots, x_n$，则样本标准差为

$$S = \sqrt{\frac{1}{n-1} \sum_{i=1}^{n} (x_i - \bar{x})^2} \tag{4-10}$$

如果总体的全部数据为：$x_1, x_2, \cdots, x_N$，则称下式为总体标准差：

$$\sigma = \sqrt{\frac{1}{N} \sum_{i=1}^{N} (x_i - \bar{x})^2} \tag{4-11}$$

二、实验一：利用 AVEDEV 函数计算平均差

(一) 实验要求

根据表 4-1 的数据资料，利用 AVEDEV 函数计算该班 20 名学生数学成绩的平均差。平均差是指各个变量值同平均数的离差绝对值的算术平均数，表示各个变量值之间的差异程度。

(二) 实验步骤

第 1 步：参考第一节实验一中的介绍，在图 4-1 所示的工作表中，单击选中任意一个空白单元格（如 E10），选择【公式】菜单中的【插入函数】按钮或直接单击编辑栏左侧的 f_x 按钮，见前面图 4-6 中的矩形框。

第 2 步：弹出对话框后，在【或选择类别】下拉列表框中选择【统计】，然后在【选择函数】列表框中选择【AVEDEV】函数，单击【确定】按钮，如图 4-24 所示。

第 3 步：弹出 AVEDEV【函数参数】对话框。在【Number1】文本框中输入数学成绩数据所在的单元格区域"C2:C21"，具体数据如图 4-1 所示。也可以回到工作表界面，按住鼠标左键，用选择方框把相关数据圈住。如图 4-25 所示。

(三) 实验结果

从图 4-25 能够直接看到分析结果，也可以单击【确定】按钮，从工作表的 E10 单元格中看到平均差的计算结果，即该班级 20 名学生数学成绩的平均差为 6.825。

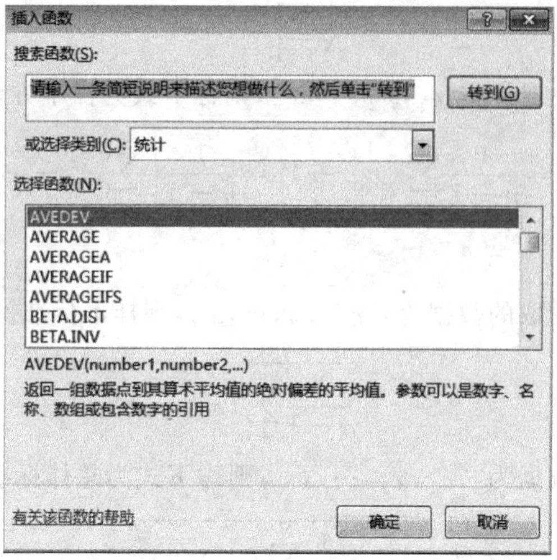

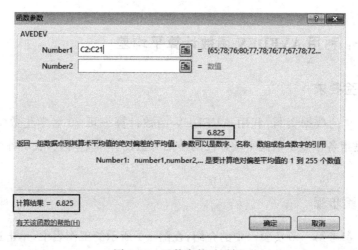

图 4-24　插入函数对话框

图 4-25　函数参数对话框

三、实验二：利用 STDEV. P 函数计算标准差

（一）实验要求

根据表 4-1 的数据资料，利用 STDEV. P 函数计算该班 20 名学生数学成绩的标准差。

（二）实验步骤

第 1 步：参考第一节实验一中的介绍，在图 4-1 所示的工作表中，单击选中任意一个空白单元格(如 E10),选择【公式】菜单中的【插入函数】按钮或直接单击编辑栏左侧的 f_x 按钮,见前面图 4-6 中的矩形框。

第 2 步：弹出对话框后,在【或选择类别】下拉列表框中选择【统计】,然后在【选择函数】列表框中选择【STDEV.P】函数,单击【确定】按钮,如图 4-26 所示。

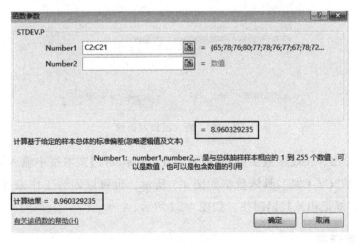

图 4-26　插入函数对话框

第 3 步：弹出 STDEV.P【函数参数】对话框。在【Number1】文本框中输入数学成绩数据所在的单元格区域"C2:C21",具体数据如图 4-1 所示。也可以回到工作表界面,按住鼠标左键,用选择方框把相关数据圈住。选择结果如图 4-27 所示。

图 4-27　函数参数对话框

(三) 实验结果

从图 4-27 能够直接看到标准差的分析结果,也可以单击【确定】按钮,从工作表的

E10 单元格中看到相同的结果,即该班级 20 名学生数学成绩的标准差为 8.96。

四、实验三:利用 VAR 函数计算方差

(一)实验要求

根据表 4-1 的数据资料,利用 VAR 函数计算该班 20 名学生数学成绩的方差。

(二)实验步骤

第 1 步:参考第一节实验一中的介绍,在图 4-1 所示的工作表中,单击选中任意一个空白单元格(如 E10),选择【公式】菜单中的【插入函数】按钮或直接单击编辑栏左侧的 f_x 按钮,见前面图 4-6 中的矩形框。

第 2 步:弹出对话框后,在【或选择类别】下拉列表框中选择【统计】,然后在【选择函数】列表框中选择【VAR】函数,单击【确定】按钮,如图 4-28 所示。

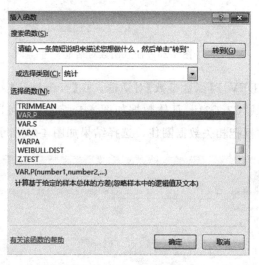

图 4-28 插入函数对话框

第 3 步:弹出 VAR【函数参数】对话框。在【Number1】文本框中输入数学成绩数据所在单元格区域"C2:C21",具体数据如图 4-1 所示。也可以回到工作表界面,按住鼠标左键,用选择方框把相关数据圈住。如图 4-29 所示。

(三)实验结果

从图 4-29 能够直接看到标准差的分析结果,也可以单击【确定】按钮,从工作表的 E10 单元格中看到相同的结果,即该班级 20 名学生数学成绩的方差为 80.2875。

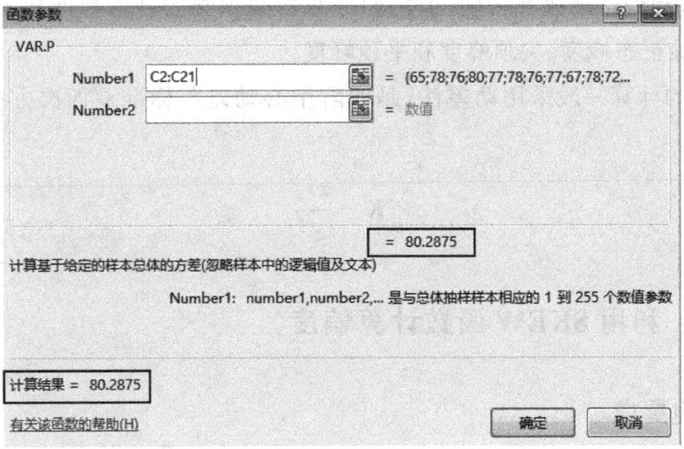

图 4-29　函数参数对话框

第三节　数据分布形状分析

一、基础知识

(一) 数据分布形状分析的含义

数据分布形状分析包括偏度分析和峰度分析。在统计分析中,通常要假设样本的分布属于正态分布,因此需要用偏度和峰度两个指标来检查样本是否符合正态分布。偏度衡量的是样本分布的偏斜方向和程度;而峰度衡量的是样本分布曲线的尖峰程度。一般情况下,如果样本的偏度接近于 0,而峰度接近于 3,就可以判断总体的分布接近于正态分布。

(二) 数据分布形状的计算方法

1. 偏度系数

偏度系数是对变量分布对称性的测度,描述变量分布偏斜的方向和程度。当分布左右对称时,偏度系数为 0;当偏度系数大于 0 时,即重尾在右侧时,该分布为右偏;当偏度系数小于 0 时,即重尾在左侧时,该分布左偏。

求偏度系数的方法有多种,一种是用算术平均数、众数和中位数;一种是利用四分位数求偏度;还有用动差法求偏度系数。

2. 峰度系数

峰度是用来反映频数分布曲线顶端尖峭或扁平程度的指标。有时两组数据的算术平均数、标准差和偏态系数都相同,但它们分布曲线顶端的高耸程度却不同。通常分为三种情况:标准正态峰度、尖顶峰度和平顶峰度。

峰度系数的计算一般采用动差法,是四阶中心动差与标准差四次方相比的结果,计算公式如下:

$$K = \frac{m_4}{S^4} \tag{4-12}$$

二、实验一:利用 SKEW 函数计算偏度

(一)实验要求

根据表 4-1 的数据资料,利用 Excel 的 SKEW 函数计算该班 20 名学生数学成绩的偏度。

(二)实验步骤

第 1 步:参考第一节实验一中的介绍,在图 4-1 所示的工作表中,单击选中任意一个空白单元格(如 E10),选择【公式】菜单中的【插入函数】按钮或直接单击编辑栏左侧的 f_x 按钮,见前面图 4-6 中的矩形框。

第 2 步:弹出对话框后,在【或选择类别】下拉列表框中选择【统计】,然后在【选择函数】列表框中选择【SKEW】函数,单击【确定】按钮,如图 4-30 所示。

图 4-30　插入函数对话框

第 3 步:弹出 SKEW【函数参数】对话框。在【Number1】文本框中输入数学成绩数据所在的单元格区域"C2:C21",具体数据如图 4-1 所示。也可以回到工作表界面,按住

鼠标左键,用选择方框把相关数据圈住。选择结果如图 4-31 所示。

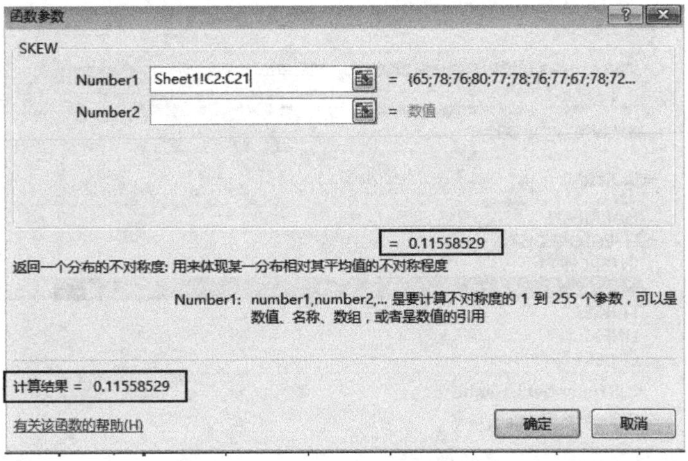

图 4-31 函数参数对话框

(三) 实验结果

从图 4-31 能够直接看到偏度的计算结果,也可以单击【确定】按钮,从工作表的 E10 单元格中看到相同的结果,即该班级 20 名学生数学成绩的偏度为 0.1156,结果保留 4 位小数。

三、实验二:利用 KURT 函数计算峰度

(一) 实验要求

根据表 4-1 的数据资料,利用 Excel 的 KURT 函数计算该班 20 名学生数学成绩的峰度。

(二) 实验步骤

第 1 步:参考第一节实验一中的介绍,在图 4-1 所示的工作表中,单击选中任意一个空白单元格(如 E10),选择【公式】菜单中的【插入函数】按钮或直接单击编辑栏左侧的 f_x 按钮,见前面图 4-6 中的矩形框。

第 2 步:弹出对话框后,在【或选择类别】下拉列表框中选择【统计】,然后在【选择函数】列表框中选择【KURT】函数,单击【确定】按钮,如图 4-32 所示。

第 3 步:弹出 KURT【函数参数】对话框。在【Number1】文本框中输入数学成绩数据所在的单元格区域"C2:C21",具体数据如图 4-1 所示。也可以回到工作表界面,按住鼠标左键,用选择方框把相关数据圈住。选择结果如图 4-33 所示。

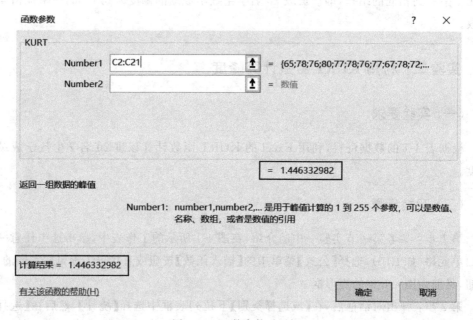

图 4-32　插入函数对话框

图 4-33　函数参数对话框

（三）实验结果

从图 4-33 能够直接看到峰度的计算结果，也可以单击【确定】按钮，从工作表的 E10

单元格中看到相同的结果,即该班级 20 名学生数学成绩的峰度为 1.4463,结果保留 4 位小数。

🎯 实验练习四

1. 利用表 4-1 的数据,对语文成绩计算算术平均数、几何平均数、众数和第三个四分位数。求几何平均数的函数为 GEOMEAN,众数的函数为 MODE。

2. 求最大值和最小值的函数分别是 MAX 和 MIN,利用上述函数求表 4-1 语文成绩的极差。

3. 根据计算公式,利用已知函数计算表 4-1 语文成绩的离散系数。

4. 对表 4-1 的语文成绩,利用分位数函数 QUARTILE 计算四分位差。

5. 峰度函数是 KURT,计算表 4-1 语文成绩的峰度。

第 五 章

抽样及分布函数

第一节 随机数的产生

一、基础知识

随机变量 η 的抽样序列 $\eta_1, \eta_2, \cdots, \eta_n, \cdots$ 称为随机数列。

如果随机变量 η 是均匀分布的,则 η 的抽样序列 $\eta_1, \eta_2, \cdots, \eta_n, \cdots$ 称为均匀随机数列;如果随机变量 η 是正态分布的,则称其抽样序列为正态随机数列。

用数学方法产生随机数,就是利用计算机能直接进行算术运算或逻辑运算的特点。选取一个适宜的数学递推公式 $r_{n+m} = g(r_n, r_{n+1}, \cdots, r_{n+m-1})$,利用计算程序,按递推公式对数字进行加工处理,把 $0, 1, 2, \cdots, b_{m-1}$ 或其部分数字的自然顺序打乱,从而产生具有均匀总体、简单子样统计性质的随机数。这里 m 一般取较小的正整数,为机器的字长。显而易见,用数学方法产生随机数的方法速度快,占用内存少,对模拟的问题可以进行复算检查,一般还有较好的统计性质。

二、实验一:利用随机抽样发生器产生随机数

(一)实验要求

本实验要求利用 Excel 2013 中的随机数发生器产生随机数,以某晚会现场抽奖为案例进行步骤讲解。在某中秋晚会现场,主持人准备从现场 400 名观众中随机抽取 10 名作为幸运观众,试使用随机抽样发生器抽出这 10 名幸运观众。

(二)实验步骤

第 1 步:新建 Excel 工作簿,命名为"某晚会中幸运观众的随机抽样",在单元格 A1 中输入"采用随机数发生器进行抽样"。

第 2 步:设置单元格格式。为保证输出的结果为整数,首先设置输出单元格的单元

格格式,选中单元格区域 A2:A11,右击鼠标,在快捷菜单中选择【设置单元格格式】,弹出【设置单元格格式】对话框。在该对话框中选择【数字】选项卡,然后选择【数值】选项,并将【小数位数】设为 0,如图 5-1 所示,最后点击【确定】按钮。

图 5-1 设置单元格格式对话框

第 3 步:单击 Excel 工作左上角的【文件】-【选项】-【自定义功能区】,将【开发工具】勾选上,点击确定按钮。接着选择功能选项【开发工具-加载项】,在弹出的【加载宏】对话窗口里,将【分析工具库】勾选上,点击【确定】按钮,便可出现数据分析选项。

在工具栏中选择【数据】-【数据分析】命令,随即弹出【数据分析】对话框,选择【随机数发生器】选项,单击【确定】按钮,随即弹出【随机数发生器】对话框,如图 5-2 所示。

对该对话框做如下设置:在【变量个数】文本框中输入"1";在【随机数个数】文本框中输入"10";单击【分布】后的下拉箭头按钮,选择【均匀】选项;在参数下的【介于】文本框中输入"1"和"400";在【输出选项】中选择【输出区域】,并

图 5-2 随机数发生器对话框

单击其后的折叠按钮，选中 A2 单元格，如图 5-3 所示，单击【确定】按钮。

（三）实验结果

输出结果如图 5-4 所示。

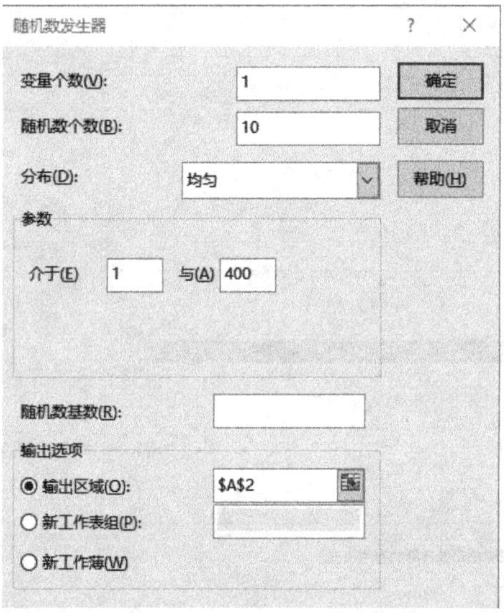

图 5-3 随机数发生器对话框

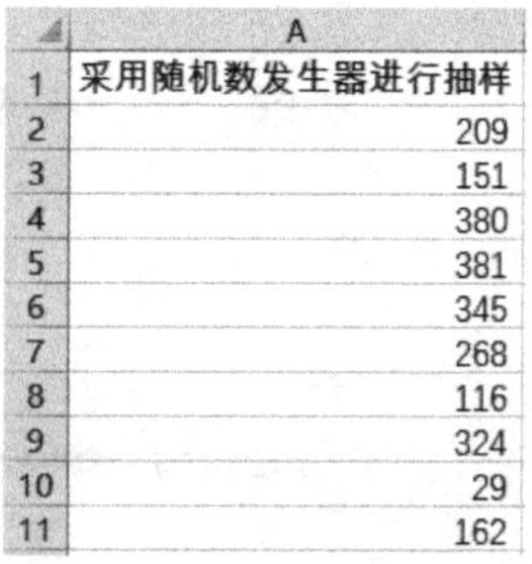

	A
1	采用随机数发生器进行抽样
2	209
3	151
4	380
5	381
6	345
7	268
8	116
9	324
10	29
11	162

图 5-4 随机数发生器输出结果

该实验是采用数据分析工具中的随机数发生器进行随机抽样的，该工具不但简单易用，而且能够产生多个分布的随机数，在分析不同分布对应的分布图时也会用到。读者可根据实际情况选择合适的分布。

三、实验二：利用 RANDBETWEEN()函数产生随机数

（一）实验要求

本实验要求利用 Excel 2013 中的 RANDBETWEEN()函数产生随机数，以某课堂一共 40 名同学，老师按学号随机请 5 名学生上黑板做题为案例进行步骤讲解。试使用 RANDBETWEEN()函数随机抽出这 5 名上黑板做题的同学的学号。

（二）实验步骤

第 1 步：新建 Excel 工作簿，命名为“某课堂上黑板做题学生学号的随机抽样”，在单元格 A1 中输入“利用 RANDBETWEEN()函数进行抽样”。

第 2 步：在 A2 单元格中输入“=RANDBETWEEN(1,40)”，如图 5-5 所示。然后按下【ENTER】键，随后拖动鼠标至 A2 单元格右下角，待光标变成黑色小十字后向下填充

至 A6 单元格。

（三）实验结果

填充完成后，利用 RANDBETWEEN()函数生成的随机数结果如图 5-6 所示。

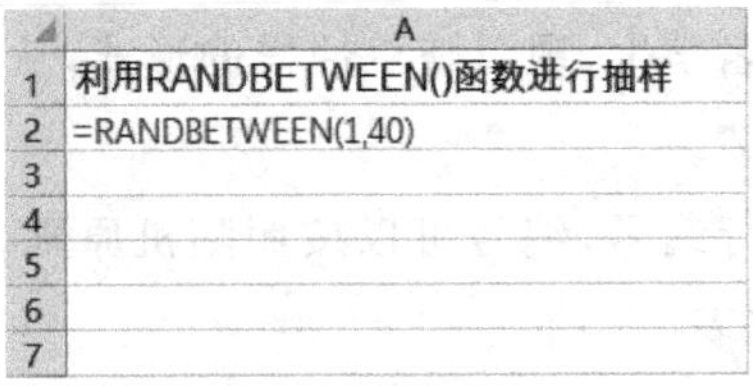

	A
1	利用RANDBETWEEN()函数进行抽样
2	=RANDBETWEEN(1,40)
3	
4	
5	
6	
7	

图 5-5　RANDBETWEEN()函数对话框

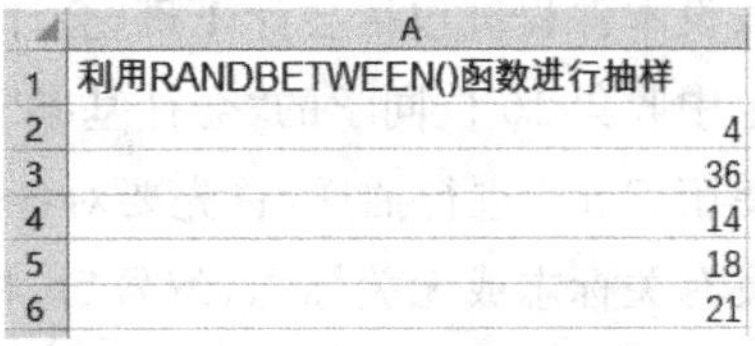

	A
1	利用RANDBETWEEN()函数进行抽样
2	4
3	36
4	14
5	18
6	21

图 5-6　利用 RANDBETWEEN()函数生成的随机数

第二节　抽样调查

一、基础知识

调查数据的方式有很多种，可以采取典型调查、重点调查或抽样调查。在实际运用中，多以抽样调查为主，为此我们在这里介绍一下抽样调查。抽样调查是指按照随机原则从全部研究对象中抽取部分单位进行观察，以对全部调查研究对象做出估计和推断的一种调查方法。

抽样有周期和随机两种抽样模式。周期模式即所谓的等距抽样，采用这种方式抽样，需将总体单位数除以要抽取的样本单位数，求得取样的周期间隔。随机模式适用于纯随机抽样、分类抽样、整群抽样和阶段抽样。采用纯随机抽样，只需在【样本数】框中输入要抽取的样本单位数（样本容量）即可；若采用分类抽样，必须先将总体单位按某一标志分类编号，然后在每一类中随机抽取若干单位，这种抽样方法实际是分组法与随机抽样的结合；整群抽样也要先将总体单位分类编号，然后按随机原则抽取若干类作为样本，对抽中的类的所有单位进行调查。因此，本实验的编号输入方法，只适用于等距抽样和纯随机抽样。

用 Excel 随机抽样，从总体中选择抽样单位，每个个体均有同等被抽中的概率。抽样时，处于抽样总体单位中的抽样单位被编排成 $1\sim n$ 编码，然后利用随机数码表或专用的计算机程序确定处于 $1\sim n$ 间的随机数码，那些在总体中与随机数码吻合的单位便成为随机抽样的样本。

二、实验：用数据分析功能随机抽样

（一）实验要求

假设本课程班包括会计1班、会计2班，共有98名学生，现以随机抽样的形式，从98名学生中收集10位同学的"会计基础"课程的总评成绩。

使用Excel进行抽样，首先要对各个总体单位进行编号，编号可以按照随机原则，也可以按有关标志或无关标志，编号后，将编号输入工作表。

（二）实验步骤

第1步：本实验共有1～98的98个编号，分成14行、7列输入Excel工作表，如图5-7所示。

	A	B	C	D	E	F	G
1	1	15	29	43	57	71	85
2	2	16	30	44	58	72	86
3	3	17	31	45	59	73	87
4	4	18	32	46	60	74	88
5	5	19	33	47	61	75	89
6	6	20	34	48	62	76	90
7	7	21	35	49	63	77	91
8	8	22	36	50	64	78	92
9	9	23	37	51	65	79	93
10	10	24	38	52	66	80	94
11	11	25	39	53	67	81	95
12	12	26	40	54	68	82	96
13	13	27	41	55	69	83	97
14	14	28	42	56	70	84	98

图 5-7   总体各单位编号表

第2步：在工具栏中选择【数据】-【数据分析】命令，随即弹出【数据分析】对话框，从中选择【抽样】，如图5-8所示。

第3步：单击【抽样】选项，弹出抽样对话框，如图5-9所示。

第4步：在输入区域框中输入总体单位编号所在的单元格区域，在本实验中是$A$1：$G$14，系统将从A列的第1行开始抽取样本，然后按顺序抽取B列至G列的

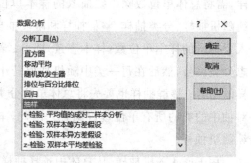

图 5-8   数据分析对话框

第14行。如果输入区域的第一行或第一列为标志项（横列标题或纵列标题），可单击【标志(L)】复选框。

第5步：在抽样方法项下，有周期和随机两种抽样模式。

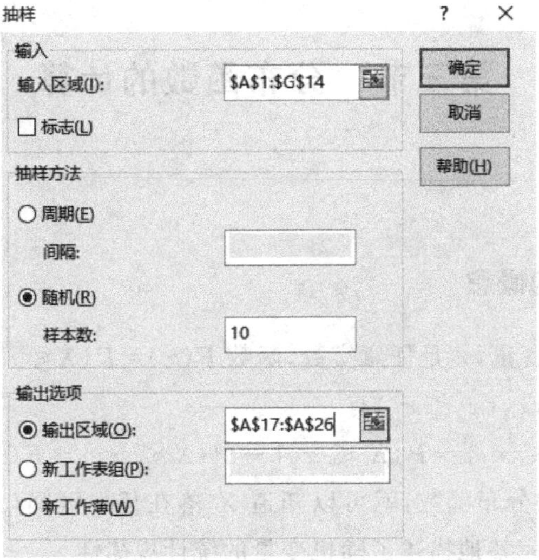

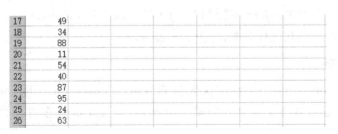

图 5-9 抽样对话框

周期模式即所谓的等距抽样，采用这种方式抽样，需将总体单位数除以要抽取的样本单位数，求得取样的周期间隔。如我们要在 98 个总体单位中抽取 7 个，则在【间隔】框中输入 14。

随机模式适用于纯随机抽样、分类抽样、整群抽样和阶段抽样。本实验采用纯随机抽样，只需在【样本数】框中输入要抽取的样本单位数 10(样本容量)即可。

第 6 步：指定输出区域，在这里我们输入＄A＄17：＄A＄26，单击【确定】。

(三) 实验结果

抽样结果即会显示在 A 列第 17 行到第 26 行上，编号的学生即为要抽样调查的学生，如图 5-10 所示。

17	49
18	34
19	88
20	11
21	54
22	40
23	87
24	95
25	24
26	63

图 5-10 随机抽样结果

该实验是采用数据分析工具中的抽样工具进行随机抽样，得到样本数据，接下来就可以进行数据的筛选和处理。本实验只适用于等距抽样和纯随机抽样，读者可根据实际案例选择合适的抽样方法。

第三节　分布函数的计算

一、基础知识

(一) 分布函数的概念

设 X 是一个随机变量，x 是任意实数，函数 $F(x) = P\{X \leqslant x\}$，称为 X 的分布函数。对于任意实数 $x_1, x_2 (x_1 < x_2)$ 有

$$P\{x_1 < X \leqslant x_2\} = P\{X \leqslant x_2\} - P\{X \leqslant x_1\} = F(x_2) - F(x_1) \tag{5-1}$$

因此，若已知 X 的分布函数，就可以知道 X 落在任一区间 (x_1, x_2) 上的概率，在这个意义上说，分布函数完整地描述了随机变量的统计规律性。

分布函数是一个普遍的函数，正是通过它，我们将能用数学分析的方法来研究随机变量。

(二) 常用的分布函数

常用的抽样分布有二项分布、正态分布、χ^2 分布、t 分布、F 分布等。

1. 二项分布

二项分布就是重复 n 次独立的伯努利试验(Bernoulli experiment)。在每次试验中只有两种可能的结果，而且两种结果发生与否互相对立，并且相互独立，与其他各次实验结果无关，事件发生与否的概率在每一次独立试验中都保持不变，这一系列试验称为 n 重伯努利试验，当次数为 1 时，二项分布服从 0-1 分布。

假设事件 A 发生的概率为 P，以 X 表示事件 A 发生的次数，若

$$P(X = k) = C_n^k p^k (1-p)^{n-k} \quad (k = 0, 1, 2, \cdots, n) \tag{5-2}$$

则随机变量 X 服从二项分布，记作 $X \sim B(n, p)$

2. 正态分布

正态分布(normal distribution)又名高斯分布(Gaussian distribution)，是一个在数学、物理及工程等领域都非常重要的概率分布，在统计学的许多方面也有着重大的影响力。

若随机变量 X 服从一个位置参数为 μ、尺度参数为 σ 的概率分布，且其概率密度函数为

$$f(x) = \frac{1}{\sqrt{2\pi}\sigma} e^{-\frac{(x-\mu)^2}{2\sigma^2}} \quad (-\infty < x < +\infty) \tag{5-3}$$

则随机变量 X 服从一个数学期望为 μ、方差为 σ^2 的正态分布，记为 $X \sim N(\mu, \sigma^2)$。

其概率密度函数的期望值 μ 决定了其位置,其标准差 σ 决定了分布的幅度。当 $\mu=0$,$\sigma=1$ 时的正态分布是标准正态分布。

3. χ^2 分布

χ^2 分布(也称卡方分布)在数理统计中具有重要意义。χ^2 分布是由阿贝(Abbe)于 1863 年首先提出的,后来由海尔墨特(Hermert)和现代统计学的奠基人之一的卡·皮尔逊(C. K. Pearson)分别于 1875 年和 1900 年推导出来,是统计学中的一个非常有用的著名分布。

若 n 个相互独立的随机变量 $\xi_1,\xi_2,\cdots,\xi_n$ 服从标准正态分布(也称独立同分布于标准正态分布),则这 n 个服从标准正态分布的随机变量的平方和 $X=\sum_1^n \xi_i^2$;构成一新的随机变量,则 X 服从自由度为 n 的 χ^2 分布(chi-square distribution),记为 $X\sim\chi^2(n)$。

4. t 分布

在概率论和统计学中,学生 t 分布(Student's t-distribution)经常应用在对呈正态分布的总体的均值进行估计。其推导由威廉·戈塞(William Sealy Gosset)于 1908 年首先发表,当时他还在都柏林的健力士酿酒厂工作。因为不能以他本人的名义发表,所以论文使用了学生(Student)这一笔名。之后 t 检验以及相关理论经由罗纳德·费雪(Ronald Aylmer Fisher)的工作发扬光大,而正是他将此分布命名为学生分布。

假设 X 服从标准正态分布 $N(0,1)$,Y 服从分布 $\chi^2(n)$,那么 $Z=\dfrac{X}{\sqrt{Y/n}}$ 的分布称为自由度为 n 的 t 分布,记为 $Z\sim t(n)$。

5. F 分布

F 分布(F-distribution)是 1924 年英国统计学家费雪(R. A. Fisher)提出,以其姓氏的第一个字母命名的。它是一种非对称分布,有两个自由度,且位置不可互换。F 分布有着广泛的应用,如在方差分析、回归方程的显著性检验中都有着重要的地位。

设 $U\sim\chi^2(n_1)$,$V\sim\chi^2(n_2)$,且 U 和 V 相互独立,则

$$F=\frac{U/n_1}{V/n_2} \tag{5-4}$$

服从自由度为 n_1 和 n_2 的 F 分布,记为 $F\sim F(n_1,n_2)$。

二、实验一:利用 BINOM. DIST 函数计算二项分布函数

(一)实验要求

已知一批产品的次品率为 3%,从中有放回地抽 10 个。利用 BINOM. DIST 函数计算 10 个产品中没有次品的概率。

（二）实验步骤

第 1 步：打开 Excel 2013，将光标放在任意空白单元格，然后点击【公式】，点击【插入函数 f_x】，如图 5-11 所示。

图 5-11 插入函数按钮

第 2 步：在【选择类别】中选择【统计】，并在【选择函数】中点击【BINOM.DIST】，点击【确定】，如图 5-12 所示。

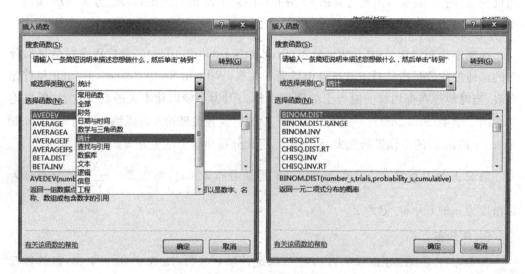

图 5-12 插入函数对话框

第 3 步：在【Number_s】中输入实验成功次数 0。在【Trails】中输入实验总次数 10。在【Probability_s】中输入每次实验的成功概率 0.03。在【Cumulative】中输入 0（或 FALSE），表示计算成功次数恰好等于指定数值的概率；输入 1（或 TRUE）表示计算成功次数小于或等于指定数值的累积概率，单击【确定】。比如，计算 $X=0$ 的概率，界面如图 5-13 所示。

（三）实验结果

从图 5-13 可以看出，抽取 10 个产品中没有次品的概率为 0.7374。

注：也可以直接在 Excel 工作表的任意单元格中输入"=BINOM.DIST(0,10,0.03,0)"，得到相同结果。

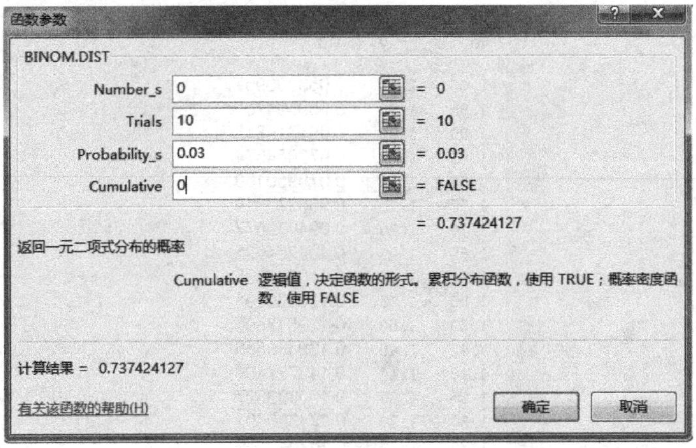

图 5-13　BINOM. DIST 函数参数对话框

三、实验二：绘制标准正态分布概率密度函数曲线

（一）实验要求

用 Excel 绘制标准正态分布概率密度函数曲线。

（二）实验步骤

首先根据正态分布函数【NORM. DIST】给出绘图所需的数据，然后进行绘图。具体操作步骤如下。

第 1 步：在工作表的第一列 A3：A83 输入一个等差数列，初始值为 2，步长为 0.05，终值为 -2，作为标准化后的标准正态变量的值。

第 2 步：在单元格 B1 输入标准正态变量的均值 0，在单元格 D1 输入标准正态分布变量的标准差 1。

第 3 步：在单元格 B3 输入公式"＝A3 * ＄D＄1＋＄B＄1"，并将其复制到 B4：B83 区域，作为未做标准化变换的正态变量的值。

第 4 步：在单元格 C3 输入公式"＝NORMDIST(B3,＄B＄1,＄D＄1,0)"，并将其复制到 C4：C83 区域，作为与 B4：B83 区域正态变量的值相对应的正态分布概率密度函数的结果。准备好的数据如图 5-14 所示。

第 5 步：将 B3：B83 作为横坐标，C3：C83 作为纵坐标，绘制折线图。

（三）实验结果

可得到标准正态分布图，如图 5-15 所示。

	A	B	C	D
1	均值	0	标准差	1
2	Z		X	
3	2.00	2.00	0.053990967	
4	1.95	1.95	0.059594706	
5	1.90	1.90	0.065615815	
6	1.85	1.85	0.072064874	
7	1.80	1.80	0.078950158	
8	1.75	1.75	0.086277319	
9	1.70	1.70	0.094049077	
10	1.65	1.65	0.102264925	
11	1.60	1.60	0.110920835	
12	1.55	1.55	0.120009001	
13	1.50	1.50	0.129517596	
14	1.45	1.45	0.139430566	
15	1.40	1.40	0.149727466	
16	1.35	1.35	0.160383327	
17	1.30	1.30	0.171368592	
18	1.25	1.25	0.182649085	
19	1.20	1.20	0.194186055	
20	1.15	1.15	0.205936269	
21	1.10	1.10	0.217852177	
22	1.05	1.05	0.229882141	
23	1.00	1.00	0.241970725	
24	0.95	0.95	0.254059056	

图 5-14   绘图所需的数据

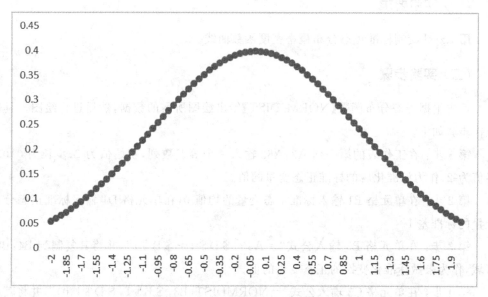

图 5-15   绘制的标准正态分布图

四、实验三：利用 NORM. DIST 函数计算一般正态分布的概率

（一）实验要求

假定 5 岁男童的体重服从正态分布，平均体重 $\mu = 20\text{kg}$，标准差 $\sigma = 2.5\text{kg}$。

随机抽查一个 5 岁男童的体重,利用 NORM. DIST 函数计算体重小于 16.5kg 概率。设男童的体重为 X。

(二)实验步骤

第 1 步:将光标放在任意空白单元格,然后点击【公式】,点击【插入函数 f_x】。

第 2 步:在【选择类别】中选择【统计】,并在【选择函数】中点击【NORM. DIST】,点击【确定】。

第 3 步:在【X】中输入正态分布函数计算的区间点(即 X 值);在【Mean】中输入正态分布的均值。在【Standard_dev】中输入正态分布的标准差 σ;在【Cumulative】中输入 1(或 TRUE)表示计算事件出现次数小于或等于指定数值的累积概率。单击【确定】。如图 5-16 所示。

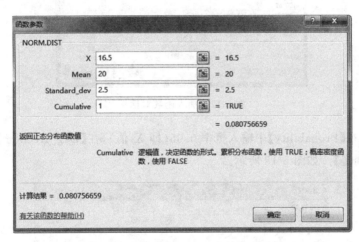

图 5-16　NORM. DIST 函数参数对话框

(三)实验结果

实验结果表明抽到 5 岁男童体重小于 16.5kg 的概率为 0.08。

注:直接在 Excel 工作表的任意单元格中输入"＝NORM. DIST(x,mean,standard_dev,cumulative)",并输入相应的参数,也可以得到相同的结果。

五、实验四:利用 CHISQ. INV. RT 函数计算 χ^2 分布函数

(一)实验要求

用 CHISQ. INV. RT 函数计算自由度为 15,右尾概率为 0.05 时 χ^2 分布右尾的 χ^2 值。

（二）实验步骤

第 1 步：将光标放在任意空白单元格，然后点击【公式】，点击【插入函数 f_x】。

第 2 步：在【选择类别】中选择【统计】，并在【选择函数】中点击【CHISQ. INV. RT】，点击【确定】。如图 5-17 所示。

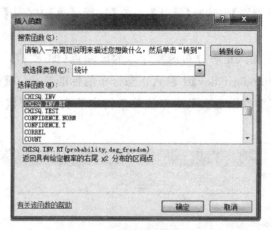

图 5-17　插入函数对话框

第 3 步：在【Probability】中输入概率 0.05（即 X 值），在【Deg_freedom】中输入自由度 15，单击【确定】。如图 5-18 所示。

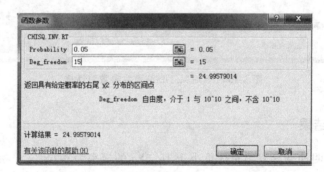

图 5-18　CHISQ. INV. RT 函数参数对话框

（三）实验结果

CHISQ. INV. RT(0.05,15)＝CHISQ. INV(0.95,15)＝24.99579

注：直接在 Excel 工作表的任意单元格中输入"＝CHISQ. INV. RT(0.05,15)"，也可以得到相同的结果。右尾概率为 α 的右尾 χ^2 值等于累积概率为 $1-\alpha$ 的左尾 χ^2 值，即 CHISQ. INV. RT(α,Deg_freedom)＝ CHISQ. INV(1-α,Deg_freedom)。

表 5-1 列示了 χ^2 分布函数的参数含义及返回结果。

表 5-1 χ^2 分布函数的参数含义及返回结果

函　数	语　法	参数的含义	返回结果
CHISQ. DIST	CHISQ. DIST (X, Deg_freedom, Cumulative)	X 为 χ^2 值；Deg_freedom 为自由度；Cumulative 为逻辑值；累积分布函数使用 TRUE；概率密度函数使用 FALSE	左尾概率
CHISQ. DIST. RT	CHISQ. DIST. RT(X, Deg_freedom)		右尾概率
CHISQ. INV	CHISQ. INV(Probability, Deg_freedom)	Probability 为 χ^2 分布的累积概率	左尾 χ^2 值
CHISQ. INV. RT	CHISQ. INV. RT (Probability, Deg_freedom)		右尾 χ^2 值

六、实验五：利用 T. INV. 2T 函数计算 t 分布函数的 t 值

（一）实验要求

利用 T. INV. 2T 函数计算自由度为 25、右尾概率为 0.05 时的双尾 t 值。

（二）实验步骤

第 1 步：将光标放在任意空白单元格，然后点击【公式】，点击【插入函数 f_x】。

第 2 步：在【选择类别】中选择【统计】，并在【选择函数】中点击【T. INV. 2T】，点击【确定】。如图 5-19 所示。

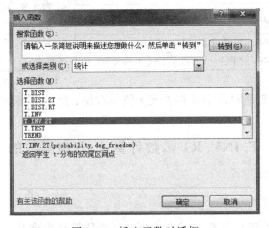

图 5-19 插入函数对话框

第 3 步：在【Probability】中输入概率 0.05（即 X 值），在【Deg_freedom】中输入自由度 25，单击【确定】。如图 5-20 所示。

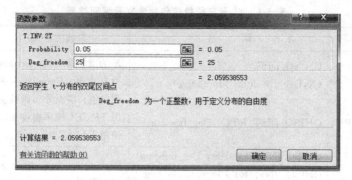

图 5-20　T.INV.2T 函数参数对话框

（三）实验结果

由上述步骤可得，T.INV.2T(0.05,25)＝2.059539。

注：直接在 Excel 工作表的任意单元格中输入"＝T.INV.2T(0.05,25)"，也可以得到相同的结果。

表 5-2 列示了 t 分布函数的参数含义及返回结果。

表 5-2　t 分布函数的参数含义及返回结果

函　　数	语　　法	参数的含义	返回结果
T.DIST	T.DIST(X,Deg_freedom,Cumulative)	X 为 t 值；Deg_freedom 为自由度；Cumulative 为逻辑值；累积分布函数使用 TRUE；概率密度函数使用 FALSE	左尾概率
T.DIST.RT	T.DIST.RT(X,Deg_freedom)		右尾概率
T.DIST.2T	T.DIST.2T(X,Deg_freedom)		双尾概率
T.INV	T.INV(Probability,Deg_freedom)	Probability 为 t 分布的双尾概率	左尾 t 值
T.INV.2T	T.INV.2T(Probability,Deg_freedom)		双尾 t 值

注：在给定累积概率时，t 分布的左尾 t 值与右尾 t 值符号相反，绝对值相等。

七、实验六：利用 F.INV.RT 函数计算 F 分布函数的 F 值

（一）实验要求

利用 F.INV.RT 函数计算分子自由度为 15、分母自由度为 10、F 分布累积概率为 0.05 时的右尾 F 值。

（二）实验步骤

第 1 步：将光标放在任意空白单元格，然后点击【公式】，点击【插入函数 f_x】。

第 2 步：在【选择类别】中选择【统计】，并在【选择函数】中点击【F. INV. RT】，点击【确定】。如图 5-21 所示。

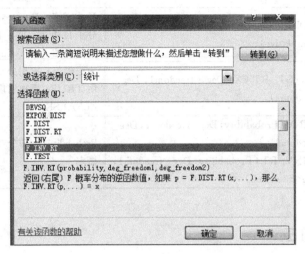

图 5-21　插入函数对话框

第 3 步：在【Probability】中输入概率 0.05（即 X 值），在【Deg_freedom1】中输入分子自由度 15，在【Deg_freedom2】中输入分母自由度 10，单击【确定】。如图 5-22 所示。

图 5-22　F. INV. RT 函数参数对话框

（三）实验结果

由上述过程可得 F. INV. RT(0.05, 15, 10)＝2.845017。

注：直接在 Excel 工作表的任意单元格中输入"＝F. INV. RT(0.05, 15, 10)"，也可以得到相同的结果。

表 5-3 列示了 F 分布函数的参数含义及返回结果。

表 5-3　*F* 分布函数的参数含义及返回结果

函　　数	语　　法	参数的含义	返回结果
F. DIST	F. DIST（X，Deg_freedom1，Deg_freedom2，Cumulative）	*X* 为 *F* 值；Deg_freedom1 为分子自由度；Deg_freedom2 为分母自由度；Cumulative 为逻辑值；累积分布函数使用 TRUE；概率密度函数使用 FALSE	左尾概率
F. DIST. RT	F. DIST. RT（X，Deg_freedom1，Deg_freedom2）		右尾概率
F. INV	F. INV（Probability，Deg_freedom1，Deg_freedom2）	Probability 为 *F* 分布的累积概率	左尾 *F* 值
F. INV. RT	F. INV. RT（Probability，Deg_freedom1，Deg_freedom2）		右尾 *F* 值

🎯 实验练习五

1. 某公司要在 600 名新入职员工中随机选取 20 名作为员工代表参加职工欢迎会，试使用 Excel 2013 中随机抽样发生器抽出这 20 名职工代表。

2. 假设有 100 个单位，每个单位分别给一个编号，输入工作表后如图 5-23 所示。请利用 Excel 等距抽样抽取 12 个样本。

	A	B	C	D	E	F	G	H	I	J
1	2	22	42	62	82	102	122	142	162	182
2	4	24	44	64	84	104	124	144	164	184
3	6	26	46	66	86	106	126	146	166	186
4	8	28	48	68	88	108	128	148	168	188
5	10	30	50	70	90	110	130	150	170	190
6	12	32	52	72	92	112	132	152	172	192
7	14	34	54	74	94	114	134	154	174	194
8	16	36	56	76	96	116	136	156	176	196
9	18	38	58	78	98	118	138	158	178	198
10	20	40	60	80	100	120	140	160	180	200

图 5-23　实验练习数据

3. 假定 5 岁男童的体重服从正态分布，平均体重 $\mu = 20$kg，标准差 $\sigma = 2.5$kg。随机抽查一个 5 岁男童的体重，计算以下概率：

（1）体重小于 16.5kg；

（2）体重大于 23kg；

（3）体重介于 15～23kg 之间。

设男童的体重为 *X*。

4. 计算：

（1）自由度为 20，χ^2 值小于 15 的概率；

（2）自由度为 30，χ^2 值大于 40 的概率；

（3）自由度为 15，累计概率为 0.05 时分布左尾的 χ^2 值。

5. 计算：

（1）自由度为 15，t 值小于 2 的概率；

（2）自由度为 20，t 值大于 1 的概率；

（3）自由度为 20，t 值等于 2 的双尾概率；

（4）自由度为 20，t 分布累积概率为 0.025 时的左尾 t 值。

6. 计算：

（1）分子自由度为 15，分母自由度为 10，F 值小于 2 的概率；

（2）分子自由度为 15，分母自由度为 10，F 值大于 2 的概率；

（3）分子自由度为 15，分母自由度为 10，F 分布累积概率为 0.05 时的左尾 F 值。

第 六 章

参 数 估 计

参数估计是用样本统计量对总体的参数进行估计。比如,用样本均值 $\bar{x}$ 估计总体均值 μ,用样本方差 s^2 估计总体方差 σ^2 等。对于总体参数 θ,若用于估计参数的统计量用 $\hat{\theta}$ 表示,则 $\hat{\theta}$ 称为估计量。估计量的某一具体的值,称为估计值,它是以所抽样本的观测数据为依据进行计算得到的。参数估计的方法有点估计和区间估计两种。

第一节 点 估 计

一、基础知识

点估计是以样本观测数据为依据,将估计量 $\hat{\theta}$ 的某个取值直接作为总体参数 θ 的估计值。比如,将样本均值 $\bar{x}$ 直接作为总体均值 μ 的估计值,样本方差 s^2 直接作为总体方差 σ^2 的估计值等。由于样本是随机抽取的,因此根据某个具体的样本得到的估计值很可能不同于总体参数。点估计的缺点是没有指出点估计值的允许波动范围或与总体参数真实值的接近程度。因此,在实际中,我们不能完全依赖于一个点估计值,而应与区间估计同时进行。

二、实验:利用 AVERAGE 函数计算平均值

(一)实验要求

某企业对一批生产的零部件进行长度检验,随机抽取 16 件,测得长度值如表 6-1 所示。试计算样本平均数对总体平均数的点估计值。

表 6-1　16 件零部件的长度　　　　　　　　　　　　　厘米

| 20.19 | 20.08 | 20.13 | 20.16 | 20.11 | 20.09 | 20.18 | 20.07 |
| 20.04 | 20.15 | 20.12 | 20.09 | 20.17 | 20.06 | 20.09 | 20.13 |

（二）实验步骤

第1步：将表6-1的数据输入Excel工作表单元格区域A2：A17，如图6-1所示。

	A	B	C
1	零部件长度		
2	20.19		
3	20.08		
4	20.13		
5	20.16		
6	20.11		
7	20.09		
8	20.18		
9	20.07		
10	20.04		
11	20.15		
12	20.12		
13	20.09		
14	20.17		
15	20.06		
16	20.09		
17	20.13		

图6-1　16件零部件的长度

第2步：在如图6-1所示的工作表中，单击选中任意一个空白单元格（如B2），选择【公式】菜单中的【插入函数】按钮或直接单击编辑栏左侧的【f_x】按钮，如图6-2中的矩形框所示。

图6-2　插入函数按钮

第3步：弹出对话框后，在【或选择类别】下拉列表框中选择【统计】，然后在【选择函数】列表框中选择【AVERAGE】函数，单击【确定】按钮，如图6-3所示。

第4步：弹出AVERAGE【函数参数】对话框后，在【Number1】文本框中输入"零部件长度"数据区域单元格引用A2：A17，单击【确定】按钮，获得样本平均值，如图6-4所示。

注：利用AVERAGE函数计算平均数时，也可以直接在选中的空白单元格（如B2）中输入公式"＝AVERAGE(A2：A17)"，然后按【回车】键即可。

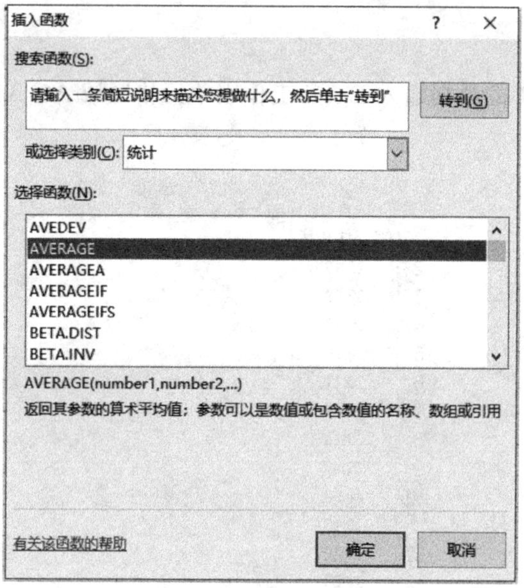

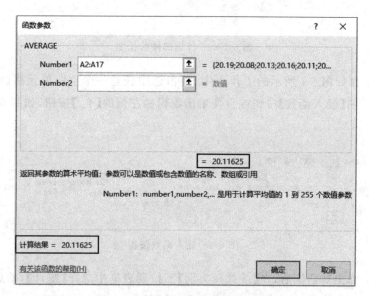

图 6-3　插入函数对话框

图 6-4　AVERAGE 函数参数对话框

（三）实验结果

从图 6-4 的两个矩形框或者返回的单元格（B2）中都可以得到，零部件长度的估计值是 20.11625。

第二节　总体均值的区间估计

一、基础知识

(一) 单个总体均值的区间估计

对于总体均值的估计,其适合的分布为样本均值的抽样分布。在对总体均值进行区间估计时,由于估计时的条件不同,例如总体是否服从正态分布,总体方差是否已知,用于估计的样本是大样本还是小样本等,总体均值的区间估计公式也有所不同。

1. 大样本的估计

在大样本($n \geqslant 30$)情形下,由中心极限定理可知,样本均值 $\bar{x}$ 近似服从正态分布 $N(\mu, \sigma^2/n)$,故统计量 $z = \dfrac{\bar{x} - \mu}{\sigma/\sqrt{n}} \sim N(0,1)$。因此,可由正态分布构建总体均值在置信水平 $1 - \alpha$ 下的置信区间。

(1) 总体方差未知时总体均值的区间估计

当总体方差 σ^2 未知时,可以用样本方差 s^2 代替总体方差,总体均值 μ 在置信水平 $1 - \alpha$ 下的置信区间为

$$\left[\bar{x} - z_{\alpha/2} \frac{s}{\sqrt{n}}, \quad \bar{x} + z_{\alpha/2} \frac{s}{\sqrt{n}} \right] \tag{6-1}$$

(2) 总体方差已知时总体均值的区间估计

当总体方差 σ^2 已知时,总体均值 μ 在置信水平 $1 - \alpha$ 下的置信区间为

$$\left[\bar{x} - z_{\alpha/2} \frac{\sigma}{\sqrt{n}}, \bar{x} + z_{\alpha/2} \frac{\sigma}{\sqrt{n}} \right] \tag{6-2}$$

2. 小样本的估计

在小样本($n < 30$)情形下,对总体均值的估计都是建立在总体服从正态分布的前提下。当总体方差 σ^2 已知时,统计量 $z = \dfrac{\bar{x} - \mu}{\sigma/\sqrt{n}} \sim N(0,1)$,此时可根据式(6-2)建立总体均值的置信区间;当总体方差 σ^2 未知时,则用样本方差 s^2 代替总体方差,此时,统计量 $t = \dfrac{\bar{x} - \mu}{s/\sqrt{n}} \sim t(n-1)$。因此,可由 t 分布构建总体均值在置信水平 $1 - \alpha$ 下的置信区间,即

$$\left[\bar{x} - t_{\alpha/2} \frac{s}{\sqrt{n}}, \bar{x} + t_{\alpha/2} \frac{s}{\sqrt{n}} \right] \tag{6-3}$$

（二）两个总体均值之差 $\mu_1 - \mu_2$ 的区间估计

假设两个总体的均值分别为 μ_1 和 μ_2，从两个总体中分别抽取样本量为 n_1 和 n_2 的两个随机样本，其样本均值分别为 $\bar{x}_1$ 和 $\bar{x}_2$。

1. 独立大样本的估计

在大样本（$n_1 \geqslant 30, n_2 \geqslant 30$）情形下，两个样本均值之差 $\bar{x}_1 - \bar{x}_2$ 近似服从正态分布 $N\left(\mu_1 - \mu_2, \dfrac{\sigma_1^2}{n_1} + \dfrac{\sigma_2^2}{n_2}\right)$，故统计量

$$z = \frac{(\bar{x}_1 - \bar{x}_2) - (\mu_1 - \mu_2)}{\sqrt{\dfrac{\sigma_1^2}{n_1} + \dfrac{\sigma_2^2}{n_2}}} \sim N(0,1)$$

（1）两个总体方差均已知时两个总体均值之差 $\mu_1 - \mu_2$ 的区间估计

当两个总体方差 σ_1^2 和 σ_2^2 均已知时，两个总体均值之差 $\mu_1 - \mu_2$ 在置信水平 $1 - \alpha$ 下的置信区间为

$$\left[(\bar{x}_1 - \bar{x}_2) - z_{\alpha/2} \sqrt{\frac{\sigma_1^2}{n_1} + \frac{\sigma_2^2}{n_2}}, (\bar{x}_1 - \bar{x}_2) + z_{\alpha/2} \sqrt{\frac{\sigma_1^2}{n_1} + \frac{\sigma_2^2}{n_2}} \right] \tag{6-4}$$

（2）两个总体方差均未知时两个总体均值之差 $\mu_1 - \mu_2$ 的区间估计

当两个总体方差 σ_1^2 和 σ_2^2 均未知时，可用两个样本方差 s_1^2 和 s_2^2 来代替，则两个总体均值之差 $\mu_1 - \mu_2$ 在置信水平 $1 - \alpha$ 下的置信区间为

$$\left[(\bar{x}_1 - \bar{x}_2) - z_{\alpha/2} \sqrt{\frac{s_1^2}{n_1} + \frac{s_2^2}{n_2}}, (\bar{x}_1 - \bar{x}_2) + z_{\alpha/2} \sqrt{\frac{s_1^2}{n_1} + \frac{s_2^2}{n_2}} \right] \tag{6-5}$$

2. 独立小样本的估计

在小样本（$n_1 < 30, n_2 < 30$）情形下，为了估计两个总体的均值之差，需假定两个总体都服从正态分布。当两个总体方差均已知时，可按式（6-4）建立两个总体均值之差的置信区间。当两个总体方差均未知时，分如下两种情况讨论。

（1）两个总体方差均未知但相等时两个总体均值之差 $\mu_1 - \mu_2$ 的区间估计

当两个总体方差均未知但相等时，即 $\sigma_1^2 = \sigma_2^2 = \sigma^2$，两个总体均值之差 $\mu_1 - \mu_2$ 在置信水平 $1 - \alpha$ 下的置信区间为

$$\left[(\bar{x}_1 - \bar{x}_2) - t_{\alpha/2}(n_1 + n_2 - 2) \sqrt{s_p^2 \left(\frac{1}{n_1} + \frac{1}{n_2}\right)}, (\bar{x}_1 - \bar{x}_2) + t_{\alpha/2}(n_1 + n_2 - 2) \sqrt{s_p^2 \left(\frac{1}{n_1} + \frac{1}{n_2}\right)} \right]$$

$$\tag{6-6}$$

其中，$s_p^2 = \dfrac{(n_1 - 1)s_1^2 + (n_2 - 1)s_2^2}{n_1 + n_2 - 2}$。

（2）两个总体方差均未知且不相等时两个总体均值之差 $\mu_1 - \mu_2$ 的区间估计

当两个总体方差均未知且不相等时，即 $\sigma_1^2 \neq \sigma_2^2$，两个总体均值之差 $\mu_1 - \mu_2$ 在置信水平 $1-\alpha$ 下的置信区间为

$$\left[(\bar{x}_1 - \bar{x}_2) - t_{a/2}(v) \sqrt{\frac{s_1^2}{n_1} + \frac{s_2^2}{n_2}}, \quad (\bar{x}_1 - \bar{x}_2) + t_{a/2}(v) \sqrt{\frac{s_1^2}{n_1} + \frac{s_2^2}{n_2}} \right] \qquad (6\text{-}7)$$

其中，$v = \dfrac{\left(\dfrac{s_1^2}{n_1} + \dfrac{s_2^2}{n_2}\right)^2}{\dfrac{(s_1^2/n_1)^2}{n_1 - 1} + \dfrac{(s_2^2/n_2)^2}{n_2 - 1}}$。

二、实验一：单个总体均值的区间估计（大样本且总体方差未知）

（一）实验要求

某面粉加工商要对一批产品进行检测，随机从仓库中抽取 50 袋面粉，称重后每袋重量如表 6-2 所示。假定总体方差未知，试求该批面粉平均重量的 95％置信区间。

表 6-2　50 袋面粉的重量数据　　　　　　　　　　　千克

48.9	53.1	50.8	48.1	47.9	52.8	51.5	51.9	51.8	49.9
52.4	51.8	49.7	49.6	49.9	51.9	49.9	50.3	49.6	49.3
50.3	49.6	49.3	49.1	52.9	51.3	48.1	48.6	52.5	51.2
47.6	52.5	51.2	52.1	50.8	50.1	48.6	49.8	51.6	50.8
49.8	51.6	50	50.7	50.6	49.6	49.2	52.7	50.8	51.2

（二）实验步骤

第 1 步：将表 6-2 的数据输入 Excel 工作表单元格区域 A2：A51，并将"样本均值""样本标准差""显著性水平""抽样极限误差""置信区间下限""置信区间上限"输入任意空白单元格（如单元格区域 B2：B8），如图 6-5 所示。

第 2 步：选中单元格 C2，选择【公式】菜单中的【插入函数】按钮或直接单击编辑栏左侧的【f_x】按钮，如图 6-2 中的矩形框所示。弹出对话框后，在【或选择类别】下拉列表框中选择【统计】，然后在【选择函数】列表框中选择【COUNT】函数，单击【确定】按钮，如图 6-6 所示。

第 3 步：弹出 COUNT【函数参数】对话框后，在【Value1】文本框中输入"面粉重量"数据

图 6-5　50 袋面粉的重量数据

图 6-6 插入函数对话框

区域单元格引用 A2:A51,单击【确定】按钮,获得样本容量,如图 6-7 所示。

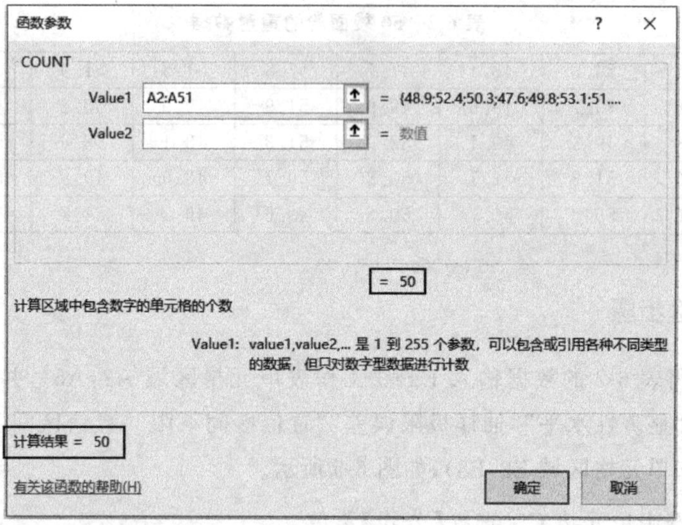

图 6-7 COUNT 函数参数对话框

注:利用 COUNT 函数计算样本容量时,也可以直接在单元格 C2 中输入公式"=COUNT(A2:A51)",然后按【回车】键即可。

第 4 步:选中单元格 C3,输入公式"=AVERAGE(A2:A51)",按【回车】键,获得样本均值。

第 5 步:选中单元格 C4,步骤同第 2 步类似,在【选择函数】列表框中选择【STDEVA】函数,单击【确定】按钮。弹出 STDEVA【函数参数】对话框后,在【Value1】文本框中输入"面粉重量"数据区域单元格引用 A2：A51，单击【确定】按钮，获得样本标准差，如图 6-8 所示。

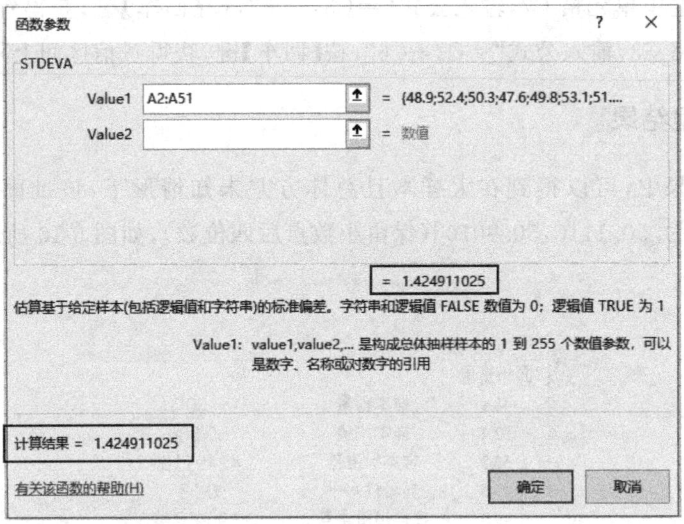

图 6-8 STDEVA 函数参数对话框

注：利用 STDEVA 函数计算样本标准差时，也可以直接在单元格 C4 中输入公式"＝STDEVA(A2：A51)"，然后按【回车】键即可。

第 6 步：选中单元格 C5，输入显著性水平 α 值为"0.05"。

第 7 步：选中单元格 C6，步骤同第 2 步类似，在【选择函数】列表框中选择【CONFIDENCE. NORM】函数，单击【确定】按钮。弹出 CONFIDENCE. NORM【函数参数】对话框后，在【Alpha】文本框中输入显著性水平数据区域单元格引用 C5，在【Standard_dev】文本框中输入样本标准差数据区域单元格引用 C4，在【Size】文本框中输入样本容量数据区域单元格引用 C2，单击【确定】按钮，获得抽样极限误差，如图 6-9 所示。

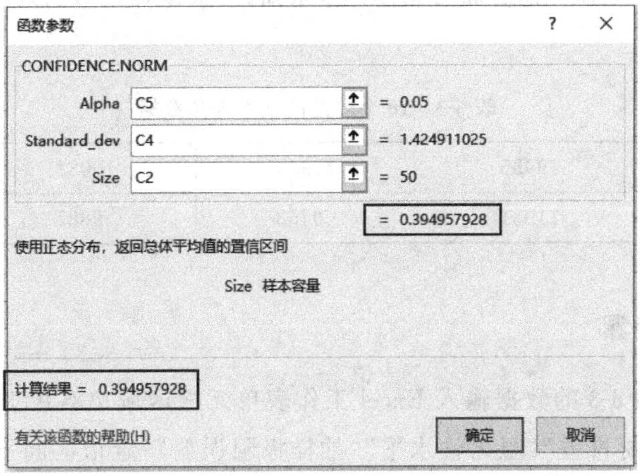

图 6-9 CONFIDENCE. NORM 函数参数对话框

注：利用 CONFIDENCE. NORM 函数计算抽样极限误差时，也可直接在单元格 C6 中输入公式“=CONFIDENCE. NORM(C5,C4,C2)”，然后按【回车】键即可。

第 8 步：选中单元格 C7，输入公式“=C3−C6”，按【回车】键，获得置信区间下限的值；选中单元格 C8，输入公式“=C3+C6”，按【回车】键，获得置信区间上限的值。

（三）实验结果

从输出结果中，可以得到在大样本且总体方差未知情形下，该批面粉平均重量的 95%置信区间为[50.1110,50.9010]（保留小数点后四位数），如图 6-10 所示。

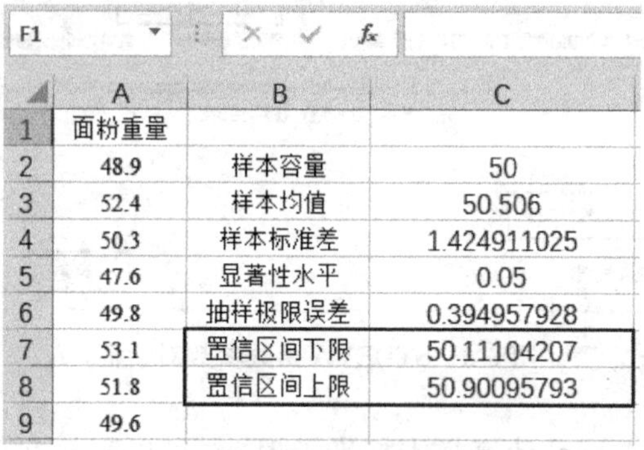

	A	B	C
1	面粉重量		
2	48.9	样本容量	50
3	52.4	样本均值	50.506
4	50.3	样本标准差	1.424911025
5	47.6	显著性水平	0.05
6	49.8	抽样极限误差	0.394957928
7	53.1	置信区间下限	50.11104207
8	51.8	置信区间上限	50.90095793
9	49.6		

图 6-10 实验结果

三、实验二：单个总体均值的区间估计（小样本且总体方差未知）

（一）实验要求

对某种型号的灯泡进行检测，随机抽取 10 个灯泡，测得其使用寿命如表 6-3 所示。假定灯泡使用寿命服从正态分布且总体方差未知，试求该种型号的灯泡平均使用寿命的 90%置信区间。

表 6-3 10 个灯泡的使用寿命数据 小时

10571	9985	10936	10088	9634
10284	11081	9458	9887	9290

（二）实验步骤

第 1 步：将表 6-3 的数据输入 Excel 工作表单元格区域 A2:A11，并将“样本容量”“样本均值”“样本标准差”“显著性水平”“抽样极限误差”“置信区间下限”“置信区间上限”输入任意空白单元格（如单元格区域 B2:B8），如图 6-11 所示。

	A	B	C	D
1	灯泡寿命			
2	10571	样本容量		
3	10284	样本均值		
4	9985	样本标准差		
5	11081	显著性水平		
6	10936	抽样极限误差		
7	9458	置信区间下限		
8	10088	置信区间上限		
9	9887			
10	9634			
11	9290			

图 6-11　10 个灯泡的使用寿命数据

第 2 步：选中单元格 C2，输入公式“=COUNT(A2:A11)”，按【回车】键，获得样本容量；选中单元格 C3，输入公式“=AVERAGE(A2:A11)”，按【回车】键，获得样本均值；选中单元格 C4，输入公式“=STDEVA(A2:A11)”，按【回车】键，获得样本标准差；选中单元格 C5，输入显著性水平 α 值为“0.1”。

第 3 步：选中单元格 C6，同实验一第 2 步类似，在【选择函数】列表框中选择【CONFIDENCE.T】函数，单击【确定】按钮。弹出 CONFIDENCE.T【函数参数】对话框后，在【Alpha】文本框中输入显著性水平数据区域单元格引用 C5，在【Standard_dev】文本框中输入样本标准差数据区域单元格引用 C4，在【Size】文本框中输入样本容量数据区域单元格引用 C2，单击【确定】按钮，获得抽样极限误差，如图 6-12 所示。

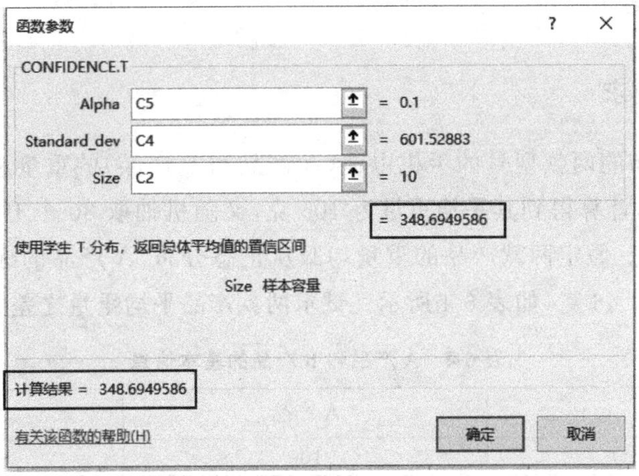

图 6-12　CONFIDENCE.T 函数参数对话框

注：利用 CONFIDENCE.T 函数计算抽样极限误差时，也可直接在单元格 C6 中输入公式“=CONFIDENCE.T(C5,C4,C2)”，然后按【回车】键即可。

第 4 步：选中单元格 C7，输入公式“=C3−C6”，按【回车】键，获得置信区间下限的值；选中单元格 C8，输入公式“＝C3＋C6”，按【回车】键，获得置信区间上限的值。

（三）实验结果

从输出结果中，可以得到在小样本且总体方差未知情形下，该种型号的灯泡平均使用寿命的 90％置信区间为［9772.7050，10470.0950］（保留小数点后四位数），如图 6-13 所示。

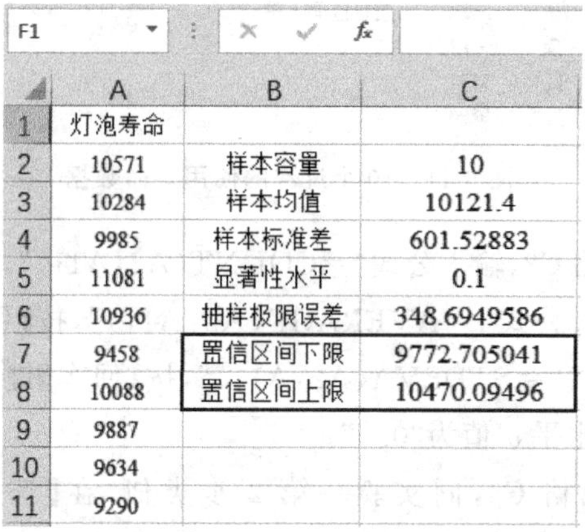

	A	B	C
1	灯泡寿命		
2	10571	样本容量	10
3	10284	样本均值	10121.4
4	9985	样本标准差	601.52883
5	11081	显著性水平	0.1
6	10936	抽样极限误差	348.6949586
7	9458	置信区间下限	9772.705041
8	10088	置信区间上限	10470.09496
9	9887		
10	9634		
11	9290		

图 6-13　实验结果

四、实验三：两个总体均值之差的区间估计（独立大样本下总体方差已知且不相等）

（一）实验要求

某企业对发布的两款型号的手机电池（A 产品和 B 产品）的重量进行比较。随机抽取 100 个 A 产品，计算得到其平均重量为 105 克，又随机抽取 80 个 B 产品，计算得到其平均重量为 98 克。假定两款产品的重量均服从正态分布，A 产品的标准差为 0.4 克，B 产品的标准差为 0.46 克，如表 6-4 所示。试求两款产品平均重量之差的 95％置信区间。

表 6-4　A 产品和 B 产品的基本信息

	A 产品	B 产品
样本容量（个）	100	80
样本均值（克）	105	98
总体标准差（克）	0.4	0.46

（二）实验步骤

第 1 步：将表 6-4 中的数据输入 Excel 工作表单元格区域 A1:C4，然后将“样本均值之差""显著性水平""$z_{\alpha/2}$""置信区间下限""置信区间上限"输入任意空白单元格(如单元格区域 A6:A10),如图 6-14 所示。

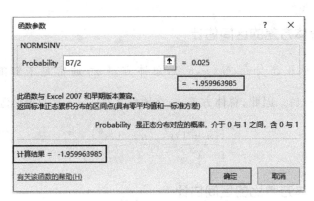

图 6-14 A 产品和 B 产品的数据

第 2 步:选中单元格 B6,输入公式"=B3－C3",按【回车】键,获得两个样本的均值之差;选中单元格 B7,输入显著性水平 α 值为"0.05"。

第 3 步:选中单元格 B8,同实验一第 2 步,在【选择函数】列表框中选择【NORMSINV】函数,单击【确定】按钮。弹出 NORMSINV【函数参数】对话框后,在【Probability】文本框中输入概率 $\alpha/2$ 数据区域单元格引用 B7/2,单击【确定】按钮,获得 $z_{\alpha/2}$ 的值,如图 6-15 所示。

图 6-15 NORMSINV 函数参数对话框

注:利用 NORMSINV 函数计算 $z_{\alpha/2}$ 时,也可直接在单元格 B8 中输入公式"=NORMSINV(B7/2)",然后按【回车】键即可。

第 4 步:选中单元格 B9,输入公式"=B6＋B8 * SQRT(B4^2/B2＋C4^2/C2)",按【回车】键,获得置信区间下限的值;选中单元格 B10,输入公式"=B6－B8 * SQRT(B4^2/B2＋C4^2/C2)",按【回车】键,获得置信区间上限的值。

(三)实验结果

从输出结果中,可以得到在独立大样本且总体方差已知情形下,产品 A 和产品 B 的平均重量之差的 95％置信区间为[6.8723,7.1277](保留小数点后四位数)，如图 6-16 所示。

	A	B	C
1		A产品	B产品
2	样本容量	100	80
3	样本均值	105	98
4	总体标准差	0.4	0.46
5			
6	样本均值之差	7	
7	显著性水平	0.05	
8	$Z_{\alpha/2}$	-1.959963985	
9	置信区间下限	6.872301164	
10	置信区间上限	7.127698836	

图 6-16　实验结果

第三节　总体方差的区间估计

一、基础知识

（一）单个总体方差的区间估计

假设总体服从正态分布 $N(\mu,\sigma^2)$，总体方差 σ^2 通常是未知的。统计量 $\chi^2=\frac{(n-1)s^2}{\sigma^2}\sim\chi^2(n-1)$。因此，总体方差 σ^2 在置信水平 $1-\alpha$ 下的置信区间为

$$\left[\frac{(n-1)s^2}{\chi^2_{\alpha/2}},\frac{(n-1)s^2}{\chi^2_{1-\alpha/2}}\right] \tag{6-8}$$

（二）两个总体方差比的区间估计

假设两个正态分布总体 $X_1\sim N(\mu_1,\sigma_1^2)$，$X_2\sim N(\mu_2,\sigma_2^2)$，两个总体方差 σ_1^2 和 σ_2^2 均未知，从两个总体中分别抽取容量为 n_1 和 n_2 的样本，则统计量 $F=\frac{s_1^2/\sigma_1^2}{s_2^2/\sigma_2^2}\sim F(n_1-1,n_2-1)$。因此，两个总体方差比 σ_1^2/σ_2^2 在置信水平 $1-\alpha$ 下的置信区间为

$$\left[\frac{s_1^2/s_2^2}{F_{\alpha/2}(n_1-1,n_2-1)},\frac{s_1^2/s_2^2}{F_{1-\alpha/2}(n_1-1,n_2-1)}\right] \tag{6-9}$$

二、实验一：单个总体方差的区间估计

（一）实验要求

沿用表 6-3 的数据，试求该种型号的灯泡使用寿命方差的 95%置信区间。

（二）实验步骤

第 1 步：将表 6-3 的数据输入 Excel 工作表单元格区域 A2:A11，并将“样本容量”“样本方差”“显著性水平”“$\chi^2_{\alpha/2}$”“$\chi^2_{1-\alpha/2}$”“置信区间下限”“置信区间上限”输入任意空白单元格(如单元格区域 B2:B8)，如图 6-17 所示。

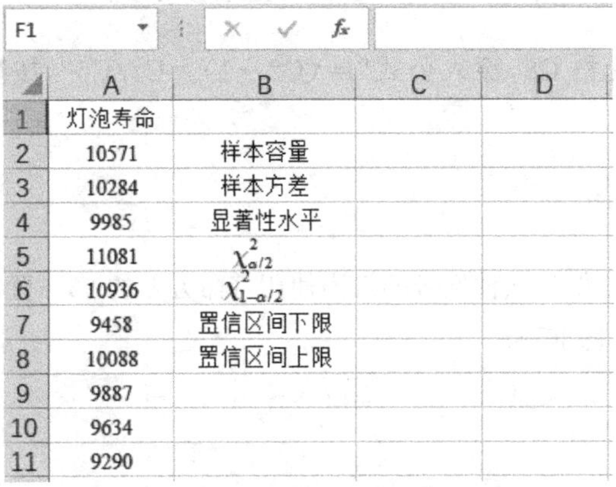

	A	B	C	D
1	灯泡寿命			
2	10571	样本容量		
3	10284	样本方差		
4	9985	显著性水平		
5	11081	$\chi^2_{\alpha/2}$		
6	10936	$\chi^2_{1-\alpha/2}$		
7	9458	置信区间下限		
8	10088	置信区间上限		
9	9887			
10	9634			
11	9290			

图 6-17　10 个灯泡的使用寿命数据

第 2 步：选中单元格 C2，输入公式“=COUNT(A2:A11)”，按【回车】键，获得样本容量；选中单元格 C3，输入公式“=VAR(A2:A11)”，按【回车】键，获得样本方差；选中单元格 C4，输入显著性水平 α 值为“0.05”。

第 3 步：选中单元格 C5，步骤同第二节实验一第 2 步类似，在【选择函数】列表框中选择【CHIINV】函数，单击【确定】按钮。弹出 CHIINV【函数参数】对话框后，在【Probability】文本框中输入概率 $\alpha/2$ 数据区域单元格引用 C4/2，在【Deg_freedom】文本框中输入自由度数据区域单元格引用 C2−1，单击【确定】按钮，获得 $\chi^2_{\alpha/2}$ 的值，如图 6-18 所示。

注：利用 CHIINV 函数计算 $\chi^2_{\alpha/2}$ 时，也可直接在单元格 C5 中输入公式“=CHIINV(C4/2,C2−1)”，然后按【回车】键即可。

第 4 步：选中单元格 C6，输入公式“=CHIINV(1−C4/2,C2−1)”，按【回车】键，获得 $\chi^2_{1-\alpha/2}$ 的值。

第 5 步：选中单元格 C7，输入公式“=(C2−1) * C3/C5”，按【回车】键，获得置信区

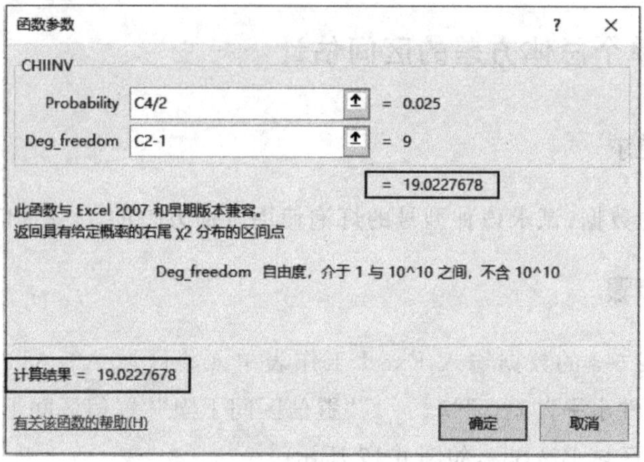

图 6-18 CHIINV 函数参数对话框

间下限的值；选中单元格 C8，输入公式“=(C2－1) * C3/C6”，按【回车】键，获得置信区间上限的值。

（三）实验结果

从输出结果中，可以得到该种型号的灯泡使用寿命方差的 95％置信区间为[171191.3027，1205949.142]，如图 6-19 所示。

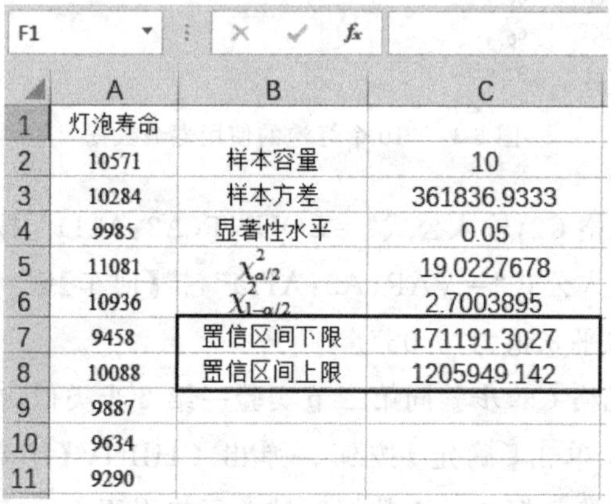

	A	B	C
1	灯泡寿命		
2	10571	样本容量	10
3	10284	样本方差	361836.9333
4	9985	显著性水平	0.05
5	11081	$\chi^2_{\alpha/2}$	19.0227678
6	10936	$\chi^2_{1-\alpha/2}$	2.7003895
7	9458	置信区间下限	171191.3027
8	10088	置信区间上限	1205949.142
9	9887		
10	9634		
11	9290		

图 6-19 实验结果

三、实验二：两个总体方差比的区间估计

（一）实验要求

某企业对发布的两款型号的手机电池(A 产品和 B 产品)的重量进行比较。随机抽

取 100 个 A 产品,计算得到样本方差为 0.16,又随机抽取 80 个 B 产品,计算得到样本方差为 0.2。试求两款产品重量方差之比的 95% 置信区间。

表 6-5 A 产品和 B 产品的基本信息

	A 产品	B 产品
样本容量(个)	100	80
样本方差(克)	0.16	0.2

(二)实验步骤

第 1 步:将表 6-5 中的数据输入 Excel 工作表单元格区域 A1:C3,然后将"样本方差之比""显著性水平"" $F_{\alpha/2}(n_1-1,n_2-1)$ "" $F_{1-\alpha/2}(n_1-1,n_2-1)$ ""置信区间下限""置信区间上限"输入任意空白单元格(如单元格区域 A5:A10),如图 6-20 所示。

第 2 步:选中单元格 B5,输入公式"=B3/C3",按【回车】键,获得样本方差之比;选中单元格 B6,输入显著性水平 α 值为"0.05"。

第 3 步:选中单元格 B7,步骤同第二节实验一第 2 步类似,在【选择函数】列表框中选择【FINV】函数,单击【确定】按钮,弹出 FINV【函数参数】对话框后,在【Probability】文本框中输入概率 $\alpha/2$ 数据区域单元格引用 B6/2,在【Deg_freedom1】文本框中输入自由度数据区域单元格引用 B2-1,在【Deg_freedom2】文本框中输入自由度数据区域单元格引用 C2-1,单击【确定】按钮,获得 $F_{\alpha/2}(n_1-1,n_2-1)$ 的值,如图 6-21 所示。

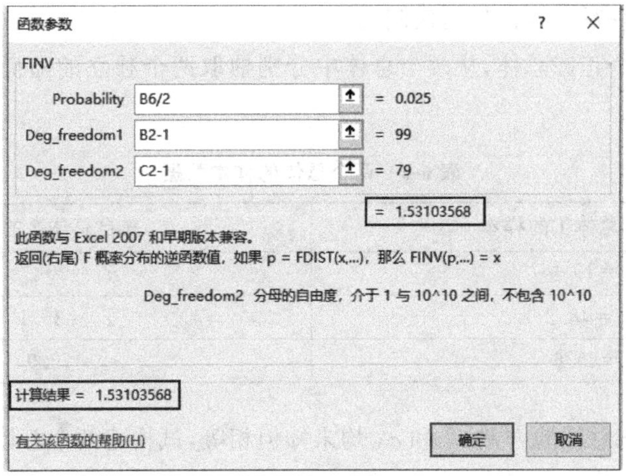

图 6-20 A 产品和 B 产品的数据

图 6-21 FINV 函数参数对话框

注：利用 FINV 函数计算 $F_{\alpha/2}(n_1-1,n_2-1)$ 时，也可直接在单元格 B7 中输入公式 "=FINV(B6/2,B2-1,C2-1)"，然后按【回车】键即可。

第 4 步：选中单元格 B8，输入公式 "=FINV(1-B6/2,B2-1,C2-1)"，按【回车】键，获得 $F_{1-\alpha/2}(n_1-1,n_2-1)$ 的值。

第 5 步：选中单元格 B9，输入公式 "=B5/B7"，按【回车】键，获得置信区间下限的值；选中单元格 B10，输入公式 "=B5/B8"，按【回车】键，获得置信区间上限的值。

（三）实验结果

从输出结果中，可以得到 A 产品和 B 产品的重量方差之比的 95% 置信区间为 $[0.5225,1.2126]$（保留小数点后四位数），如图 6-22 所示。

	A产品	B产品
样本容量	100	80
样本方差	0.16	0.2
样本方差之比	0.8	
显著性水平	0.05	
$F_{\alpha/2}(n_1-1,n_2-1)$	1.53103568	
$F_{1-\alpha/2}(n_1-1,n_2-1)$	0.659763058	
置信区间下限	0.522522114	
置信区间上限	1.212556523	

图 6-22　实验结果

实验练习六

1. 假设总体不服从正态分布，且 $n=40,\bar{x}=200$，总体方差为 $\sigma^2=100$，试构建总体均值 μ 在置信水平为 95% 的置信区间。

2. 假设有两个正态总体，从两个总体中分别抽取两个独立的随机样本，具体数据如表 6-6。

表 6-6　两个总体的样本数据

来自总体 1 的样本	来自总体 2 的样本
$n_1=10$	$n_2=20$
$\bar{x}_1=48.2$	$\bar{x}_2=35.1$
$s_1^2=69.6$	$s_2^2=72.9$

假设两个正态总体的方差 σ_1^2 和 σ_2^2 均未知但相等，试构建两个总体均值之差 $\mu_1-\mu_2$ 的 99% 置信区间。

3. 某单位为研究单身男女职工的月消费差异,在本单位单身职工中随机抽取 50 名男职工和 50 名女职工,得到数据如表 6-7 所示。

表 6-7　单身男女职工月消费额的样本数据　　　　　　　　　　元

男职工月消费额	女职工月消费额
$\bar{x}_1 = 1500$	$\bar{x}_2 = 2200$
$s_1^2 = 2500$	$s_2^2 = 2000$

试构建单身男女职工月消费方差比的 90% 置信区间。

第七章

假 设 检 验

第一节　一个总体参数的检验

一、基础知识

（一）基本原理

假设检验是用来判断样本与样本，样本与总体的差异是由抽样误差引起本质差异造成的统计推断方法，它的基本原理是先对总体参数给出一个假设，然后利用样本信息去检验这个假设是否成立。假设检验的基本思想是小概率反证思想，小概率思想是指小概率事件（$p < 0.01$ 或 $p < 0.05$）在一次事件中基本不会发生。反证思想是事先提出假设，然后利用合适的统计方法确定假设成立可能性的大小，如果可能性小，则认为假设不成立。

（二）基本概念

1．原假设和备择假设

原假设是对总体参数值事先提出的假设，是被检验的假设，记作 H_0。设总体参数 θ 的假设值为 θ_0，那么 $H_0 : \theta = \theta_0$，$H_0 : \theta \leqslant \theta_0$ 或 $H_0 : \theta \geqslant \theta_0$ 为原假设。备择假设是原假设不成立时供选择的假设，记作 H_1，那么 $H_1 : \theta \neq \theta_0$，$H_1 : \theta > \theta_0$ 或 $H_1 : \theta < \theta_0$ 为备择假设。

2．双侧检验和单侧检验

根据检验的目的不同，假设检验分为双侧检验和单侧检验两种类型。在假设检验中，如果备择假设没有特定的方向，可能大于也可能小于 θ_0，则称为双侧检验，其形式如 $H_0 : \theta = \theta_0$，$H_1 : \theta \neq \theta_0$。如果备择假设可能大于或可能小于 θ_0，则称为单侧检验。单侧检验又分为左侧检验和右侧检验。其中左侧检验 $H_0 : \theta \geqslant \theta_0$，$H_1 : \theta < \theta_0$。右侧检验 $H_0 : \theta \leqslant \theta_0$，$H_1 : \theta > \theta_0$。

3．第Ⅰ类错误和第Ⅱ类错误

第Ⅰ类错误是原假设为真却被拒绝，或是弃真错误，犯第Ⅰ类错误的概率用 α 表示。

第Ⅱ类错误是原假设为伪却没有拒绝,或称取伪错误,犯第Ⅱ错误的概率用 β 表示。

4. 拒绝域和临界值

拒绝域是由显著性水平和相应的临界值围成的区域。临界值为原假设的接受域与拒绝域的分界值。

(三) 检验方法

1. 利用临界值检验

根据样本计算出检验统计量,再根据点估计量的抽样分布可以得到标准化检验统计量。由事先设定的显著性水平可以在统计量的分布上找到对应的临界值。如果统计量的值落在拒绝域内就拒绝原假设,否则就不拒绝原假设。利用统计量做检验的准则如下。

双侧检验:|统计量的值|≥临界值,拒绝原假设;|统计量的值|<临界值,接受原假设。
左侧检验:统计量的值≤−临界值,拒绝原假设;统计量的值>−临界值,接受原假设。
右侧检验:统计量的值≥临界值,拒绝原假设;统计量的值<临界值,接受原假设。

2. 利用 p 值检验

p 值就是当原假设为真时所得到的样本观察结果或更极端结果出现的概率。如果 p 值很小,说明发生的概率很小,而如果出现了,根据小概率原理,可以拒绝原假设。p 值越小,拒绝原假设的理由越充分。利用 p 值做检验的准则如下。

双侧检验:$p>\alpha/2$,接受原假设;$p<\alpha/2$,拒绝原假设。
单侧检验:$p>\alpha$,接受原假设;$p<\alpha$,拒绝原假设。

3. 利用数据分析检验

Excel 2013 中数据分析可以对两个总体参数进行 z 检验、t 检验和 F 检验。

(四) 检验流程

第一步:根据实际问题提出原假设和备择假设;
第二步:确定检验统计量,并利用样本数据计算其数值;
第三步:根据显著性水平计算其临界值,并制定拒绝域;
第四步:比较检验统计量的值与临界值的大小,并作出统计推断。

(五) 检验统计量

1. 一个总体均值的检验

(1) 总体方差已知,总体均值的检验

假设样本 $x_1, x_2, \cdots, x_n$ 是来自正态总体 $N(\mu, \sigma^2)$,且总体方差 σ^2 已知,则关于总体均值的检验统计量为

$$z = \frac{\bar{x} - \mu_0}{\sigma / \sqrt{n}} \tag{7-1}$$

式中 μ_0 是假设的总体均值，$\bar{x}$ 是样本均值，$\sigma / \sqrt{n}$ 是抽样标准差。

（2）总体方差未知，均值检验

① 大样本（$n \geqslant 30$）

假设样本 $x_1, x_2, \cdots, x_n$ 是来自正态总体 $N(\mu, \sigma^2)$，且总体方差 σ^2 未知，用样本方差 s^2 代替 σ^2，则关于总体均值的检验统计量为

$$z = \frac{\bar{x} - \mu_0}{s / \sqrt{n}} \tag{7-2}$$

式中 μ_0 是假设的总体均值，$\bar{x}$ 是样本均值，$s / \sqrt{n}$ 是抽样标准差。

当 $\mu = \mu_0$ 时，检验统计量 z 服从正态分布。给定显著性水平 α，对于双侧检测，当 $|z| \geqslant z_{\alpha/2}$ 时，拒绝 H_0；当 $|z| < z_{\alpha/2}$ 时，接受 H_0。对于左侧检验，当 $z < -z_\alpha$ 时，拒绝 H_0；当 $z \geqslant -z_\alpha$ 时，接受 H_0。对于右侧检验，当 $z \geqslant z_\alpha$ 时，拒绝 H_0；当 $z < z_\alpha$ 时，接受 H_0。在 Excel 2013 中也可以利用 p 值进行假设检验。

② 小样本（$n < 30$）

假设样本 $x_1, x_2, \cdots, x_n$ 是来自正态总体 $N(\mu, \sigma^2)$，且总体方差 σ^2 未知，用样本方差 s^2 代替 σ^2，则关于总体均值的检验统计量为

$$t = \frac{\bar{x} - \mu_0}{s / \sqrt{n}} \tag{7-3}$$

式中 μ_0 是假设的总体均值，$\bar{x}$ 是样本均值，$s / \sqrt{n}$ 是抽样标准差。

当 $\mu = \mu_0$ 时，检测统计量 t 服从 $t(n-1)$。给定显著性水平 α，对于双侧检测，当 $|t| \geqslant t_{\alpha/2}(n-1)$ 时，拒绝 H_0；当 $|t| < t_{\alpha/2}(n-1)$ 时，接受 H_0。对于左侧检验，当 $t \leqslant -t_\alpha(n-1)$ 时，拒绝 H_0；当 $t > -t_\alpha(n-1)$ 时，接受 H_0。对于右侧检验，当 $t \geqslant t_\alpha(n-1)$ 时，拒绝 H_0；当 $t < t_\alpha(n-1)$ 时，接受 H_0。在 Excel 2013 中也可以利用 p 值进行假设检验。

2．一个总体方差的检验

（1）总体均值已知，方差检验

假设样本 $x_1, x_2, \cdots, x_n$ 是来自正态总体 $N(\mu, \sigma^2)$，且总体均值 μ 已知，则关于总体方差的检验统计量为

$$\chi^2 = \frac{\sum (x_i - \mu)^2}{\sigma_0^2} \tag{7-4}$$

式中 σ_0^2 是总体方差的预测值。

（2）总体均值未知，方差检验

假设样本 $x_1, x_2, \cdots, x_n$ 是来自正态总体 $N(\mu, \sigma^2)$，且总体均值 μ 未知，用样本均值代替总体均值，则关于总体方差的检验统计量为

$$\chi^2 = \frac{(n-1)s^2}{\sigma_0^2} \tag{7-5}$$

式中 σ_0^2 是总体方差的预测值，s^2 是样本方差，$n-1$ 是自由度。

当 $\sigma^2 = \sigma_0^2$ 时，检测统计量 χ^2 服从 $\chi^2(n-1)$。给定显著性水平 α，对于双侧检验，当 $\chi^2 \geqslant \chi_{1-\alpha/2}^2(n-1)$ 或者 $\chi^2 \leqslant \chi_{1-\alpha/2}^2(n-1)$ 时，拒绝 H_0；当 $\chi_{1-\alpha/2}^2(n-1) < \chi^2 < \chi_{\alpha/2}^2(n-1)$ 时，接受 H_0。对于左侧检验，当 $\chi^2 \leqslant \chi_{1-\alpha}^2(n-1)$ 时，拒绝 H_0；当 $\chi^2 > \chi_{1-\alpha}^2(n-1)$ 时，接受 H_0。对右侧检验，当 $\chi^2 \geqslant \chi_{\alpha}^2(n-1)$ 时，拒绝 H_0；当 $\chi^2 < \chi_{\alpha}^2(n-1)$ 时，接受 H_0。在 Excel 2013 中也可以利用 p 值进行假设检验。

二、实验一：利用临界值法进行一个总体均值的双侧检验（方差已知）

（一）实验要求

某地区居民家庭的年收入服从正态分布，其均值为 15 万元，标准差为 4 万元。现抽取 20 户家庭进行均值检验，具体收入如图 7-1 所示，检验该地区居民家庭收入是否达到标准。（取置信水平 $\alpha = 0.05$）

（二）实验步骤

第 1 步：单击 B7 单元格，在编辑栏中输入显著性水平 α 的值"0.05"；单击 D7 单元格，在编辑栏中输入样本数 n 的值"20"；单击 B8 单元格，在编辑栏中输入均值 μ 的值"15"；单击 D8 单元格，在编辑栏中输入标准差 σ 的值"4"，如图 7-2 所示。

	A	B	C	D	E
1	某地区20户居民家庭年收入数据（万元）				
2	12.62	20.3	13.65	12.58	20.36
3	15.58	10.2	16.82	14.36	15
4	17.5	16.82	10.8	11.6	20.3
5	15.8	9.85	11.36	15.4	10.65

图 7-1 某地区 20 户居民家庭收入数据

	A	B	C	D	E
1	某地区20户居民家庭年收入数据（万元）				
2	12.62	20.3	13.65	12.58	20.36
3	15.58	10.2	16.82	14.36	15
4	17.5	16.82	10.8	11.6	20.3
5	15.8	9.85	11.36	15.4	10.65
6					
7	α	0.05	n	20	
8	μ	15	σ	4	

图 7-2 均值检验参数

第 2 步：单击 B9 单元格，在编辑栏中输入公式"=AVERAGE(A2:E5)"，按【Enter】键即可计算出样本均值 $\bar{x}$，如图 7-3 所示。

第 3 步：单击 B11 单元格，在编辑栏中输入原假设"$\mu = 15$"；单击 D11 单元格，在编辑栏中输入备择假设"$\mu \neq 15$"，如图 7-4 所示。

第 4 步：单击 B12 单元格，在编辑栏中输入公式"=ABS((B9-B8)/(D8/SQRT(D7)))"，按【Enter】键即可计算出 z 的绝对值，如图 7-5 所示。

B9		× ✓ fx	=AVERAGE(A2:E5)	
	A	B	C	D	E
1	某地区20户居民家庭年收入数据（万元）				
2	12.62	20.3	13.65	12.58	20.36
3	15.58	10.2	16.82	14.36	15
4	17.5	16.82	10.8	11.6	20.3
5	15.8	9.85	11.36	15.4	10.65
6					
7	α	0.05	n	20	
8	μ	15	σ	4	
9	x̄	14.5775			

图 7-3 样本均值 $\bar{x}$ 的值

	A	B	C	D	E
1	某地区20户居民家庭年收入数据（万元）				
2	12.62	20.3	13.65	12.58	20.36
3	15.58	10.2	16.82	14.36	15
4	17.5	16.82	10.8	11.6	20.3
5	15.8	9.85	11.36	15.4	10.65
6					
7	α	0.05	n	20	
8	μ	15	σ	4	
9	x̄	14.5775			
10					
11	H₀	μ=15	H₁	μ≠15	

图 7-4 原假设和备择假设

B12		× ✓ fx	=ABS((B9-B8)/(D8/SQRT(D7)))	
	A	B	C	D	E
1	某地区20户居民家庭年收入数据（万元）				
2	12.62	20.3	13.65	12.58	20.36
3	15.58	10.2	16.82	14.36	15
4	17.5	16.82	10.8	11.6	20.3
5	15.8	9.85	11.36	15.4	10.65
6					
7	α	0.05	n	20	
8	μ	15	σ	4	
9	x̄	14.5775			
10					
11	H₀	μ=15	H₁	μ≠15	
12	z的绝对值	0.47236936			

图 7-5 检验统计量 z 的绝对值

第 5 步：单击 D12 单元格，在编辑栏中输入公式“＝ABS(NORMSINV(B7/2))”，按【Enter】键即可计算出 $z_{\alpha/2}$ 的绝对值，如图 7-6 所示。

D12		× ✓ fx	=ABS(NORMSINV(B7/2))	
	A	B	C	D
1	某地区20户居民家庭年收入数据（万元）			
2	12.62	20.3	13.65	12.58
3	15.58	10.2	16.82	14.36
4	17.5	16.82	10.8	11.6
5	15.8	9.85	11.36	15.4
6				
7	α	0.05	n	20
8	μ	15	σ	4
9	x̄	14.5775		
10				
11	H₀	μ=15	H₁	μ≠15
12	z的绝对值	0.47236936	z_{α/2}的绝对值	1.959963985

图 7-6 检验统计量 $z_{\alpha/2}$ 的绝对值

第 6 步：单击 B14 单元格，在编辑栏中输入公式“＝IF(B12<D12,"接受原假设"，"拒绝原假设")”，按【Enter】键即可得到检验结果，如图 7-7 所示。

（三）实验结果

由图 7-7 可以看出，在显著性水平为 0.05 的条件下，$|z|$（0.47236936）<$|z_{\alpha/2}|$（1.959963985），说明接受原假设，即该地区居民年收入均值为 15 万元。

B14			✕ ✓ f_x	=IF(B12<D12,"接受原假设","拒绝原假设")	
	A	B	C	D	E
1		某地区20户居民家庭年收入数据（万元）			
2	12.62	20.3	13.65	12.58	20.36
3	15.58	10.2	16.82	14.36	15
4	17.5	16.82	10.8	11.6	20.3
5	15.8	9.85	11.36	15.4	10.65
6					
7	α	0.05	n	20	
8	μ	15	σ	4	
9	x̄	14.5775			
10					
11	H₀	μ=15	H₁	μ≠15	
12	z的绝对值	0.47236936	z_{α/2}的绝对值	1.959963985	
13					
14	检验结果	接受原假设			

图 7-7　实验结果

三、实验二：利用 p 值法进行一个总体均值的单侧检验（方差已知）

（一）实验要求

某地区居民家庭的年收入服从正态分布，其均值为 15 万元，标准差为 4 万元。现抽取 20 户家庭进行均值检验，具体收入如图 7-1 所示，检验该地区居民家庭年收入的均值是否不大于 15 万元。（取置信水平 $\alpha = 0.05$）

（二）实验步骤

第 1 步：重复本节实验一第 1 步和第 2 步。

第 2 步：单击 B11 单元格，在编辑栏中输入原假设"$\mu \leqslant 15$"；单击 D11 单元格，在编辑栏中输入备择假设"$\mu > 15$"，如图 7-8 所示。

第 3 步：单击 B13 单元格，在编辑栏中输入公式"$=(B9-B8)/(D8/SQRT(D7))$"，按【Enter】键即可计算出 z 值，如图 7-9 所示。

第 4 步：单击 B13 单元格，在编辑栏中输入公式"$=1-NORMSDIST(ABS(B12))$"，按【Enter】键即可计算出 p 值，如图 7-10 所示。

	A	B	C	D	E
1		某地区20户居民家庭年收入数据（万元）			
2	12.62	20.3	13.65	12.58	20.36
3	15.58	10.2	16.82	14.36	15
4	17.5	16.82	10.8	11.6	20.3
5	15.8	9.85	11.36	15.4	10.65
6					
7	α	0.05	n	20	
8	μ	15	σ	4	
9	x̄	14.5775			
10					
11	H₀	μ≤15	H₁	μ>15	

图 7-8　原假设和备择假设

第 5 步：单击 A15 单元格，在编辑栏中输入公式"$=IF(B13>B7,$"接受原假设"，"拒绝原假设")"，按【Enter】键即可得到检验结果，如图 7-11 所示。

图 7-9 检验统计量 z 的值

图 7-10 p 值

图 7-11 实验结果

（三）实验结果

由图 7-11 可以看出，在显著性水平为 0.05 的条件下，$p(0.681668415) > \alpha(0.05)$，说明可以接受原假设，即该地区居民家庭年收入的均值不大于 15 万元。

四、实验三：利用临界值法进行一个大样本总体均值的双侧检验（方差未知）

（一）实验要求

某地区居民家庭的年收入服从正态分布，其均值为 15 万元，标准差未知。现抽取 40 户家庭进行均值检验，具体收入如图 7-12 所示，检验该地区居民家庭收入是否达到标准。（取置信水平 $\alpha = 0.05$）

（二）实验步骤

第 1 步：单击 B11 单元格，在编辑栏中输入显著性水平 α 的值"0.05"；单击 D11 单元格，在编辑栏中输入样本数 n 的值"40"；单击 B12 单元格，在编辑栏中输入均值 μ 的值"15"，如图 7-13 所示。

	A	B	C	D	E
1	某地区40户居民家庭年收入数据（万元）				
2	12.62	20.3	13.65	12.58	20.36
3	15.58	10.2	16.82	14.36	15
4	17.5	16.82	10.8	11.6	20.3
5	15.8	9.85	11.36	15.4	10.65
6	16.2	17.3	15.45	14.3	12.12
7	13.56	14.5	16.86	17.36	15.8
8	10.6	11.25	12.42	13.54	14.56
9	12.65	13.76	18.9	19.4	10.46

图 7-12 某地区 40 户居民家庭收入数据

	A	B	C	D	E
1	某地区40户居民家庭年收入数据（万元）				
2	12.62	20.3	13.65	12.58	20.36
3	15.58	10.2	16.82	14.36	15
4	17.5	16.82	10.8	11.6	20.3
5	15.8	9.85	11.36	15.4	10.65
6	16.2	17.3	15.45	14.3	12.12
7	13.56	14.5	16.86	17.36	15.8
8	10.6	11.25	12.42	13.54	14.56
9	12.65	13.76	18.9	19.4	10.46
10					
11	α	0.05	n	40	
12	μ	15			

图 7-13 大样本均值检验参数

第 2 步：单击 B13 单元格，在编辑栏中输入公式"= AVERAGE（A2：E9）"，按【Enter】键即可计算出样本均值 $\bar{x}$，如图 7-14 所示。

第 3 步：单击 D13 单元格，在编辑栏中输入公式"= VAR（A2：E9）"，按【Enter】键即可计算出样本方差 s^2，如图 7-15 所示。

B13 · : × ✓ fx =AVERAGE（A2：E9）

	A	B	C	D	E
1	某地区40户居民家庭年收入数据（万元）				
2	12.62	20.3	13.65	12.58	20.36
3	15.58	10.2	16.82	14.36	15
4	17.5	16.82	10.8	11.6	20.3
5	15.8	9.85	11.36	15.4	10.65
6	16.2	17.3	15.45	14.3	12.12
7	13.56	14.5	16.86	17.36	15.8
8	10.6	11.25	12.42	13.54	14.56
9	12.65	13.76	18.9	19.4	10.46
10					
11	α	0.05	n	40	
12	μ	15			
13	$\bar{x}$	14.5635			

图 7-14 样本均值 $\bar{x}$ 的值

D13 · : × ✓ fx =VAR（A2：E9）

	A	B	C	D	E
1	某地区40户居民家庭年收入数据（万元）				
2	12.62	20.3	13.65	12.58	20.36
3	15.58	10.2	16.82	14.36	15
4	17.5	16.82	10.8	11.6	20.3
5	15.8	9.85	11.36	15.4	10.65
6	16.2	17.3	15.45	14.3	12.12
7	13.56	14.5	16.86	17.36	15.8
8	10.6	11.25	12.42	13.54	14.56
9	12.65	13.76	18.9	19.4	10.46
10					
11	α	0.05	n	40	
12	μ	15			
13	$\bar{x}$	14.5635	s^2	8.931859231	

图 7-15 样本方差 s^2 的值

第 4 步：单击 B15 单元格，在编辑栏中输入原假设"$\mu = 15$"；单击 D15 单元格，在编辑栏中输入原假设"$\mu \neq 15$"，如图 7-16 所示。

第 5 步：单击 B16 单元格，在编辑栏中输入公式"= ABS（（B13－B12）/（SQRT（D13）/SQRT（D11）））"，按【Enter】键即可计算出 z 的绝对值，如图 7-17 所示。

第 6 步：单击 B15 单元格，在编辑栏中输入公式"= ABS（NORMSINV（B11/2））"，按【Enter】键即可计算出 $z_{\alpha/2}$ 的绝对值，如图 7-18 所示。

	A	B	C	D	E
1	某地区40户居民家庭年收入数据（万元）				
2	12.62	20.3	13.65	12.58	20.36
3	15.58	10.2	16.82	14.36	15
4	17.5	16.82	10.8	11.6	20.3
5	15.8	9.85	11.36	15.4	10.65
6	16.2	17.3	15.45	14.3	12.12
7	13.56	14.5	16.86	17.36	15.8
8	10.6	11.25	12.42	13.54	14.56
9	12.65	13.76	18.9	19.4	10.46
10					
11	α	0.05	n	40	
12	μ	15			
13	$\bar{x}$	14.5635	s^2	8.931859231	
14					
15	H_0	μ=15	H_1	μ≠15	

图 7-16　原假设和备择假设

| B16 | | × ✓ f_x | =ABS((B13-B12)/(SQRT(D13)/SQRT(D11))) | | |

	A	B	C	D	E	F
1	某地区40户居民家庭年收入数据（万元）					
2	12.62	20.3	13.65	12.58	20.36	
3	15.58	10.2	16.82	14.36	15	
4	17.5	16.82	10.8	11.6	20.3	
5	15.8	9.85	11.36	15.4	10.65	
6	16.2	17.3	15.45	14.3	12.12	
7	13.56	14.5	16.86	17.36	15.8	
8	10.6	11.25	12.42	13.54	14.56	
9	12.65	13.76	18.9	19.4	10.46	
10						
11	α	0.05	n	40		
12	μ	15				
13	$\bar{x}$	14.5635	s^2	8.931859231		
14						
15	H_0	μ=15	H_1	μ≠15		
16	z的绝对值	0.9237263				

图 7-17　检验统计量 z 的绝对值

| D16 | | × ✓ f_x | =ABS(NORMSINV(B11/2)) | |

	A	B	C	D	E
1	某地区40户居民家庭年收入数据（万元）				
2	12.62	20.3	13.65	12.58	20.36
3	15.58	10.2	16.82	14.36	15
4	17.5	16.82	10.8	11.6	20.3
5	15.8	9.85	11.36	15.4	10.65
6	16.2	17.3	15.45	14.3	12.12
7	13.56	14.5	16.86	17.36	15.8
8	10.6	11.25	12.42	13.54	14.56
9	12.65	13.76	18.9	19.4	10.46
10					
11	α	0.05	n	40	
12	μ	15			
13	$\bar{x}$	14.5635	s^2	8.931859231	
14					
15	H_0	μ=15	H_1	μ≠15	
16	z的绝对值	0.9237263	$z_{\alpha/2}$的绝对值	1.959963985	

图 7-18　检验统计量 $z_{\alpha/2}$ 的绝对值

第 7 步：单击 B118 单元格，在编辑栏中输入公式"＝IF(B16＜D16,"接受原假设"，"拒绝原假设")"，按【Enter】键即可得到检验结果，如图 7-19 所示。

图 7-19　实验结果

（三）实验结果

由图 7-19 可以看出，在显著性水平为 0.05 的条件下，$|z|$（0.9237263）$<$ $|z_{a/2}|$（1.959963985），说明可以接受原假设，即某地区居民家庭年收入均值为 15 万元。

五、实验四：利用 p 值法进行一个大样本总体均值的单侧检验（方差未知）

（一）实验要求

某地区居民家庭的年收入服从正态分布，其均值为 15 万元，标准差未知。现抽取 40 户家庭进行均值检验，具体收入如图 7-12 所示，检验该地区居民家庭年收入的均值是否不小于 15 万元。（取置信水平 $\alpha＝0.05$）

（二）实验步骤

第 1 步：重复本节实验三第 1 步至第 3 步。

第 2 步：单击 B15 单元格，在编辑栏中输入原假设"$\mu \geq 15$"；单击 D15 单元格，在编辑栏中输入备择假设"$\mu < 15$"，如图 7-20 所示。

第 3 步：单击 B13 单元格，在编辑栏中输入公式"＝(B13－B12)/(SQRT(D13)/SQRT(D11))"，按【Enter】键即可计算出 z 值，如图 7-21 所示。

第 4 步：单击 D16 单元格，在编辑栏中输入公式"＝1－NORMSDIST(ABS(B16))"，按【Enter】键即可计算出 p 值，如图 7-22 所示。

	A	B	C	D	E
1	某地区40户居民家庭年收入数据（万元）				
2	12.62	20.3	13.65	12.58	20.36
3	15.58	10.2	16.82	14.36	15
4	17.5	16.82	10.8	11.6	20.3
5	15.8	9.85	11.36	15.4	10.65
6	16.2	17.3	15.45	14.3	12.12
7	13.56	14.5	16.86	17.36	15.8
8	10.6	11.25	12.42	13.54	14.56
9	12.65	13.76	18.9	19.4	10.46
10					
11	α	0.05	n	40	
12	μ	15			
13	$\bar{x}$	14.5635	s^2	8.931859231	
14					
15	H_0	μ≥15	H_1	μ<15	

图 7-20　原假设和备择假设

B16 　　　f_x　=(B13-B12)/(SQRT(D13)/SQRT(D11))

	A	B	C	D	E	F
1	某地区40户居民家庭年收入数据（万元）					
2	12.62	20.3	13.65	12.58	20.36	
3	15.58	10.2	16.82	14.36	15	
4	17.5	16.82	10.8	11.6	20.3	
5	15.8	9.85	11.36	15.4	10.65	
6	16.2	17.3	15.45	14.3	12.12	
7	13.56	14.5	16.86	17.36	15.8	
8	10.6	11.25	12.42	13.54	14.56	
9	12.65	13.76	18.9	19.4	10.46	
10						
11	α	0.05	n	40		
12	μ	15				
13	$\bar{x}$	14.5635	s^2	8.931859231		
14						
15	H_0	μ≥15	H_1	μ<15		
16	z	-0.9237263				

图 7-21　检验统计量 z 的值

D16 　　　f_x　=1-NORMSDIST(ABS(B16))

	A	B	C	D	E
1	某地区40户居民家庭年收入数据（万元）				
2	12.62	20.3	13.65	12.58	20.36
3	15.58	10.2	16.82	14.36	15
4	17.5	16.82	10.8	11.6	20.3
5	15.8	9.85	11.36	15.4	10.65
6	16.2	17.3	15.45	14.3	12.12
7	13.56	14.5	16.86	17.36	15.8
8	10.6	11.25	12.42	13.54	14.56
9	12.65	13.76	18.9	19.4	10.46
10					
11	α	0.05	n	40	
12	μ	15			
13	$\bar{x}$	14.5635	s^2	8.931859231	
14					
15	H_0	μ≥15	H_1	μ<15	
16	z	-0.9237263	p	0.177814418	

图 7-22　p 值

第 5 步：单击 B18 单元格,在编辑栏中输入公式"=IF(D16>B11,"接受原假设","拒绝原假设")",按【Enter】键即可得到检验结果,如图 7-23 所示。

图 7-23　实验结果

(三) 实验结果

由图 7-23 可以看出,在显著性水平为 0.05 的条件下,$p(0.822185582)>\alpha(0.05)$,说明可以接受原假设,即该地区居民家庭年收入的均值不小于 15 万元。

六、实验五：利用临界值法进行一个小样本总体均值的双侧检验(方差未知)

(一) 实验要求

某地区居民家庭的年收入服从正态分布,其均值为 15 万元,标准差未知。现抽取 20 户家庭进行均值检验,具体收入情况如图 7-12 所示,检验该地区居民家庭年收入的均值是否等于 15 万元。(取置信水平 $\alpha=0.05$)

(二) 实验步骤

第 1 步：单击 B7 单元格,在编辑栏中输入显著性水平 α 的值"0.05";单击 D7 单元格,在编辑栏中输入样本数 n 的值"20";单击 B8 单元格,在编辑栏中输入均值 μ 的值"15",如图 7-24 所示。

第 2 步：单击 B9 单元格,在编辑栏中输入公式"=AVERAGE(A2:E5)",按【Enter】键即可计算出样本均值 $\bar{x}$,如图 7-25 所示。

图 7-24　均值检验参数

图 7-25　样本均值 $\bar{x}$ 的值

第 3 步：单击 D9 单元格，在编辑栏中输入公式"＝VAR（A2：E5）"，按【Enter】键即可计算出样本方差 s^2，如图 7-26 所示。

第 4 步：单击 B11 单元格，在编辑栏中输入原假设"$\mu＝15$"；单击 D12 单元格，在编辑栏中输入备择假设"$\mu \neq 15$"，如图 7-27 所示。

图 7-26　样本方差 s^2 的值

图 7-27　原假设和备择假设

第 5 步：单击 B12 单元格，在编辑栏中输入公式"＝ABS（B9－B8）/（SQRT（B9）/SQRT（D7））"，按【Enter】键即可计算出 t 的绝对值，如图 7-28 所示。

图 7-28　检验统计量 t 的绝对值

第 6 步：单击 D12 单元格，在编辑栏中输入公式"＝ABS（TINV（B7/2，D7－1））"，按【Enter】键即可计算出 $t_{\alpha/2}$ 的绝对值，如图 7-29 所示。

图 7-29　检验统计量 $t_{\alpha/2}$ 的绝对值

第 7 步：单击 B14 单元格，在编辑栏中输入公式"＝IF(B12＜D12,"接受原假设"，"拒绝原假设")"，按【Enter】键即可得到检验结果，如图 7-30 所示。

图 7-30　实验结果

（三）实验结果

由图 7-30 可以看出，在显著性水平为 0.05 的条件下，$|t|$（0.555225616）＜$|t_{\alpha/2}|$（2.433440211），说明可以接收原假设，即该地区居民家庭年收入的均值等于 15 万元。

七、实验六：利用 p 值法进行一个小样本总体均值的单侧检验（方差未知）

（一）实验要求

某地区居民家庭的年收入服从正态分布，其均值为 15 万元，标准差未知。现抽取 20 户家庭进行均值检验，具体收入情况如图 7-12 所示，检验该地区居民家庭年收入的均值是否不小于 15 万元。（取置信水平 $\alpha＝0.05$）

（二）实验步骤

第 1 步：重复本节实验五第 1 步至第 3 步。

第 2 步：单击 B11 单元格，在编辑栏中输入原假设"$\mu \geqslant 15$"；单击 D12 单元格，在编辑栏中输入备择假设"$\mu < 15$"；单击 B12 单元格，在编辑栏中输入公式"= ABS(B9−B8)/(SQRT(B9)/SQRT(D7))"，按【Enter】键即可计算出 t 的绝对值，如图 7-31 所示。

B12			f_x	=ABS((B9-B8)/(SQRT(D9)/SQRT(D7)))	
	A	B	C	D	E	F
1	某地区20户居民家庭年收入数据（万元）					
2	12.62	20.3	13.65	12.58	20.36	
3	15.58	10.2	16.82	14.36	15	
4	17.5	16.82	10.8	11.6	20.3	
5	15.8	9.85	11.36	15.4	10.65	
6						
7	α	0.05	n	20		
8	μ	15				
9	x̄	14.5775	s²	11.58095658		
10						
11	H₀	μ≥15	H₁	μ<15		
12	t的绝对值	0.555225616				

图 7-31　检验统计量 t 的绝对值

第 3 步：单击 D12 单元格，在编辑栏中输入公式"= 1−TDIST(B12,D7−1,1)"，按【Enter】键即可计算出 p 值，如图 7-32 所示。

D12			f_x	=1-TDIST(B12,D7-1,1)	
	A	B	C	D	E
1	某地区20户居民家庭年收入数据（万元）				
2	12.62	20.3	13.65	12.58	20.36
3	15.58	10.2	16.82	14.36	15
4	17.5	16.82	10.8	11.6	20.3
5	15.8	9.85	11.36	15.4	10.65
6					
7	α	0.05	n	20	
8	μ	15			
9	x̄	14.5775	s²	11.58095658	
10					
11	H₀	μ≥15	H₁	μ<15	
12	t的绝对值	0.555225616	p	0.707390614	

图 7-32　p 值

第 4 步：单击 B14 单元格，在编辑栏中输入公式"= IF(D12>B7,"接受原假设","不接受原假设")"，按【Enter】键即可得到检验结果，如图 7-33 所示。

（三）实验结果

由图 7-33 可以看出，在显著性水平为 0.05 的条件下，$p(0.707390614) > \alpha(0.05)$，说明可以接受原假设，即该地区居民家庭年收入的均值不小于 15 万元。

图 7-33　实验结果

八、实验七：利用临界值法进行一个总体方差的双侧检验（均值已知）

（一）实验要求

某工厂生产一批设备尺寸服从正态分布，其均值为 3.278cm，标准差为 0.002cm。现抽取 10 台设备进行方差检验，具体尺寸如图 7-34 所示，检验该批设备的标准差是否等于 0.002cm。（取置信水平 $\alpha = 0.05$）

（二）实验步骤

第 1 步：单击 B13 单元格，在编辑栏中输入显著性水平 α 的值"0.05"；单击 D13 单元格，在编辑栏中输入样本数 n 的值"10"；单击 B14 单元格，在编辑栏中输入均值 μ 的值"3.278"单击 B14 单元格，在编辑栏中输入标准差 σ 的值"0.002"，如图 7-35 所示。

图 7-34　10 台设备尺寸数据

图 7-35　方差检验参数

第 2 步：单击 B2 单元格，在编辑栏中输入"＝(A2－$B$14)^2"，按【Enter】键后向下复制公式，即可计算出观测值与均值差的平差，如图 7-36 所示。

图 7-36　观测值与均值的平均差

第 3 步：单击 B15 单元格，在编辑栏中输入"＝VAR(A2:A11)"，按【Enter】键，即可计算出样本方差，如图 7-37 所示。

图 7-37　样本方差 s^2 的值

第 4 步：单击 B16 单元格，在编辑栏中输入"＝SUM(B2:B11)/(D14 * D14)"，按【Enter】键，即可计算出卡方值(χ^2)，如图 7-38 所示。

图 7-38　检验统计量卡方值

第 5 步：单击 B17 单元格，在编辑栏中输入"＝CHIINV(B13/2,D13－1)"，按【Enter】键，即可计算出上侧临界点，如图 7-39 所示。

	A	B	C	D
B17		f_x	=CHIINV(B13/2,D13−1)	
1	10台设备尺寸数据(cm)观测值于平均差			
2	3.277	1E-06		
3	3.281	9E-06		
4	3.278	0		
5	3.286	6.4E-05		
6	3.279	1E-06		
7	3.278	0		
8	3.281	9E-06		
9	3.279	1E-06		
10	3.278	0		
11	3.28	4E-06		
12				
13	α	0.05	n	10
14	μ	3.278	σ	0.002
15	s^2	6.67778E-06		
16	卡方值	22.25		
17	上侧临界点	19.0227678		

图 7-39 上侧临界点

第 6 步：单击 B18 单元格，在编辑栏中输入"＝CHIINV(1－B13/2,D13－1)"，按【Enter】键，即可计算出下侧临界点，如图 7-40 所示。

	A	B	C	D
B18		f_x	=CHIINV(1−B13/2,D13−1)	
1	10台设备尺寸数据(cm)观测值于平均差			
2	3.277	1E-06		
3	3.281	9E-06		
4	3.278	0		
5	3.286	6.4E-05		
6	3.279	1E-06		
7	3.278	0		
8	3.281	9E-06		
9	3.279	1E-06		
10	3.278	0		
11	3.28	4E-06		
12				
13	α	0.05	n	10
14	μ	3.278	σ	0.002
15	s^2	6.67778E-06		
16	卡方值	22.25		
17	上侧临界点	19.0227678		
18	下侧临界点	2.7003895		

图 7-40 下侧临界点

第 7 步：单击 B20 单元格，在编辑栏中输入公式"＝IF(B18＜B16,IF(B16＜B17,"接受原假设","不接受原假设"),"不接受原假设")"，按【Enter】键即可得到检验结果，如图 7-41 所示。

（三）实验结果

由图 7-41 可以看出，在显著性水平为 0.05 的条件下，样本卡方值介于上侧临界值点和下侧临界值点之间，说明可以接受原假设，即该批设备合格。

图 7-41   实验结果

九、实验八：利用 p 值法进行一个总体方差的单侧检验（均值已知）

（一）实验要求

某工厂生产的一批设备尺寸服从正态分布，其均值为 3.278cm，标准差为 0.02cm。现抽取 10 台设备进行方差检验，具体尺寸如图 7-34 所示，检验该批设备尺寸的标准差是否不小于 0.02cm。（取置信水平 $\alpha = 0.05$）

（二）实验步骤

第 1 步：重复本节实验七第 1 步至第 4 步。

第 2 步：单击 B17 单元格，在编辑栏中输入"$= \text{CHISQ.DIST.RT}(B16, D13 - 1)$"，按【Enter】键，即可计算出 p 值，如图 7-42 所示。

图 7-42 p 值

第 3 步：单击 B19 单元格，在编辑栏中输入公式"$= \text{IF}(B17 > B13,$"接受原假设"，"不接受原假设")"，按【Enter】键即可得到检验结果，如图 7-43 所示。

图 7-43 实验结果

（三）实验结果

由图 7-43 可以看出，在显著性水平为 0.05 的条件下，p（0.008119537）$<\alpha$（0.05），说明不可以接受原假设，即该设备尺寸的均值小于 0.002cm。

十、实验九：利用临界值法进行一个总体方差的双侧检验（均值未知）

（一）实验要求

某工厂生产的一批设备的尺寸服从正态分布，其标准差为 0.002cm，均值未知。现抽取 10 台设备进行方差检验，具体尺寸如图 7-34 所示，检验该批设备是否合格。（取置信水平 $\alpha=0.05$）

（二）实验步骤

第 1 步：单击 B5 单元格，在编辑栏中输入显著性水平 α 的值"0.05"；单击 D5 单元格，在编辑栏中输入样本数 n 的值"10"；单击 D6 单元格，在编辑栏中输入均值 σ 的值"0.002"，如图 7-44 所示。

图 7-44 方差检验参数

第 2 步：单击 B8 单元格，在编辑栏中输入公式"＝VAR(A2:E3)"，按【Enter】键即可计算出样本方差 s^2，如图 7-45 所示。

图 7-45　样本方差 s^2 的值

第 3 步：单击 B9 单元格，在编辑栏中输入公式"＝（D6－1）＊B9/（D6＊D6）"，按【Enter】键即可计算出卡方值 χ^2，如图 7-46 所示。

图 7-46　检验统计量卡方值

第 4 步：单击 B10 单元格，在编辑栏中输入公式"＝CHIINV（B6/2，D6－1）"，按【Enter】键即可计算出上侧临界点，如图 7-47 所示。

图 7-47　上侧临界点

第 5 步：单击 B11 单元格，在编辑栏中输入公式"＝CHIINV（1－B6/2，D6－1）"，按【Enter】键即可计算出下侧临界点，如图 7-48 所示。

第 6 步：单击 B13 单元格，在编辑栏中输入公式"＝IF（B11＜B9，IF（B9＜B10，"接受原假设"，"不接受原假设"），不接受原假设）"，按【Enter】键即可得到检验结果，如图 7-49 所示。

	B11		×	✓	fx	=CHIINV(1-B5/2, D5-1)	

	A	B	C	D	E
1			10台设备尺寸数据(cm)		
2	3.277	3.281	3.278	3.286	3.279
3	3.281	3.278	3.279	3.278	3.28
4					
5	α	0.05	n	10	
6			σ	0.002	
7					
8	s^2	6.67778E-06			
9	卡方值	15.025			
10	上侧临界点	19.0227678			
11	下侧临界点	2.7003895			

图 7-48　下侧临界点

	B13		×	✓	fx	=IF(B11<B9,IF(B9<B10,"接受原假设","不接受原假设"),"不接受原假设")			

	A	B	C	D	E	F	G	H	I
1			10台设备尺寸数据(cm)						
2	3.277	3.281	3.278	3.286	3.279				
3	3.281	3.278	3.279	3.278	3.28				
4									
5	α	0.05	n	10					
6			σ	0.002					
7									
8	s^2	6.67778E-06							
9	卡方值	15.025							
10	上侧临界点	19.0227678							
11	下侧临界点	2.7003895							
12									
13	检验结果	接受原假设							

图 7-49　实验结果

（三）实验结果

由图 7-49 可以看出，在显著性水平为 0.05 的条件下，样本卡方值介于上侧临界点和下侧临界点之间，说明可以接受原假设，即该批设备合格。

十一、实验十：利用 p 值法进行一个总体方差的单侧检验（均值未知）

（一）实验要求

某工厂生产的一批设备的尺寸服从正态分布，其标准差为 0.002cm，均值未知。现抽取 10 台设备行方差检验，具体尺寸如图 7-34 所示，检验该批设备尺寸的标准差是否不小于 0.002cm。（取置信水平 $\alpha = 0.05$）

（二）实验步骤

第 1 步：重复本节实验九第 1 步至第 3 步。

第 2 步：单击 B10 单元格，在编辑栏中输入"＝CHISQ. DIST. RT(B9,D5－1)"，按

【Enter】键,即可计算出 p 值,如图 7-50 所示。

图 7-50　p 值

第 3 步:单击 B12 单元格,在编辑栏中输入公式"＝IF(B10＞B5,"接受原假设","不接受原假设")",按【Enter】键即可得到检验结果,如图 7-51 所示。

图 7-51　实验结果

(三)实验结果

由图 7-51 可以看出,在显著性水平为 0.05 的条件下,由于 $p(0.090251554)＞\alpha(0.05)$,说明可以接受原假设,即该设备尺寸的标准差不小于 0.002cm。

第二节　两个总体参数的检验

一、基础知识

在很多情况下,人们需要对两个总体的参数进行比较,观察它们是否有显著性区别。两个总体参数的检验主要包括:两个总体均值差的检验,两个总体方差比的检验。与一个总体参数的检验的基本原理类似,两个总体参数检验也涉及检验统计量的选择问题。对于两个总体参数的检验,设两个总体参数为 θ_1 和 θ_2,那么 $H_0:\theta_1=\theta_2$,$H_0:\theta_1\leqslant\theta_2$ 或

$H_0:\theta_1\geqslant\theta_2$ 为原假设。$H_1:\theta_1\neq\theta_2$，$H_1:\theta_1>\theta_2$ 或 $H_1:\theta_1<\theta_2$ 为备择假设。双侧检验的形式是 $H_0:\theta_1=\theta_2$，$H_1:\theta_1\neq\theta_2$。左侧检验的形式是 $H_0:\theta_1\geqslant\theta_2$，$H_1:\theta_1<\theta_2$。右侧检验的形式是 $H_0:\theta_1\leqslant\theta_2$，$H_1:\theta_1>\theta_2$。检验方法和检验流程与一个总体参数检验类似。

二、检验统计量

（一）两个总体均值的检验

1. 总体方差已知，均值检验

假设样本 $x_1,x_2,\cdots,x_{n_1}$ 是来自正态总体 $N(\mu_1,\sigma_1^2)$，样本 $y_1,y_2,\cdots,y_{n_2}$ 是来自正态总体 $N(\mu_2,\sigma_2^2)$，且总体方差 σ_1^2 和 σ_2^2 已知，则关于总体均值的检验统计量为

$$z=\frac{\bar{x}-\bar{y}-(\mu_1-\mu_2)}{\sqrt{\dfrac{\sigma_1^2}{n_1}+\dfrac{\sigma_2^2}{n_2}}} \tag{7-6}$$

式中 $\bar{x},\bar{y}$ 是样本均值，n_1,n_2 是样本容量。

当 $\mu=\mu_0$ 时，检验统计量 z 服从正态分布。给定显著性水平 α，对于双侧检测，当 $|z|\geqslant z_{\alpha/2}$ 时，拒绝 H_0；当 $|z|<z_{\alpha/2}$ 时，接受 H_0。对于左侧检验，当 $z<-z_\alpha$ 时，拒绝 H_0；当 $z\geqslant-z_\alpha$ 时，接受 H_0。对于右侧检验，当 $z\geqslant z_\alpha$ 时，拒绝 H_0，当 $z<z_\alpha$ 时，接受 H_0。在 Excel 2013 中也可以利用 p 值进行假设检验，也可以使用数据分析工具进行检验。

2. 总体方差未知且相等，均值检验

假设样本 $x_1,x_2,\cdots,x_{n_1}$ 是来自正态总体 $N(\mu_1,\sigma_1^2)$，样本 $y_1,y_2,\cdots,y_{n_2}$ 是来自正态总体 $N(\mu_2,\sigma_2^2)$，总体方差 σ_1^2 和 σ_2^2 未知且相等，则关于总体均值的检验统计量为

$$t=\frac{\bar{x}-\bar{y}-(\mu_1-\mu_2)}{s_p\sqrt{\dfrac{1}{n_1}+\dfrac{1}{n_2}}} \tag{7-7}$$

式中 $\bar{x},\bar{y}$ 是样本均值，n_1,n_2 是样本容量，s_1^2,s_2^2 是样本方差，

$$s_p^2=\frac{(n_1-1)s_1^2+(n_2-1)s_2^2}{n_1+n_2-2} \tag{7-8}$$

当 $\mu=\mu_0$ 时，检测统计量 t 服从 $t(n_1+n_2-2)$。给定显著性水平 α，对于双侧检测，当 $|t|\geqslant t_{\alpha/2}(n_1+n_2-2)$ 时，拒绝 H_0；当 $|t|<t_{\alpha/2}(n_1+n_2-2)$ 时，接受 H_0。对于左侧检验，当 $t\leqslant-t_\alpha(n_1+n_2-2)$ 时，拒绝 H_0；当 $t>-t_\alpha(n_1+n_2-2)$ 时，接受 H_0。对于右侧检验，当 $t\geqslant t_\alpha(n_1+n_2-2)$ 时，拒绝 H_0；当 $t<t_\alpha(n_1+n_2-2)$ 时，接受 H_0。在 Excel 2013 中也可以利用 p 值进行假设检验，也可以使用数据分析工具进行检验。

3. 总体方差未知且不相等，均值检验

假设样本 $x_1, x_2, \cdots, x_{n_1}$ 是来自正态总体 $N(\mu_1, \sigma_1^2)$，样本 $y_1, y_2, \cdots, y_{n_2}$ 是来自正态总体 $N(\mu_2, \sigma_2^2)$，总体方差 σ_1^2 和 σ_2^2 未知且不相等，则关于总体均值的检验统计量为

$$t = \frac{\bar{x} - \bar{y} - (\mu_1 - \mu_2)}{\sqrt{\dfrac{s_1^2}{n_1} + \dfrac{s_2^2}{n_2}}} \tag{7-9}$$

式中 $\bar{x}, \bar{y}$ 是样本均值，n_1, n_2 是样本容量，s_1^2, s_2^2 是样本方差。当 $\mu_1 = \mu_2$ 时，检测统计量 t 服从自由度为 f 的 t 分布。其中

$$f = \frac{\left(\dfrac{s_1^2}{n_1} + \dfrac{s_2^2}{n_2}\right)^2}{\dfrac{\left(\dfrac{s_1^2}{n_1}\right)^2}{n_1 - 1} + \dfrac{\left(\dfrac{s_2^2}{n_2}\right)^2}{n_2 - 1}} \tag{7-10}$$

给定显著性水平 α，对于双侧检测，当 $|t| \geqslant t_{\alpha/2}(f)$ 时，拒绝 H_0；当 $|t| < t_{\alpha/2}(f)$ 时，接受 H_0。对于左侧检验，当 $t \leqslant -t_{\alpha}(f)$ 时，拒绝 H_0；当 $t > -t_{\alpha}(f)$ 时，接受 H_0。对于右侧检验，当 $t \geqslant t_{\alpha}(f)$ 时，拒绝 H_0；当 $t < t_{\alpha}(f)$ 时，接受 H_0。在 Excel 2013 中也可以利用 p 值进行假设检验，也可以使用数据分析工具进行检验。

4. 成对样本，均值检验

假设 $d_1, d_2, \cdots, d_n$ 表示 n 对观测值的差，则关于总体均值的检验统计量为

$$t = \frac{\bar{d} - (\mu_1 - \mu_2)}{\sigma_d / \sqrt{n}} \tag{7-11}$$

式中 $\bar{d}$ 是各差值的均值，σ_d 是各差值的标准差。当总体方差 σ_d 未知时，可用样本差值的标准差 s_d 代替。

当 $\mu = \mu_0$ 时，检测统计量 t 服从 $t(n-1)$。给定显著性水平 α，对于双侧检测，当 $|t| \geqslant t_{\alpha/2}(n-1)$ 时，拒绝 H_0；当 $|t| < t_{\alpha/2}(n-1)$ 时，接受 H_0。对于左侧检验，当 $t \leqslant -t_{\alpha}(n-1)$ 时，拒绝 H_0；当 $t > -t_{\alpha}(n-1)$ 时，接受 H_0。对于右侧检验，当 $t \geqslant t_{\alpha}(n-1)$ 时，拒绝 H_0，当 $t < t_{\alpha}(n-1)$ 时，接受 H_0。在 Excel 2013 中也可以利用 p 值进行假设检验，也可以使用数据分析工具进行检验。

（二）两个总体方差的检验

假设样本 $x_1, x_2, \cdots, x_{n_1}$ 是来自正态总体 $N(\mu_1, \sigma_1^2)$，样本 $y_1, y_2, \cdots, y_{n_2}$ 是来自正态总体 $N(\mu_2, \sigma_2^2)$，且总体方差 σ_1^2 和 σ_2^2 未知，则关于总体均值的检验统计量为

$$F = \frac{s_1^2 / \sigma_1^2}{s_2^2 / \sigma_2^2} \tag{7-12}$$

当 $\sigma_1^2 = \sigma_2^2$ 时,检测统计量 F 服从 $F(n_1-1, n_2-1)$。给定显著性水平 α,对于双侧检验,当 $F \geqslant F_{\alpha/2}(n_1-1, n_2-1)$ 时,或者 $F \leqslant F_{1-\alpha/2}(n_1-1, n_2-1)$,拒绝 H_0;否则不能拒绝 H_0。对于左侧检验,当 $F < F_{1-\alpha}(n_1-1, n_2-1)$ 时,拒绝 H_0;否则不能拒绝 H_0。对于右侧检验,当 $F > F_\alpha(n_1-1, n_2-1)$ 时,拒绝 H_0;否则不能拒绝 H_0。在 Excel 2013 中可以使用 p 值进行假设检验,数据分析工具进行检验。

三、实验一:利用数据分析功能进行两个总体均值的双侧检验(方差已知)

(一)实验要求

设某厂生产 A、B 两种设备,其寿命分别服从 $N(\mu_1, 12^2)$ 和 $N(\mu_2, 16^2)$,现分别抽取 20 台,其寿命数据如图 7-52 所示,检验这两种设备的寿命有无明显差异。(取置信水平 $\alpha = 0.05$)

(二)实验步骤

第 1 步:单击 B13 单元格,在编辑栏中输入样本数 n_1 的值"10";单击 D13 单元格,在编辑栏中输入样本数 n_2 的值"10";单击 B14 单元格,在编辑栏中输入标准差 σ_1 的值"12";单击 B14 单元格,在编辑栏中输入标准差 σ_2 的值"16";单击 B15 单元格,在编辑栏中输入显著性水平 α 的值"0.05";单击 B17 单元格,在编辑栏中输入原假设"$\mu_1 = \mu_2$";单击 D17 单元格,在编辑栏中输入备择假设"$\mu_1 \neq \mu_2$",如图 7-53 所示。

	A	B	C
1	设备A寿命数据		设备B寿命数据
2	201		198
3	204		203
4	208		205
5	201		208
6	202		199
7	200		206
8	192		197
9	200		201
10	196		197
11	199		191
12	205		199
13	194		203
14	198		198
15	195		199
16	199		196
17	210		194
18	200		192
19	205		198
20	192		197
21	203		210

图 7-52　A、B 两种设备寿命数据

	A	B	C	D	E	F	G	H
1	设备A寿命数据		设备B寿命数据					
2	201		198		n_1	20	n_2	20
3	204		203		σ_1	12	σ_2	16
4	208		205		α	0.05		
5	201		208					
6	202		199		H_0	$\mu_1=\mu_2$	H_1	$\mu_1 \neq \mu_2$
7	200		206					
8	192		197					
9	200		201					
10	196		197					
11	199		191					
12	205		199					
13	194		203					
14	198		198					
15	195		199					
16	199		196					
17	210		194					
18	200		192					
19	205		198					
20	192		197					
21	203		210					

图 7-53　原假设和备择假设

第 2 步：单击【数据】-【数据分析】命令，弹出【数据分析】对话框，单击【z-检验：双样本平均差检验】选项，如图 7-54 所示。单击【确定】按钮，弹出【z-检验：双样本平均差检验】对话框。

第 3 步：在弹出的【z-检验：双样本平均差检验】对话框的【输入】中，单击【变量 1 的区域(1)】后的折叠按钮，选择 A2:A21 单元格区域；单击【变量 2 的区域(2)】后的折叠按钮，选择 C2:C21 单元格区域；在【假设平均差(P)】文本框中输入"0"；在【变量 1 的方差(已知)(V)】文本框中输入"12"；在【变量 2 的方差(已知)(R)】文本框中输入"16"；在【α(A)】文本框中输入置信水平"0.05"；单击【输出区域】按钮，并单击【输出区域】按钮后的折叠按钮，选择 E8 单元格，如图 7-55 所示。单击【确认】按钮，得出结果，如图 7-56 所示。

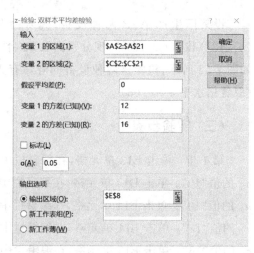

图 7-54 检验统计量　　　　　　　　　　图 7-55 选择变量区域

	A	B	C	D	E	F	G	H
1	设备A寿命数据		设备B寿命数据					
2	201		198		n_1	20	n_2	20
3	204		203		σ_1	12	σ_2	16
4	208		205		α	0.05		
5	201		208					
6	202		199		H_0	$\mu_1=\mu_2$	H_1	$\mu_1 \neq \mu_2$
7	200		206					
8	192		197		z-检验：双样本均值分析			
9	200		201					
10	196		197			变量 1	变量 2	
11	199		191		平均	200.2	199.55	
12	205		199		已知协方差	12	16	
13	194		203		观测值	20	20	
14	198		198		假设平均差	0		
15	195		199		z	0.54935		
16	199		196		P(Z<=z) 单尾	0.291383		
17	210		194		z 单尾临界	1.644854		
18	200		192		P(Z<=z) 双尾	0.582765		
19	205		198		z 双尾临界	1.959964		
20	192		197					
21	203		210					

图 7-56 双样本均值分析

第 4 步：单击 F21 单元格，在编辑栏中输入"＝IF(F15＜F19，"接受原假设"，"不接受原假设")"，按【Enter】键即可得到检验结果，如图 7-57 所示。

F21			×	✓	f_x	=IF(F15<F19,"接受原假设","不接受原假设")		
	A	B	C	D	E	F	G	H
2	201		198		n_1	20	n_2	20
3	204		203		σ_1	12	σ_2	16
4	208		205		α	0.05		
5	201		208					
6	202		199		H_0	$\mu_1=\mu_2$	H_1	$\mu_1\neq\mu_2$
7	200		206					
8	192		197		z-检验：双样本均值分析			
9	200		201					
10	196		197			变量 1	变量 2	
11	199		191		平均	200.2	199.55	
12	205		199		已知协方差	12	16	
13	194		203		观测值	20	20	
14	198		198		假设平均差	0		
15	195		199		z	0.54935		
16	199		196		P(Z<=z) 单尾	0.291383		
17	210		194		z 单尾临界	1.644854		
18	200		192		P(Z<=z) 双尾	0.582765		
19	205		198		z 双尾临界	1.959964		
20	192		197					
21	203		210		检验结果	接受原假设		

图 7-57 实验结果

（三）实验结果

从图 7-57 可以看出，在显著性水平为 0.05 的条件下，由于 z 值小于 z 双尾临界值，说明应该接受原假设，即 A、B 两种设备的寿命没有差别。

四、实验二：利用数据分析功能进行两个总体均值的单侧检验（方差已知）

（一）实验要求

设某厂生产 A、B 两种设备，其寿命分别服从 $N(\mu_1,12^2)$ 和 $N(\mu_1,16^2)$，现分别抽取 20 台，其寿命数据如图 7-52 所示，检验 A 设备的寿命是否有优势。（取置信水平 $\alpha=0.05$）

（二）实验步骤

第 1 步：重复本节实验一第 1 步至第 3 步。

第 2 步：单击 F21 单元格，在编辑栏中输入"＝IF(F15＜F17，"接受原假设"，"不接受原假设")"，按【Enter】键即可得到检验结果，如图 7-58 所示。

（三）实验结果

从图 7-58 可以看出，在显著性水平为 0.05 的条件下，由于 z 值小于 z 单尾临界值，说明可以接受原假设，即新产品的寿命长于旧产品的寿命。

| F21 | | | × | ✓ | fx | =IF(F15<F17,"接受原假设","不接受原假设") |

	A	B	C	D	E	F	G	H
6	202		199		H_0	$\mu_1 \geq \mu_2$	H_1	$\mu_1 < \mu_2$
7	200		206					
8	192		197		z-检验: 双样本均值分析			
9	200		201					
10	196		197			变量 1	变量 2	
11	199		191		平均	200.2	199.55	
12	205		199		已知协方差	12	16	
13	194		203		观测值	20	20	
14	198		198		假设平均差	0		
15	195		199		z	0.54935		
16	199		196		P(Z<=z) 单尾	0.291383		
17	210		194		z 单尾临界	1.644854		
18	200		192		P(Z<=z) 双尾	0.582765		
19	205		198		z 双尾临界	1.959964		
20	192		197					
21	203		210		检验结果	接受原假设		

图 7-58 实验结果

五、实验三：利用数据分析功能进行两个总体均值的双侧检验（方差未知且相等）

（一）实验要求

设某工厂分析新旧两种产品的寿命，需要对新旧两种产品进行对比，分别选取新旧两种产品 20 台，其寿命数据如图 7-59 所示，假设这两组数据来自具有相同方差的分布，检验新旧两种产品的寿命是否相等。（取置信水平 $\alpha = 0.05$）

（二）实验步骤

第 1 步：单击【数据】-【数据分析】命令，弹出【数据分析】对话框，单击【t-检验：双样本等方差假设】选项，如图 7-60 所示。单击【确定】按钮，弹出【t-检验：双样本等方差假设】对话框。

	A	B	C
1	旧产品寿命数据（小时）		新产品寿命数据（小时）
2	25		35
3	31		31
4	29		38
5	37		28
6	25		25
7	37		36
8	30		28
9	34		36
10	33		42
11	32		27
12	26		32
13	24		30
14	26		31
15	35		22
16	33		38
17	31		40
18	22		29
19	24		30
20	28		24
21	31		31

图 7-59 新旧两种产品寿命数据

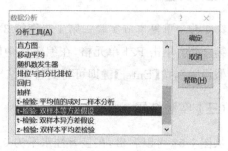

图 7-60 检验统计量

第 2 步：在弹出的【t-检验：双样本等方差假设】对话框的【输入】中，单击【变量 1 的区域(1)】后的折叠按钮，选择 A2:A21 单元格区域；单击【变量 2 的区域(2)】后的折叠按钮，选择 C2:C21 单元格区域；在【假设平均差(P)】文本框中输入"0"；在【α(A)】文本框中输入置信水平"0.05"；单击【输出区域】按钮，并单击【输出区域】按钮后的折叠按钮，选择 E5 单元格，如图 7-61 所示。单击【确认】按钮，得出结果，如图 7-62 所示。

图 7-61 选择变量区域

	A	B	C	D	E	F	G	H
1	旧产品寿命数据(小时)		新产品寿命数据(小时)					
2	25		35					
3	31		31		α	0.05		
4	29		38					
5	37		28		t-检验：双样本等方差假设			
6	25		25					
7	37		36			变量 1	变量 2	
8	30		28		平均	29.65	31.65	
9	34		36		方差	20.23947	29.71316	
10	33		42		观测值	20	20	
11	32		27		合并方差	24.97632		
12	26		32		假设平均差	0		
13	24		30		df	38		
14	26		31		t Stat	-1.26551		
15	35		22		P(T<=t) 单尾	0.106697		
16	33		38		t 单尾临界	1.685954		
17	31		40		P(T<=t) 双尾	0.213393		
18	22		29		t 双尾临界	2.024394		
19	24		30					
20	24		24					
21	31		31					

图 7-62 双样本等方差假设分析

第 3 步：单击 F18 单元格，在编辑栏中输入"=IF(F13>F2,IF(F15>F2,"接受原假设","不接受原假设"),"不接受原假设")"，按【Enter】键即可得到检验结果，如图 7-63 所示。

=IF(F13>F2,IF(F15>F2,"接受原假设","不接受原假设"),"不接受原假设")

	A	B	C	D	E	F	G	H
2	25		35		α	0.05		
3	31		31					
4	29		38		t-检验: 双样本等方差假设			
5	37		28					
6	25		25			变量 1	变量 2	
7	37		36		平均	29.65	31.65	
8	30		28		方差	20.23947	29.71316	
9	34		36		观测值	20	20	
10	33		42		假设平均差	0		
11	32		27		df	37		
12	26		32		t Stat	-1.26551		
13	24		30		P(T<=t) 单尾	0.1068		
14	26		31		t 单尾临界	1.687094		
15	35		22		P(T<=t) 双尾	0.2136		
16	33		38		t 双尾临界	2.026192		
17	31		40					
18	22		29		检验结果	接受原假设		
19	24		30					
20	28		24					
21	31		31					

图 7-63　实验结果

（三）实验结果

由图 7-63 可以看出,在显著性水平为 0.05 的条件下,单尾和双尾的 p 值均大于 0.05,说明可以接收原假设,即新旧两种产品的寿命相等。

六、实验四:利用数据分析功能进行两个总体均值的单侧检验(方差未知且相等)

（一）实验要求

设某工厂分析新旧两种产品的寿命,需要对新旧两种产品进行对比,分别选取新旧两种产品 20 台,其寿命数据如图 7-59 所示,假设这两组数据来自具有相同方差的分布,检验新产品的寿命是否长于旧产品的寿命。(取置信水平 $α=0.05$)

（二）实验步骤

第 1 步:重复本节实验三第 1 步至第 3 步。

第 2 步:单击 F20 单元格,在编辑栏中输入"=IF(F15>F3,"接受原假设","不接受原假设")",按【Enter】键即可得到检验结果,如图 7-64 所示。

（三）实验结果

由图 7-64 可以看出,在显著性水平为 0.05 的条件下,单尾 p 值大于 0.05,说明可以接受原假设,即新产品的寿命长于旧产品寿命。

F20	▼	:	×	✓	fx	=IF(F15>F3,"接受原假设","不接受原假设")			

	A	B	C	D	E	F	G	H	I	J
1	旧产品寿命数据(小时)		新产品寿命数据(小时)							
2	25		35							
3	31		31		α	0.05				
4	29		38							
5	37		28		t-检验：双样本等方差假设					
6	25		25							
7	37		36			变量 1	变量 2			
8	30		28		平均	29.65	31.65			
9	34		36		方差	20.23947	29.71316			
10	33		42		观测值	20	20			
11	32		27		合并方差	24.97632				
12	26		32		假设平均差	0				
13	24		30		df	38				
14	26		31		t Stat	-1.26551				
15	35		22		P(T<=t) 单尾	0.106697				
16	33		38		t 单尾临界	1.685954				
17	31		40		P(T<=t) 双尾	0.213393				
18	22		29		t 双尾临界	2.024394				
19	24		30							
20	28		24		检验结果	接受原假设				
21	31		31							

图 7-64　实验结果

七、实验五：利用数据分析功能进行两个总体均值的双侧检验（方差未知且不相等）

（一）实验要求

设某工厂分析新旧两种产品的寿命，需要对新旧两种产品进行对比，分别选取新旧两种产品 20 台，其寿命数据如图 7-59 所示，假设这两组数据来自具有不同方差的分布，检验新旧两种产品的寿命是否相等。（取置信水平 α＝0.05）

（二）实验步骤

第 1 步：单击【数据】-【数据分析】命令，弹出【数据分析】对话框，单击【t-检验：双样本异方差假设】选项，如图 7-65 所示。单击【确定】按钮，弹出【t-检验：双样本异方差假设】对话框。

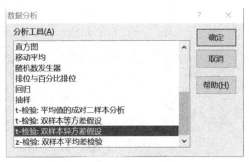

图 7-65　检验统计量

第 2 步：在弹出的【t-检验：双样本异方差假设】对话框的【输入】中，单击【变量 1 的区域(1)】后的折叠按钮，选择 A2:A21 单元格区域；单击【变量 2 的区域(2)】后的折叠按钮，选择 C2:C21 单元格区域；在【假设平均差(P)】文本框中输入"0"；在【α(A)】文本框中输入置信水平"0.05"；单击【输出区域】按钮，并单击【输出区域】按钮后的折叠按钮，选择 E4 单元格，如图 7-66 所示。单击【确认】按钮，得出结果，如图 7-67 所示。

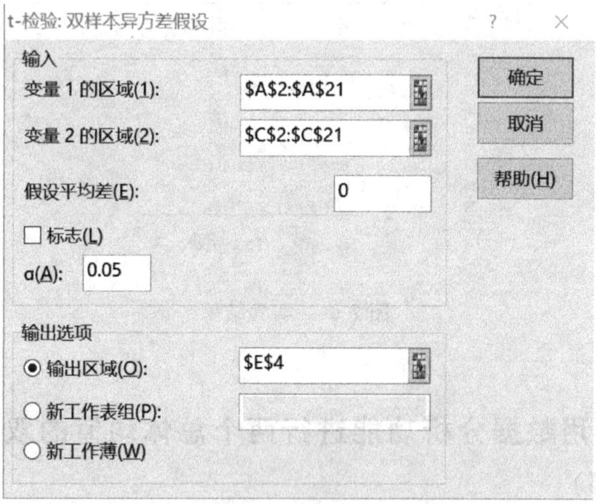

图 7-66 选择变量区域

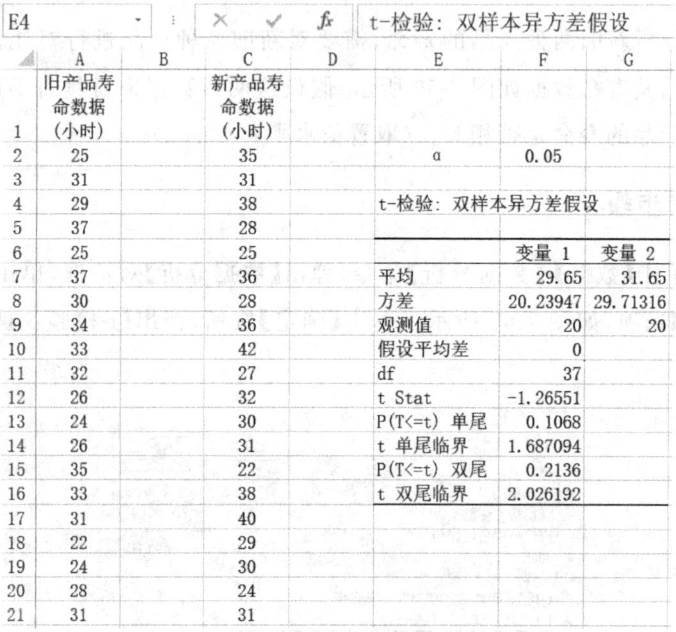

图 7-67 双样本异方差假设分析

第 3 步：单击 F18 单元格,在编辑栏中输入"=IF(F13>F2,IF(F15>F2,"接受原假设","不接受原假设"),"不接受原假设")",按【Enter】键,即可得到检验结果,如图 7-68 所示。

F18				f_x	=IF(F13>F2,IF(F15>F2,"接受原	
	A	B	C	D	E	F	G
1	旧产品寿命数据(小时)		新产品寿命数据(小时)				
2	25		35		α	0.05	
3	31		31				
4	29		38		t-检验：双样本异方差假设		
5	37		28				
6	25		25			变量 1	变量 2
7	37		36		平均	29.65	31.65
8	30		28		方差	20.23947	29.71316
9	34		36		观测值	20	20
10	33		42		假设平均差	0	
11	32		27		df	37	
12	26		32		t Stat	-1.26551	
13	24		30		P(T<=t) 单尾	0.1068	
14	26		31		t 单尾临界	1.687094	
15	35		22		P(T<=t) 双尾	0.2136	
16	33		38		t 双尾临界	2.026192	
17	31		40				
18	22		29		检验结果	接受原假设	
19	24		30				
20	28		24				
21	31		31				

图 7-68　实验结果

(三) 实验结果

由图 7-68 可以看出,在显著性水平为 0.05 的条件下,由于单尾和双尾 P 值均大于 0.05,说明可以接收原假设,即新旧两种产品的寿命没有差别。

八、实验六：利用数据分析功能进行两个总体均值的单侧检验（方差未知且不相等）

(一) 实验要求

设某工厂分析新旧两种产品的寿命,需要对新旧两种产品进行对比,分别选取新旧两种产品 20 台,其寿命数据如图 7-59 所示,假设这两组数据来自具有不同方差的分布,检验新产品的寿命是否长于旧产品的寿命。(取置信水平 α=0.05)

(二) 实验步骤

第 1 步：重复本节实验五第 1 步至第 3 步。

第 2 步：单击 F18 单元格，在编辑栏中输入"＝IF(F13＞F2,"接受原假设","不接受原假设")"，按【Enter】键即可得到检验结果，如图 7-69 所示。

F18		▾	:	×	✓	fx	=IF(F13>F2,"接受原假设","不接受原假设")	
	A	B	C	D	E	F	G	H
1	旧产品寿命数据（小时）		新产品寿命数据（小时）					
2	25		35		α	0.05		
3	31		31					
4	29		38		t-检验：双样本异方差假设			
5	37		28					
6	25		25			变量 1	变量 2	
7	37		36		平均	29.65	31.65	
8	30		28		方差	20.23947	29.71316	
9	34		36		观测值	20	20	
10	33		42		假设平均差	0		
11	32		27		df	37		
12	26		32		t Stat	-1.26551		
13	24		30		P(T<=t) 单尾	0.1068		
14	26		31		t 单尾临界	1.687094		
15	35		22		P(T<=t) 双尾	0.2136		
16	33		38		t 双尾临界	2.026192		
17	31		40					
18	22		29		检验结果	接受原假设		
19	24		30					
20	28		24					
21	31		31					

图 7-69   实验结果

（三）实验结果

由图 7-69 可以看出，在显著性水平为 0.05 的条件下，由于单尾 p 值大于 0.05，说明可以接收原假设，即新寿命长于旧产品寿命。

九、实验七：利用数据分析功能进行成对样本均值的双侧检验

（一）实验资料

设某工厂分析新旧两种产品的寿命，需要对新旧两种产品进行对比，分别选取新旧两种产品 20 台，其寿命数据如图 7-59 所示，假设这两组数据来自具有不同方差的分布，检验新旧两种产品的寿命是否相等。（取置信水平 $\alpha＝0.05$）

（二）实验步骤

第 1 步：单击【数据】-【数据分析】命令，弹出【数据分析】对话框，单击【t-检验：双样本平均差检验】选项，如图 7-70 所示。单击【确定】按钮，弹出【t-检验：双样本平均差检验】对话框。

第 2 步：在弹出的【t-检验：成双样本均值分析】对话框的【输入】中，单击【变量 1 的区域(1)】后的折叠按钮，选择 A2：A21 单元格区域；单击【变量 2 的区域(2)】后的折叠按钮，选择 C2：C21 单元格区域；在【假设平均差(P)】文本框中输入"0"；在【α(A)】文本框中输入置信水平"0.05"；单击【输出区域】按钮，并单击【输出区域】按钮后的折叠按钮，选择 E5 单元格，如图 7-71 所示。单击【确认】按钮，得出结果，如图 7-72 所示。

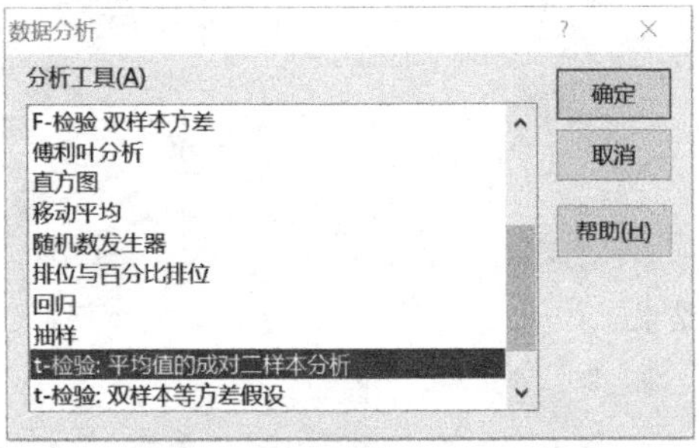

图 7-70　检验统计量

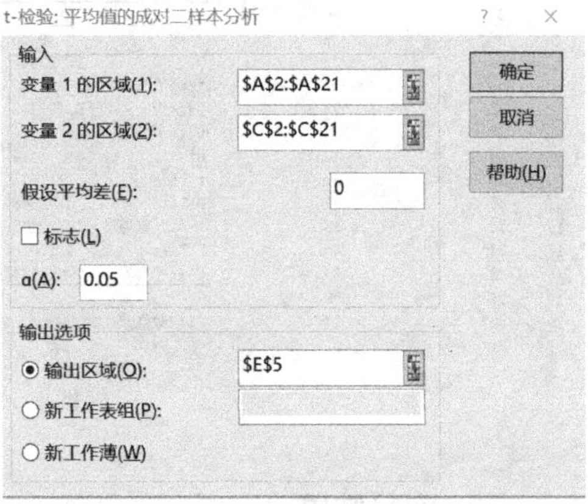

图 7-71　选择变量区域

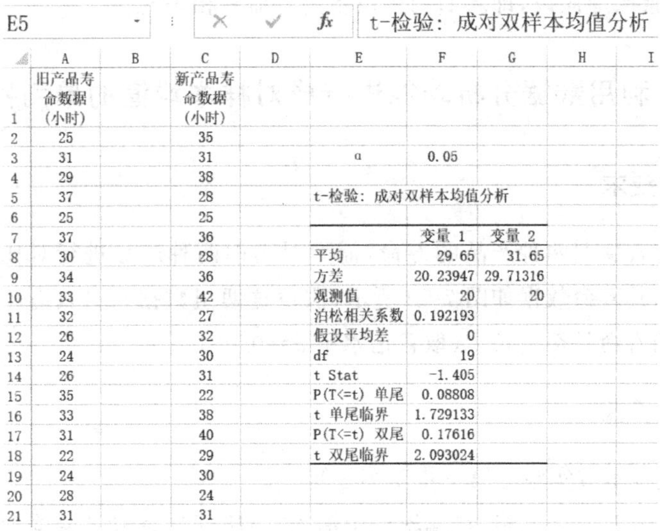

图 7-72　成对双样本均值分析

第 3 步：单击 E20 单元格，在编辑栏中输入"＝IF(F3＜F15,IF(F3＜F17,"接受原假设","不接受原假设"),不接受原假设)"，按【Enter】键即可得到检验结果，如图 7-73 所示。

| F20 | | : | × | ✓ | fx | =IF(F3<F15,IF(F3<F17,"接受原假设","不接受原假设"),"不接受原假设") |

	A	B	C	D	E	F	G	H	I	J	K	L	M	N
1	旧产品寿命数据（小时）		新产品寿命数据（小时）											
2	25		35											
3	31		31		α	0.05								
4	29		38											
5	37		28		t-检验: 成对双样本均值分析									
6	25		25											
7	37		36			变量 1	变量 2							
8	30		28		平均	29.65	31.65							
9	34		36		方差	20.23947	29.71316							
10	33		42		观测值	20	20							
11	32		27		泊松相关系数	0.192193								
12	26		32		假设平均差	0								
13	24		30		df	19								
14	26		31		t Stat	-1.405								
15	35		22		P(T<=t) 单尾	0.08808								
16	33		38		t 单尾临界	1.729133								
17	31		40		P(T<=t) 双尾	0.17616								
18	22		29		t 双尾临界	2.093024								
19	24		30											
20	28		24		检验结果	接受原假设								
21	31		31											

图 7-73　实验结果

（三）实验结果

由图 7-73 可以看出，在显著性水平为 0.05 的条件下，由于单尾和双尾 P 值均大于 0.05，说明可以接收原假设，即新旧两种设备的寿命是相等的。

十、实验八：利用数据分析功能进行成对样本均值的单侧检验

（一）实验要求

设某工厂比较新旧两种产品的寿命，需要对新旧两种产品进行对比，分别选取新旧两种产品 20 台，其寿命数据如图 7-59 所示，假设这两组数据来自具有不同方差的分布，试分析新产品的寿命是否延长。（取置信水平 $\alpha = 0.05$）

（二）实验步骤

第 1 步：重复本节实验七第 1 步至第 3 步。

第 2 步：单击 F20 单元格，在编辑栏中输入"＝IF(F15＞F3，"接受原假设"，"不接受原假设")"，按【Enter】键即可得到检验结果，如图 7-74 所示。

（三）实验结果

由图 7-74 可以看出，在显著性水平为 0.05 的条件下，由于单尾 p 值大于 0.05，说明可以接受原假设，即新产品寿命长于旧产品寿命。

F20	▼	:	×	✓	f_x	=IF(F15>F3,"接受原假设","不接受原假设")				

▲	A	B	C	D	E	F	G	H	I	J
1	旧产品寿命数据（小时）		新产品寿命数据（小时）							
2	25		35							
3	31		31		α	0.05				
4	29		38							
5	37		28		t-检验：成对双样本均值分析					
6	25		25							
7	37		36			变量 1	变量 2			
8	30		28		平均	29.65	31.65			
9	34		36		方差	20.23947	29.71316			
10	33		42		观测值	20	20			
11	32		27		泊松相关系数	0.192193				
12	26		32		假设平均差	0				
13	24		30		df	19				
14	26		31		t Stat	-1.405				
15	35		22		P(T<=t) 单尾	0.08808				
16	33		38		t 单尾临界	1.729133				
17	31		40		P(T<=t) 双尾	0.17616				
18	22		29		t 双尾临界	2.093024				
19	24		30							
20	28		24		检验结果	接受原假设				
21	31		31							

图 7-74 实验结果

十一、实验九：利用临界值法进行两个总体方差的双侧检验

（一）实验资料

设某厂生产 A、B 两种设备各 10 台，这两种设备尺寸的具体数据如图 7-75 所示，试用样本尺寸的方差作为检验设备质量的方法，检验 A、B 两种设备的质量是否有差异。（取置信水平 $α＝0.05$）

▲	A	B	C
1	设备A尺寸数据（cm）		设备B尺寸数据（cm）
2	3.277		3.28
3	3.281		3.275
4	3.278		3.279
5	3.286		3.283
6	3.279		3.281
7	3.278		3.278
8	3.281		3.279
9	3.279		3.281
10	3.278		3.28
11	3.28		3.282

图 7-75 A、B 两种设备尺寸数据

（二）实验步骤

第 1 步：单击 B13 单元格，在编辑栏中输入显著性水平 $α$ 的值"0.05"；单击 B14 单元格，在编辑栏中输入样本数 n_1 的值"10"；单击 D14 单元格，在编辑栏中输入样本数 n_2 的值"10"，如图 7-76 所示。

	A	B	C	D
1	设备A尺寸数据(cm)		设备B尺寸数据(cm)	
2	3.277		3.28	
3	3.281		3.275	
4	3.278		3.279	
5	3.286		3.283	
6	3.279		3.281	
7	3.278		3.278	
8	3.281		3.279	
9	3.279		3.281	
10	3.278		3.28	
11	3.28		3.282	
12				
13	α	0.05		
14	n_1	10	n_2	10

图 7-76　方差检验参数

第 2 步：单击 B15 单元格，在编辑栏中输入公式"＝VAR(A2：A11)"，按【Enter】键即可计算出样本 A 方差。单击 D15 单元格，在编辑栏中输入公式"＝VAR(C2：C11)"，按【Enter】键即可计算出样本 B 方差，如图 7-77 所示。

D15		× ✓ f_x	=VAR(C2:C11)	
	A	B	C	D
1	设备A尺寸数据(cm)		设备B尺寸数据(cm)	
2	3.277		3.28	
3	3.281		3.275	
4	3.278		3.279	
5	3.286		3.283	
6	3.279		3.281	
7	3.281		3.278	
8	3.279		3.281	
9	3.278		3.28	
10	3.278		3.279	
11	3.28		3.282	
12				
13	α	0.05		
14	n_1	10	n_2	10
15	s_1^2	6.67778E-06	s_2^2	5.06667E-06

图 7-77　样本方差 s^2 值

第 3 步：单击 B17 单元格，在编辑栏中输入原假设"$\sigma_1^2 = \sigma_2^2$"；单击 D17 单元格，在编辑栏中输入原假设"$\sigma_1^2 \neq \sigma_2^2$"，如图 7-78 所示。

	A	B	C	D
1	设备A尺寸数据(cm)		设备B尺寸数据(cm)	
2	3.277		3.28	
3	3.281		3.275	
4	3.278		3.279	
5	3.286		3.283	
6	3.279		3.281	
7	3.281		3.278	
8	3.279		3.281	
9	3.278		3.28	
10	3.278		3.279	
11	3.28		3.282	
12				
13	α	0.05		
14	n_1	10	n_2	10
15	s_1^2	6.67778E-06	s_2^2	5.06667E-06
16				
17	H_0	$\sigma_1^2 = \sigma_2^2$	H_1	$\sigma_1^2 \neq \sigma_2^2$

图 7-78　原假设和备择假设

第 4 步：单击 B18 单元格，在编辑栏中输入"＝B15/D15"，按【Enter】键即可计算出样本 F 值，如图 7-79 所示。

B18		✕ ✓ f_x	=B15/D15	
	A	B	C	D
1	设备A尺寸数据(cm)		设备B尺寸数据(cm)	
2	3.277		3.28	
3	3.281		3.275	
4	3.278		3.279	
5	3.286		3.283	
6	3.279		3.281	
7	3.281		3.278	
8	3.279		3.281	
9	3.278		3.28	
10	3.278		3.279	
11	3.28		3.282	
12				
13	α	0.05		
14	n_1	10	n_2	10
15	s_1^2	6.67778E-06	s_2^2	5.06667E-06
16				
17	H_0	$\sigma_1^2 = \sigma_2^2$	H_1	$\sigma_1^2 \neq \sigma_2^2$
18	F	1.317982456		

图 7-79　样本 F 值

第 5 步：单击 B19 单元格，在编辑栏中输入"＝FINV(B13/2,B14,D14)"，按【Enter】键即可计算出样本 $F_{\alpha/2}$ 值，如图 7-80 所示。

B19		⋮ ✕ ✓ f_x	=FINV(B13/2,B14-1,D14-1)	
	A	B	C	D
7	3.281		3.278	
8	3.279		3.281	
9	3.278		3.28	
10	3.278		3.279	
11	3.28		3.282	
12				
13	α	0.05		
14	n_1	10	n_2	10
15	s_1^2	6.67778E-06	s_2^2	5.06667E-06
16				
17	H_0	$\sigma_1^2 = \sigma_2^2$	H_1	$\sigma_1^2 \neq \sigma_2^2$
18	F	1.317982456		
19	$F_{\alpha/2}$	4.025994158		

图 7-80　样本 $F_{\alpha/2}$ 值

第 6 步：单击 B20 单元格，在编辑栏中输入"＝FINV(1－B13/2,B14,D14)"，按【Enter】键即可计算出样本 $F_{1-\alpha/2}$ 值，如图 7-81 所示。

B20		✕ ✓ f_x	=FINV(1-B13/2,B14-1,D14-1)	
	A	B	C	D
7	3.281		3.278	
8	3.279		3.281	
9	3.278		3.28	
10	3.278		3.279	
11	3.28		3.282	
12				
13	α	0.05		
14	n_1	10	n_2	10
15	s_1^2	6.67778E-06	s_2^2	5.06667E-06
16				
17	H_0	$\sigma_1^2 = \sigma_2^2$	H_1	$\sigma_1^2 \neq \sigma_2^2$
18	F	1.317982456		
19	$F_{\alpha/2}$	4.025994158		
20	$F_{1-\alpha/2}$	0.248385855		

图 7-81　样本 $F_{1-\alpha/2}$ 值

第 7 步：单击 B21 单元格，在编辑栏中输入"=IF(B20<B18,IF(B18<B19,"接受原假设","不接受原假设"),"不接受原假设")"，结果如图 7-82 所示。

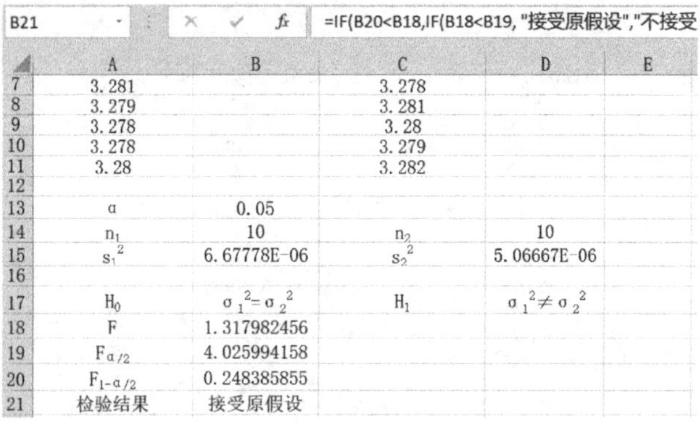

图 7-82　实验结果

（三）实验结果

由图 7-82 可以看出，在显著性水平 0.05 下，F 值介于上临界值与下临界值之间，说明可以接受原假设，即 A、B 两种设备质量没有差别。

十二、实验十：利用数据分析进行两个总体方差的单侧检验

（一）实验要求

设某厂生产 A、B 两种设备各 10 台，这两种设备尺寸的具体数据如图 7-75 所示，试用样本尺寸的方差作为检验设备质量的方法，检验 A、B 两种设备的质量优劣。（取置信水平 $\alpha = 0.05$）

（二）实验步骤

第 1 步：单击 B13 单元格，在编辑栏中输入显著性水平 α 的值"0.05"；单击 B14 单元格，在编辑栏中输入样本数 n_1 的值"10"；单击 D14 单元格，在编辑栏中输入样本数 n_2 的值"10"；单击 B15 单元格，在编辑栏中输入原假设"$\sigma_1^2 \geqslant \sigma_2^2$"；单击 D15 单元格，在编辑栏中输入备择假设"$\sigma_1^2 < \sigma_2^2$"，如图 7-83 所示。

第 2 步：在弹出的【F-检验：双样本方差分析】对话框的【输入】中，单击【变量 1 的区域(1)】后的折叠按钮，选择 A2:A11 单元格区域；单击【变量 2 的区域(2)】后的折叠按钮，选择 C2:C11 单元格区域；在【α(A)】文本框中输入置信水平"0.05"；单击【输出区域】按钮，并单击【输出区域】按钮后的折叠按钮，选择 A16 单元格，如图 7-84 所示。单击【确认】按钮，得出结果，如图 7-85 所示。

	A	B	C	D
1	设备A尺寸数据(cm)		设备B尺寸数据(cm)	
2	3.277		3.28	
3	3.281		3.275	
4	3.278		3.279	
5	3.286		3.283	
6	3.279		3.281	
7	3.281		3.278	
8	3.279		3.281	
9	3.278		3.28	
10	3.278		3.279	
11	3.28		3.282	
12				
13	α	0.05		
14	n_1	10	n_2	10
15	H_0	$\sigma_1^2 \geqslant \sigma_2^2$	H_1	$\sigma_1^2 < \sigma_2^2$

图 7-83 原假设和备择假设

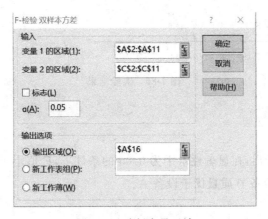

图 7-84 选择变量区域

A16	▾	× ✓	fx	F-检验 双样本方差分析	

	A	B	C	D
6	3.279		3.281	
7	3.281		3.278	
8	3.279		3.281	
9	3.278		3.28	
10	3.278		3.279	
11	3.28		3.282	
12				
13	α	0.05		
14	n_1	10	n_2	10
15	H_0	$\sigma_1^2 \geqslant \sigma_2^2$	H_1	$\sigma_1^2 < \sigma_2^2$
16	F-检验 双样本方差分析			
17				
18		变量 1	变量 2	
19	平均	3.2797	3.2798	
20	方差	6.68E-06	5.06667E-06	
21	观测值	10	10	
22	df	9	9	
23	F	1.317982		
24	P(F<=f) 单尾	0.343764		
25	F 单尾临界	3.178893		

图 7-85 双样本方差分析

第 3 步：单击 F27 单元格，在编辑栏中输入"＝IF(B23＜B25,"接受原假设","不接受原假设")"，按【Enter】键即可得到检验结果，如图 7-86 所示。

B27		× ✓ f_x	=IF(B23<B25,"接受原假设","不接受原假设")		
	A	B	C	D	E	F
9	3.278		3.28		
10	3.278		3.279		
11	3.28		3.282		
12					
13	α	0.05			
14	n_1	10	n_2	10	
15	H_0	$\sigma_1^2 \geq \sigma_2^2$	H_1	$\sigma_1^2 < \sigma_2^2$	
16	F-检验 双样本方差分析				
17					
18		变量 1	变量 2		
19	平均	3.2797	3.2798		
20	方差	6.68E-06	5.06667E-06		
21	观测值	10	10		
22	df	9	9		
23	F	1.317982			
24	P(F<=f) 单尾	0.343764			
25	F 单尾临界	3.178893			
26					
27	检验结果	接受原假设			

图 7-86   实验结果

（三）实验结果

由图 7-86 可以看出，在显著性水平为 0.05 的条件下，F 值小于单尾的 F 值，说明可以接受原假设，即该设备 B 质量优于设备 A。

🎯 实验练习七

1. 利用 p 值法对实验一、三、五、七、九进行双侧检验。

2. 利用临界值法对实验二、四、六、八、十进行单侧检验。

3. 某学校为了评估两位讲授统计学课程的老师的教学水平，在这两位老师的班里随机抽取 10 名学生进行一次测试，假设测试成绩服从正态分布，具体成绩如表 7-1 所示，试问在显著性水平 $\alpha=0.05$ 的情况下这两位老师的教学水平是否有显著差异。

表 7-1   学生测试成绩

学生	甲	乙	丙	丁	戊	己	庚	辛	壬	癸
老师 A	68	76	90	82	73	84	78	95	96	80
老师 B	87	90	74	62	92	78	73	90	98	89

4. 某学校为了验证统计学课程坐班答疑是否有效，随机从参加坐班答疑的学生中抽取 15 名，查看他们参加坐班答疑前后统计学的成绩，具体数据如表 7-2 所示，分别利用 t 检验和 F 检验判断坐班答疑对学生成绩提高是否有效。（显著性水平 $\alpha=0.05$）

表 7-2　学 生 成 绩　　　　　　　　　　分

学生	A	B	C	D	E	F	G	H	I	J	K	L	M	N	O
答疑前成绩	78	80	65	56	87	80	66	90	86	94	82	76	90	90	70
答疑后成绩	82	86	70	62	80	75	78	85	94	89	89	68	94	98	64

第八章

方差分析

方差分析又称变异数分析或 F 检验,其目的是推断两组或多组资料的总体均数是否相同,检验两个或多个样本均数的差异是否有统计学意义。由于各种因素的影响,研究所得的数据呈现波动状。造成波动的原因可分成两类,一类是不可控的随机因素,另一类是研究中施加的对结果形成影响的可控因素。一个复杂的事物,其中往往有许多因素互相制约又互相依存。方差分析的目的是通过数据分析找出对该事物有显著影响的因素、各因素之间的交互作用以及显著影响因素的最佳水平等。

根据所分析分类自变量的多少,方差分析可分为单因素方差分析和双因素方差分析。当方差分析中只涉及一个分类型自变量时称为单因素方差分析。单因素方差分析只是考虑一个分类型自变量对数值型因变量的影响。在对实际问题的研究中,有时需要考虑几个因素对结果的影响。当方差分析中涉及两个分类型自变量时,称为双因素方差分析。

在双因素方差分析中有两个影响因素,根据两个因素是否存在交互效应分两种不同的情况。当两个影响因素彼此相互独立时,此时的双因素方差分析称为无重复的双因素方差分析;当两个影响因素彼此相互影响时,此时的双因素方差分析称为有重复的双因素方差分析。下面我们将分别介绍两种不同情况下如何应用 Excel 2013 进行方差分析。

第一节　单因素方差分析实验

一、基础知识

单因素方差分析是用来研究一个控制变量的不同水平是否对观测变量产生了显著影响。这里由于仅研究单个因素对观测变量的影响,因此称为单因素方差分析。

（一）单因素方差分析数据结构

与单因素方差分析对应的是单因素试验。在单因素试验中,可以获得 r 组独立的样本观察值,每组观察数目为 k 个,其中 k 表示单因素的分类数目。单因素试验的结果以 r 行 k 列表示,如表 8-1 所示,从而构成单因素分析的数据结构。

表 8-1 单因素方差分析的数据结构

水平 i	观测值 j	1	2	...	k
因素 A	水平 1	x_{11}	x_{12}	...	x_{1k}
	水平 2	x_{21}	x_{22}	...	x_{2k}
	...	...	...	...	...
	水平 r	x_{r1}	x_{r2}	...	x_{rk}

（二）单因素方差分析的步骤

1. 提出假设

若因素 A 共有 r 个水平 $A_1, A_2, \cdots, A_r$，各水平对应的总体服从正态分布 $N(0, \sigma^2)$。在方差分析中，原假设所描述的是在按照自变量的取值分类中，因变量的均值相等。若用 μ 来表示均值，则 $\mu_1, \mu_2, \cdots, \mu_r$ 分别表示自变量的取值分类组的均值，因此需要提出假设：

原假设 $H_0 : \mu_1 = \mu_2 = \cdots = \mu_r$（自变量对因变量无显著影响）

备择假设 $H_1 : \mu_1, \mu_2, \cdots, \mu_r$ 不全相等（自变量对因变量有显著影响）

若拒绝原假设表示自变量对应变量有显著影响，若不拒绝原假设表示自变量对应变量没有显著影响。

2. 构造检验所需的统计量

（1）水平的均值

我们令 $\bar{x}_i$ 为第 i 种水平的样本均值，则

$$\bar{x}_i = \frac{\sum_{j=1}^{n_i} x_{ij}}{n_i} \tag{8-1}$$

当各水平的观察值个数均相等的时候，公式（8-1）变为

$$\bar{x}_i = \frac{\sum_{j=1}^{k} x_{ij}}{k} \tag{8-2}$$

（2）全部观察值的总均值

我们令 $\bar{\bar{x}}$ 为全部观察值的总均值，则

$$\bar{\bar{x}} = \frac{\sum_{i=1}^{r} \sum_{j=1}^{n_i} x_{ij}}{rn_i} \tag{8-3}$$

当各水平的观察值个数均相等的时候，公式（8-3）变为

$$\bar{\bar{x}} = \frac{\sum_{i=1}^{r} \sum_{j=1}^{k} x_{ij}}{rk} = \frac{\sum_{i=1}^{r} \bar{x}_i}{r} \tag{8-4}$$

（3）离差平方和

总离差平方和（sum of squares for total，SST）反映全部观察值的离散状况，是全部观察值与总平均值的离差平方和，计算公式为

$$SST = \sum_{i=1}^{r} \sum_{j=1}^{n_i} (x_{ij} - \bar{\bar{x}})^2 \tag{8-5}$$

组间平方和（sum of squares for factor A，SSA）反映各总体的样本均值之间的差异程度，其计算公式为

$$SSA = \sum_{i=1}^{r} n_i (\bar{x}_i - \bar{\bar{x}})^2 \tag{8-6}$$

组内平方和（sum of squares for error，SSE）反映每个样本各观察值的离散状况，其计算公式为

$$SSE = \sum_{i=1}^{r} \sum_{j=1}^{n_i} (x_{ij} - \bar{x}_i)^2 \tag{8-7}$$

（4）均方（mean square）

由于各误差平方和的大小与观察值的多少有关，为消除观察值多少对误差平方和大小的影响，需要将其平均，由此计算出组间均方和组内均方。

组间均方的计算公式为

$$MSA = SSA/(r-1) \tag{8-8}$$

组内均方的计算公式为

$$MSE = SSE/(n-r) \tag{8-9}$$

构造检验统计量 F，其计算公式为

$$F = 组间方差 / 组内方差 = MSA/MSE \tag{8-10}$$

在假设条件成立时，F 统计量服从第一自由度为 $r-1$、第二自由度为 $n-r$ 的 F 分布。

（5）方差分析表

方差分析表是表示方差分析结果的一种表格。表格中通常列出方差来源、变差平方和、自由度（df）、方差估计值、方差比、统计量 F 临界值、显著性检验标记符等，有时还列出方差组成，以表格形式表示方差分析结果，简单明了。Excel 单因素方差分析的最终输出结果便是以方差分析表的结果给出的。方差分析表的一般形式如表 8-2 所示。

表 8-2　方差分析表

方差来源	离差平方和	df	均方 MS	F	P 值	F 临界值
组间	SSA	$r-1$	MSA=SSA/$(r-1)$	MSA/MSE		
组内	SSE	$n-r$	MSE=SSE/$(n-r)$			
总方差	SST	$n-1$				

3．判断各统计量的意义

将统计量的值 F 与给定的显著性水平 α 的临界值 F_α 进行比较,做出对原假设 H_0 的决策:若 $F \geqslant F_\alpha$,则拒绝原假设 H_0,表明均值之间的差异显著,因素 A 对观察值有显著影响;若 $F < F_\alpha$,则不能拒绝原假设 H_0,表明均值之间的差异不显著,因素 A 对观察值没有显著影响。也可以利用 F 值计算出 P 值,当 $P < \alpha$ 时,拒绝 H_0;当 $P > \alpha$ 时,不能拒绝 H_0。拒绝原假设表明自变量与观测值之间有显著关系,反之,就意味着两个变量之间的关系不显著。

二、单因素方差分析实验

在 Excel 2013 中用户可以通过【数据】选项卡【数据分析】工具中的【方差分析:单因素方差分析】分析工具对单因素试验数据进行单因素方差分析。下面通过实验说明如何具体使用 Excel 2013 来进行单因素方差分析。

(一)实验要求

某工厂为了提高效率采用 A、B、C、D 四种不同的管理方式进行生产,其生产的产品数量见表 8-3,通过样本数据比较不同的管理方式对于生产的产品数量是否有显著影响。

表 8-3　不同管理方式下的产量　　　　　　　　　　　　　　件

序　号	方　式　一	方　式　二	方　式　三	方　式　四
1	77	95	71	80
2	86	92	76	84
3	81	78	68	79
4	88	96	81	70
5	83	89	74	82

(二)实验步骤

第 1 步:新建 Excel 工作表,命名为"不同管理方式对于产品产量的单因素方差分析",并将数据和相关文字输入工作表。

提出原假设:A、B、C、D 四种不同的管理方式对产品产量的多少无显著影响;备择假设:A、B、C、D 四种不同的管理方式对产品产量的多少有显著影响。

第 2 步:选择【数据】选项卡,单击【数据分析】命令,在如图 8-1 所示的【数据分析】对话框中选择【方差分析:单因素方差分析】分析工具,单击【确定】按钮,弹出如图 8-2 所示的对话框。

第 3 步:在【方差分析:单因素方差分析】对话框中的【输入区域】文本框中输入数据

所在区域"B1:E6",按照实验的数据结构在【分组方式】一栏中选择"列",选中【标志位于第一行】,在【α】文本框中输入显著性水平 0.05,在【输出区域】框中输入"A8",单击【确定】按钮即可完成(如图 8-2 所示),分析的结果将会生成在所示的新工作表中。

图 8-1   数据分析对话框   图 8-2   单因素方差分析对话框

(三)实验结果

从输出结果中(如图 8-3)可看出,计算的 F 值为 7.336011,大于 F 临界值,同时 p 值为 0.002603,小于显著性水平 0.05,说明应该拒绝原假设,可以得出结论:A、B、C、D 四种不同的管理方式对产品产量有显著影响。

	A	B	C	D	E	F	G	H
1	序号	方式一	方式二	方式三	方式四			
2	1	77	95	71	80			
3	2	86	92	76	84			
4	3	81	78	68	79			
5	4	88	96	81	70			
6	5	83	89	74	82			
7								
8	方差分析:单因素方差分析							
9								
10	SUMMARY							
11	组	观测数	求和	平均	方差			
12	方式一	5	415	83	18.5			
13	方式二	5	450	90	52.5			
14	方式三	5	370	74	24.5			
15	方式四	5	395	79	29			
16								
17								
18	方差分析							
19	差异源	SS	df	MS	F	P-value	F crit	
20	组间	685	3	228.3333	7.336011	0.002603	3.238872	
21	组内	498	16	31.125				
22								
23	总计	1183	19					
24								
25								

图 8-3   不同管理方式对于产品产量的单因素方差分析输出结果

第二节　无重复的双因素方差分析

一、基础知识

无重复的双因素方差分析是最基本的双因素方差分析,它不考虑两个影响因素之间的相互影响。

(一)无重复的双因素方差分析数据结构

在无重复的双因素方差分析中,实验的结果同时受两个因素的影响,这两个因素分别称为行因素 A 和列因素 B,设行因素 A 共有 r 个水平,列因素 B 共有 s 个水平,则无重复的双因素方差分析的数据结构如表 8-4 所示。

表 8-4　无重复的双因素方差分析的数据结构

i ＼ j		因素 B				
		B_1	B_2	$\cdots$	B_s	均值
因素 A	A_1	x_{11}	x_{12}	$\cdots$	x_{1s}	$\overline{x}_1.$
	A_2	x_{21}	x_{22}	$\cdots$	x_{2s}	$\overline{x}_2.$
	$\cdots$	$\cdots$	$\cdots$	$\cdots$	$\cdots$	$\cdots$
	A_r	x_{r1}	x_{r2}	$\cdots$	x_{rs}	$\overline{x}_r.$
	均值	$\overline{x}._1$	$\overline{x}._2$	$\cdots$	$\overline{x}._s$	

(二) 无重复的双因素方差分析的步骤

1. 提出假设

在因素 A、B 共同影响下,实验结果 $x_{ij}(i=1,2,\cdots,r;j=1,2,\cdots,s)$ 服从正态分布。原假设所描述的是在按照两个自变量的取值分成的类中,因变量的均值相等。若用 μ 来表示均值,则 $\mu_1.,\mu_2.,\cdots,\mu_r.$ 分别表示行因素分类组的均值;$\mu._1,\mu._2,\cdots,\mu._r$ 分别表示列因素分类组的均值,因此需要提出以下两个假设。

① 对行因素的假设

原假设 $H_{01}:\mu_1.=\mu_2.=\cdots=\mu_r.$(行因素对因变量无显著影响)

备择假设 $H_{11}:\mu_1.,\mu_2.,\cdots,\mu_r.$ 不全相等(行因素对因变量有显著影响)

若拒绝原假设,表示行因素对因变量有显著影响;若不拒绝原假设,则表示行因素对因变量没有显著影响。

② 对列因素的假设

原假设 $H_{02}:\mu._1=\mu._2=\cdots=\mu._s$（列因素对因变量无显著影响）

备择假 $H_{12}:\mu._1,\mu._2,\cdots,\mu._r$ 不全相等（列因素对因变量有显著影响）

若拒绝原假设,表示列因素对因变量有显著影响;若不拒绝原假设,则表示列因素对因变量没有显著影响。

2. 构造检验所需的统计量

（1）水平的均值

行因素的第 i 个水平下各观察值的平均值：

$$\bar{x}_i.=\frac{\sum_{j=1}^{s}x_{ij}}{s} \tag{8-11}$$

列因素的第 j 个水平下各观察值的平均值：

$$\bar{x}._j=\frac{\sum_{i=1}^{r}x_{ij}}{r} \tag{8-12}$$

（2）总均值

$$\bar{\bar{x}}=\frac{\sum_{i=1}^{r}\sum_{j=1}^{s}x_{ij}}{rs}=\frac{\sum_{i=1}^{r}\bar{x}_i.}{r}=\frac{\sum_{j=1}^{s}\bar{x}._j}{s} \tag{8-13}$$

（3）离差平方和的分解

双因素方差分析同样要对总离差平方和 SST 进行分解,SST 分解为三部分：SSA、SSB 和 SSE,以分别反映因素 A 的组间差异、因素 B 的组间差异和随机误差的离散状况。

它们的计算公式分别为：

$$\text{SST}=\sum_{i=1}^{r}\sum_{j=1}^{s}(x_{ij}-\bar{\bar{x}})^2 \tag{8-14}$$

$$\text{SSA}=\sum_{i=1}^{r}s(\bar{x}_i.-\bar{\bar{x}})^2 \tag{8-15}$$

$$\text{SSB}=\sum_{j=1}^{s}r(\bar{x}._j-\bar{\bar{x}})^2 \tag{8-16}$$

$$\text{SSE}=\text{SST}-\text{SSA}-\text{SSB} \tag{8-17}$$

（4）构造检验统计量

由平方和与自由度可以计算出均方,从而计算出 F 检验值,如表 8-5。

表 8-5　无交互作用的双方差分析表

方差来源	离差平方和	df	均方 MS	F
因素 A	SSA	$r-1$	MSA＝SSA/$(r-1)$	MSA/MSE
因素 B	SSB	$s-1$	MSB＝SSE/$(n-r)$	MSB/MSE
误差	SSE	$(r-1)(s-1)$	MSE＝SSE/$(r-1)(s-1)$	
总方差	SST	$n-1$		

为检验因素 A 的影响是否显著,采用下面的统计量:

$$F_A = \frac{MSA}{MSE} \sim F_\alpha(r-1, n-r-s+1) \tag{8-18}$$

为检验因素 B 的影响是否显著,采用下面的统计量:

$$F_B = \frac{MSB}{MSE} \sim F_\alpha(s-1, n-r-s+1) \tag{8-19}$$

3.判断各统计量的意义

同单因素方差分析一样,双因素分析也有两种方法用来判定是否接受原假设。

对于行因素 A,将统计量的值 F_A 与给定的显著性水平 α 的临界值 F_α 进行比较,做出对原假设 H_{01} 的决策:若 $F_A \geqslant F_\alpha(r-1, (r-1)(k-1))$,则拒绝原假设 H_{01},表明均值之间的差异显著,因素 A 对观察值有显著影响;若 $F_A < F_\alpha(r-1, (r-1)(k-1))$,则不能拒绝原假设 H_{01},表明均值之间的差异不显著,因素 A 对观察值没有显著影响。对于列因素 B,做出对原假设 H_{02} 的决策:若 $F_B \geqslant F_\alpha(k-1, (r-1)(k-1))$,则拒绝原假设 H_{02},表明均值之间的差异显著,因素 A 对观察值有显著影响;若 $F_B < F_\alpha(k-1, (r-1)(k-1))$,则不能拒绝原假设 H_{02},表明均值之间的差异不显著,因素 A 对观察值没有显著影响。

也可以利用 F 值计算出 p 值,当 $p < \alpha$ 时,拒绝 H_0;当 $p > \alpha$ 时,不能拒绝 H_0。拒绝行因素原假设表明行因素与观测值之间有显著关系,反之,就意味着行因素与观察值结果之间的关系不显著;拒绝列因素原假设表明列因素与观测值之间有显著关系,反之,就意味着列因素与观察值结果之间的关系不显著。

二、实验:无重复的双因素方差分析

在 Excel 2013 中用户可以通过【数据】选项卡【数据分析】工具中的【方差分析:无重复双因素分析】分析工具对重复的双因素试验数据进行无重复双因素方差分析。

(一)实验要求

有 4 种小麦品种,分别种在面积相同的 5 块土地上,测得收获量如表 8-6 所示,分析不同品种小麦和不同地块对产量有无显著影响。($\alpha = 0.01$)

表 8-6   不同小麦品种及不同地块的小麦收获量   千克

	地块一	地块二	地块三	地块四	地块五
品种一	32.3	34.0	34.7	36.0	35.5
品种二	32.2	33.6	36.8	34.3	36.1
品种三	30.8	34.4	32.3	35.8	32.8
品种四	29.5	26.2	28.1	28.5	29.4

（二）实验步骤

通过 Excel 2013 进行无重复的双因素方差分析的具体步骤如下。

第 1 步：新建 Excel 工作表，命名为"不同品种及不同地块对于小麦产量的双因素方差分析"，并将数据和相关文字输入工作表。

提出行因素原假设：不同品种的小麦产量不存在差异；备择假设：不同品种的小麦产量存在显著差异。

提出列因素原假设：不同地块种植的小麦产量不存在差异；备择假设：不同地块种植的小麦产量存在显著差异。

第 2 步：选择【数据】选项卡，执行【分析】组内的【数据分析】命令，在如图 8-4 所示的【数据分析】对话框中选择【方差分析：无重复双因素分析】分析工具，单击【确定】按钮，弹出如图 8-5 所示的【方差分析：无重复双因素分析】对话框。

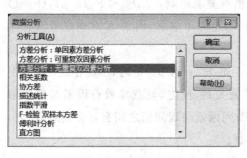

图 8-4   数据分析对话框

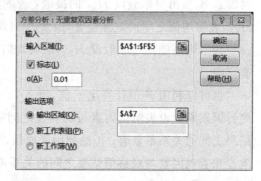

图 8-5   无重复的双因素方差分析对话框

第 3 步：在【方差分析：无重复双因素分析】对话框中的【输入区域】文本框中输入数据所在区域"A1:F5"，选中【标志】，在【α】文本框中输入显著性水平"0.01"，【输出区域】中选择"A7"，单击【确定】按钮完成分析，分析的结果将会生成在如图 8-6 所示的新工作表中。

（三）实验结果

从图 8-6 所示的分析结果中可看出，对于行因素的检验，计算的 F 值为 18.96421，明

	A	B	C	D	E	F	G	H
1		地块一	地块二	地块三	地块四	地块五		
2	品种一	32.3	34	34.7	36	35.5		
3	品种二	32.2	33.6	36.8	34.3	36.1		
4	品种三	30.8	34.4	32.3	35.8	32.8		
5	品种四	29.5	26.2	28.1	28.5	29.4		
6								
7	方差分析：无重复双因素分析							
8	SUMMARY	观测数	求和	平均	方差			
9	品种一	5	172.5	34.5	2.095			
10	品种二	5	173	34.6	3.485			
11	品种三	5	166.1	33.22	3.732			
12	品种四	5	141.7	28.34	1.783			
13								
14	地块一	4	124.8	31.2	1.753333			
15	地块二	4	128.2	32.05	15.31667			
16	地块三	4	131.9	32.975	13.9425			
17	地块四	4	134.6	33.65	12.36333			
18	地块五	4	133.8	33.45	9.35			
19								
20	方差分析							
21	差异源	SS	df	MS	F	P-value	F crit	
22	行	130.6255	3	43.54183	18.96421	7.55E-05	3.490295	
23	列	16.828	4	4.207	1.832317	0.187507	3.259167	
24	误差	27.552	12	2.296				
25	总计	175.0055	19					

图 8-6　不同品种及不同地块对于小麦产量的双因素方差分析输出结果

显大于 F 临界值,同时 p 值为 $7.55\text{E-}05$,小于显著性水平 0.01,说明应该拒绝行因素原假设,可以得出结论:不同小麦品种的产量存在显著差异。对于列因素的检验,计算的 F 值为 1.832317,小于 F 临界值,同时 p 值为 0.187507,大于显著性水平 0.01,说明不能拒绝列因素原假设,可以得出结论:不同地块的小麦产量不存在显著差异。从而可以得出总结论为:小麦品种对产量有显著影响,但不同地块对小麦产量无显著影响。

第三节　可重复的双因素方差分析

一、基础知识

如果两个因素对因变量的影响是独立的,但两个因素搭配在一起会对因变量产生一种新的效应,就需要考虑交互作用对因变量的影响,此时的方差分析被称为可重复的双因素方差分析。由于相互作用的存在,因此可重复的双因素方差分析要比无重复的双因素方差分析多一个交互作用相平方和。

(一)可重复的双因素方差分析得数据结构

设两个因素分别是 A 和 B,因素 A 共有 r 个水平,因素 B 共有 s 个水平,为对两个因素的交互作用进行分析,每组试验条件的试验至少要进行两次,若对每个组合水平下 (A_j, B_i) 重复 t 次试验,每次试验的结果用 x_{ijk} 表示,那么有交互作用的双因素方差分析的数据结构如表 8-7 所示。

表 8-7　可重复的双因素方差分析的数据结构

i / j		因　素　B			
		B_1	$\cdots$	B_s	均值
因素 A	A_1	$x_{111},x_{112},\cdots,x_{11t}$	$\cdots$	$x_{1s1},x_{1s2},\cdots,x_{1st}$	$\bar{x}_1.$
	A_2	$x_{211},x_{212},\cdots,x_{21t}$	$\cdots$	$x_{2s1},x_{2s2},\cdots,x_{2st}$	$\bar{x}_2.$
	$\vdots$	$\vdots$	$\vdots$	$\vdots$	$\vdots$
	A_r	$x_{r11},x_{rs12},\cdots,x_{r1t}$	$\cdots$	$x_{rs1},x_{rs2},\cdots,x_{rst}$	$\bar{x}_r.$
	均值	$\bar{x}._1$		$\bar{x}._s$	

（二）可重复的双因素方差分析步骤

1. 提出假设

可重复的双因素方差分析与无重复的双因素方差分析相似,需要考虑两个因素之间的交互作用。若用 μ 来表示均值,则 $\mu_1.,\mu_2.,\cdots,\mu_r.$ 分别表示行因素分类组的均值; $\mu._1,\mu._2,\cdots,\mu._r$ 分别表示列因素分类组的均值,用 ρ_{ij} 表示因素 A 的第 i 水平和因素 B 的第 j 水平的交互效应,因此需要提出以下三个假设。

① 对行因素的假设

原假设 $H_{01}:\mu_1.=\mu_2.=\cdots=\mu_r.$（行因素对因变量无显著影响）

备择假设 $H_{11}:\mu_1.,\mu_2.,\cdots,\mu_r.$ 不全相等（行因素对因变量有显著影响）

若拒绝原假设,表示行因素对因变量有显著影响;若不拒绝原假设,则表示行因素对因变量没有显著影响。

② 对列因素的假设

原假设 $H_{02}:\mu._1=\mu._2=\cdots=\mu._s$（列因素对因变量无显著影响）

备择假 $H_{12}:\mu._1,\mu._2,\cdots,\mu._r$ 不全相等（列因素对因变量有显著影响）

③ 对交互作用的假设

原假设 $H_{03}:\mu_{ij}$ 完全相等（$i=1,2,\cdots,r;j=1,2,\cdots,s$）（交互作用对因变量无显著影响）

备择假设 $H_{01}:\mu_{ij}$ 不全相等（$i=1,2,\cdots,r;j=1,2,\cdots,s$）（交互作用对因变量有显著影响）

2. 构造检验统计量

（1）水平的均值

$$\bar{x}_{ij}=\frac{\sum_{k=1}^{t}x_{ijk}}{t}\quad(i=1,2,\cdots,r;j=1,2,\cdots,s) \tag{8-20}$$

$$\bar{x}_i.=\frac{\sum_{j=1}^{s}\sum_{k=1}^{t}x_{ijk}}{st}\quad(i=1,2,\cdots,r) \tag{8-21}$$

$$\bar{x}_{\cdot j} = \frac{\sum\limits_{i=1}^{r} \sum\limits_{k=1}^{t} x_{ijk}}{rt} \quad (j=1,2,\cdots,s) \tag{8-22}$$

（2）总均值

$$\bar{\bar{x}} = \frac{\sum\limits_{i=1}^{r} \sum\limits_{j=1}^{s} \sum\limits_{k=1}^{t} x_{ijk}}{rst} = \frac{\sum\limits_{i=1}^{r} \bar{x}_{i\cdot}}{r} = \frac{\sum\limits_{j=1}^{s} \bar{x}_{\cdot j}}{s} \tag{8-23}$$

（3）离差平方和的分解

与无交互作用的双因素方差分析不同,总离差平方和 SST 将被分解为四个部分:SSA、SSB、SSAB 和 SSE,以分别反映因素 A 的组间差异、因素 B 的组间差异、因素 AB 的交互效应和随机误差的离散状况。

它们的计算公式分别为:

$$SST = \sum_{i=1}^{r} \sum_{j=1}^{s} \sum_{k=1}^{t} (x_{ijk} - \bar{\bar{x}})^2 \tag{8-24}$$

$$SSA = \sum_{i=1}^{r} st(\bar{x}_{i\cdot} - \bar{\bar{x}})^2 \tag{8-25}$$

$$SSB = \sum_{j=1}^{s} rt(\bar{x}_{\cdot j} - \bar{\bar{x}})^2 \tag{8-26}$$

$$SSAB = \sum_{i=1}^{r} \sum_{j=1}^{s} t(\bar{x}_{ij} - \bar{x}_{i\cdot} - \bar{x}_{\cdot j} + \bar{\bar{x}})^2 \tag{8-27}$$

$$SSE = \sum_{i=1}^{r} \sum_{j=1}^{s} \sum_{k=1}^{t} (x_{ijk} - \bar{x}_{ij})^2 \tag{8-28}$$

（4）构造检验统计量

由平方和与自由度可以计算出均方,从而计算出 F 检验值,如表 8-8 所示。

表 8-8　可重复的双方差分析表

方差来源	离差平方和	df	均方 MS	F
因素 A	SSA	$r-1$	MSA=SSA/$(r-1)$	MSA/MSE
因素 B	SSB	$s-1$	MSB=SSE/$(n-r)$	MSB/MSE
因素 A×B	SSAB	$(r-1)(s-1)$	MSAB=SSAB/$(r-1)(s-1)$	MSAB/MSE
误差	SSE	$rs(t-1)$	MSE=SSE/$rs(t-1)$	
总方差	SST	$n-1$		

为检验因素 A 的影响是否显著,采用下面的统计量:

$$F_A = \frac{MSA}{MSE} \sim F_\alpha(r-1, n-rs) \tag{8-29}$$

为检验因素 B 的影响是否显著,采用下面的统计量:

$$F_{\mathrm{B}} = \frac{\mathrm{MSB}}{\mathrm{MSE}} \sim F_{\alpha}(s-1, n-rs) \tag{8-30}$$

为检验因素 A、B 交互效应的影响是否显著,采用下面的统计量:

$$F_{\mathrm{AB}} = \frac{\mathrm{MSAB}}{\mathrm{MSE}} \sim F_{\alpha}(n-r-s+1, n-rs) \tag{8-31}$$

3. 判断与结论

根据给定的显著性水平 α 在 F 分布表中查找相应的临界值 F_{α},将统计量 F 与 F_{α} 进行比较,作出拒绝或不能拒绝原假设 H_0 的决策。

若 $F_{\mathrm{A}} \geqslant F_{\alpha}(r-1, n-rs)$,则拒绝原假设 H_{01},表明因素 A 对观察值有显著影响;

若 $F_{\mathrm{B}} \geqslant F_{\alpha}(s-1, n-rs)$,则拒绝原假设 H_{02},表明因素 B 对观察值有显著影响;

若 $F_{\mathrm{AB}} \geqslant F_{\alpha}(n-r-s+1, n-rs)$,则拒绝原假设 H_{03},表明因素 A、B 的交互效应对观察值有显著影响。

二、实验:可重复的双因素方差分析

在 Excel 2013 中用户可以通过【数据分析】工具中的【方差分析:可重复双因素分析】分析工具对可重复的双因素试验数据进行可重复双因素方差分析。

(一)实验要求

某大学交通管理专业的学生为研究不同的路段和不同的时间段对行车时间的影响,要求志愿者分别在两个路段的高峰期与非高峰期驾车进行实验,通过实验共获得 20 个行车的数据如表 8-9 所示。根据数据分析路段、时间段以及两者的交互作用对行车时间的影响。

表 8-9　不同时段和不同路段的行车时间　　　　　　　　　　　分钟

时间段	路　段		
	路段 1	路段 2	路段 3
高峰期	26,24,27,25,25	19,20,23,22,21	15,14,14,16,17
非高峰期	20,17,22,21,17	18,17,13,16,12	9,8,6,7,5

(二)实验步骤

通过 Excel 2013 进行可重复的双因素方差分析的具体步骤如下。

第 1 步:提出行因素原假设:不同时间段的行车时间不存在显著差异;备择假设:不同时间段的行车时间存在显著差异。

提出列因素原假设:不同路段的行车时间不存在显著差异;备择假设:不同路段的

行车时间存在显著差异。

提出交互作用假设：不同时间段和不同路段之间不存在交互作用；备择假设：不同时间段和不同路段之间存在显著的交互作用。

第 2 步：在【数据】选项卡中单击【数据分析】按钮，在如图 8-7 所示的【数据分析】对话框中选择【方差分析：可重复双因素分析】分析工具，单击【确定】按钮，弹出如图 8-8 所示的【方差分析：可重复双因素分析】对话框。

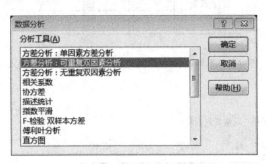

图 8-7　数据分析对话框

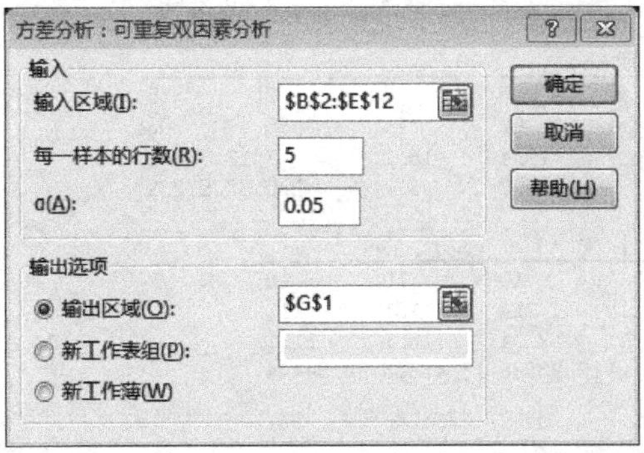

图 8-8　可重复的双因素方差分析对话框

第 3 步：在【方差分析：可重复双因素分析】对话框中（如图 8-8）的【输入区域】文本框中输入数据所在区域"B2：E12"，在【每一样本的行数】文本框中输入包含在每一个样本中的行数"5"，在【α】文本框中输入显著性水平"0.05"，单击确定按钮即可完成，分析的结果将会生成在如图 8-9 所示的新工作表中。

第 4 步：获得方差分析的结果。第一部分为 SUMMARY，分别给出了不同行和列的观测值、和、均值和方差；第二部分为"总计"和"方差分析"，给出了双因素分析的方差分析表。

（三）实验结果

从图 8-10 所示的分析结果中可看出，对于行因素的检验，计算的 F 值为 100，明显大于 F 临界值，同时 P 值为 $4.92E-10$，小于显著性水平 0.05，故拒绝行因素原假设，可以

图 8-9　不同时段和不同路段的行车时间数据输入

	A	B	C	D	E	F
1	c			路段（列因素）		
2			路段1	路段2	路段3	
3			26	19	15	
4			24	20	14	
5	时间段（行变量）	非高峰期	27	23	14	
6			25	22	16	
7			25	21	17	
8			20	18	9	
9			17	17	8	
10		高峰期	22	13	6	
11			21	16	7	
12			17	12	5	
13						

G	H	I	J	K	L	M
方差分析：可重复双因素分析						
SUMMARY	路段1	路段2	路段3	总计		
非高峰期						
观测数	5	5	5	15		
求和	127	105	76	308		
平均	25.4	21	15.2	20.53333		
方差	1.3	2.5	1.7	20.26667		
高峰期						
观测数	5	5	5	15		
求和	97	76	35	208		
平均	19.4	15.2	7	13.86667		
方差	5.3	6.7	2.5	32.55238		
总计						
观测数	10	10	10			
求和	224	181	111			
平均	22.4	18.1	11.1			
方差	12.93333	13.43333	20.54444			
方差分析						
差异源	SS	df	MS	F	P-value	F crit
样本	333.3333	1	333.3333	100	4.92E-10	4.259677
列	650.6	2	325.3	97.59	2.97E-12	3.402826
交互	8.866667	2	4.433333	1.33	0.283278	3.402826
内部	80	24	3.333333			
总计	1072.8	29				

图 8-10　时间段和路段对行车时间的可重复双因素方差分析输出结果

得出结论：不同时间段的行车时间存在显著差异。对于列因素的检验，计算的 F 值为 97.59，明显大于 F 临界值，同时 p 值为 2.97E-12，小于显著性水平 0.05，说明应拒绝列因素原假设，可以得出结论：不同路段的行车时间存在显著差异。对于交互作用因素的检验，计算的 F 值为 1.33 小于 F 临界值，同时 p 值为 0.283278，大于显著性水平 0.05，说明应该不能拒绝交互作用原假设，可以得出结论：没有证据表明不同时间段和不同路段之间存在影响行车时间的显著交互作用。从而可以得出总结论为：不同时间段和不同路段对行车时间均存在显著影响，但二者不存在影响行车时间的显著交互作用。

实验练习八

1. 某 SARS 研究所对 31 名志愿者进行某项生理指标测试,结果如表 8-10 所示。

表 8-10 三类人的生理指标测试结果

SARS 患者	1.8	1.4	1.5	2.1	1.9	1.7	1.8	1.9	1.8	1.8	2.0
疑似者	2.3	2.1	2.1	2.1	2.6	2.5	2.3	2.4	2.4		
非患者	2.9	3.2	2.7	2.8	2.7	3.0	3.4	3.0	3.4	3.3	3.5

(1) 这三类人的该项生理指标有差别吗?($\alpha = 0.05$)

(2) 如果有差别,请进行多重比较分析。($\alpha = 0.05$)

2. 将 24 家生产产品大致相同的企业,按资金分为 A(20 万~30 万元)、B(30 万~50 万元)、C(50 万元以上)三类,每个公司的每 100 元销售收入的生产成本(单位:元)如表 8-11 所示。这些数据能否说明三类公司的市场生产成本有差异(假定生产成本服从正态分布,且方差相同)?($\alpha = 0.05$)

表 8-11 三类公司每 100 元销售收入的生产成本   元

A	B	C
69	75	77
72	76	80
70	72	75
76	70	86
72	80	74
72	68	86
66	80	80
72	74	83

3. 为了解三种不同配比的饲料对仔猪影响的差异,对三种不同品种的猪各选三头进行试验,分别测得其三个月间体重增加量如表 8-12 所示。假定其体重增加量服从正态分布,且方差相同。试分析不同饲料与不同品种对猪的生长有无显著差异。($\alpha = 0.05$)

表 8-12 不同品种及不同饲料喂养的仔猪体重增量   千克

体重增量		因素 B		
		B_1	B_2	B_3
因素 A	A_1	30	31	32
	A_2	31	36	32
	A_3	27	29	28

4. 比较 3 种化肥(A、B 两种新型化肥和传统化肥)施撒在三种类型(酸性、中性和碱性)的土地上对作物的产量情况有无差别,将每块土地分成 6 块小区,施用 A、B 两种新型化肥和传统化肥。收割后,测量各组作物的产量,得到的数据如表 8-13 所示。化肥、土地类型及它们的交互作用对作物产量有影响吗?($\alpha = 0.05$)

表 8-13 不同化肥及土地类型下作物的产量　　　　千克

化肥种类	土 地		
	酸性	中性	碱性
A	30,35	31,32	32,30
B	31,32	36,35	32,30
传统	27,25	29,27	28,25

第 九 章

相关与回归分析

第一节 相 关 分 析

一、基础知识

(一) 变量间的关系

社会经济活动中,各种现象之间往往存在着依存关系。如果用变量反映现象的特征,则这些现象之间的依存关系就表现为变量之间的关系。变量之间的关系一般可以分为函数关系(确定性关系)和相关关系(非确定性关系)。函数关系是指变量之间完全确定的数量变化关系,反映现象之间存在着严格的依存关系。但是实践中,现象之间数量依存关系的具体数值变化并不完全确定,而是按照某种规律在一定范围内变动,也就是说,当一个或几个相互联系的变量每取一定数值时,与之相对应的另一个变量可能有多个不同值。变量间不严格的对应关系称为相关关系。产生相关关系的原因很多,例如存在计量或观测误差,变量间的关系通过其他因素反映出来,等等。例如,运输市场中的运价(P)与运输需求量(Y)之间的关系就是相关关系。一般情况下,当其他条件不变时,如果运价发生变动,运输需求量也会随之发生变动。但是,运输需求量除了受运价影响外,还受经济发展水平、运输成本、运输服务质量等因素的影响,以至于同一运价水平下可能出现不同的运输需求量,而对应于同一运输需求量的运价水平也可能不一样。

(二) 相关关系的类型

相关关系按相关程度可分为完全相关、不完全相关和不相关,按相关关系的方向可分为正相关和负相关,按相关关系的形式可分为线性相关和非线性相关,按相关关系涉及变量的多少可分为单相关、复相关和偏相关,按相关性质可分为真实相关和虚假相关。

(三) 相关关系的测定

相关关系的测定既可以运用定性分析方法,依据研究者的理论知识和实践经验,对客观现象之间是否存在相关关系,以及何种关系作出判断;也可以在定性分析的基础上,通过编制相关表、绘制相关图、计算相关系数与判定系数等定量分析方法,判断现象之间相关的方向、形态及密切程度。

(四) 相关系数的含义

通过相关表和相关图可以判断变量之间有无相关关系以及相关关系的大致形态,为了准确度量变量之间的关系程度,则需要计算相关系数。单相关分析所采用的尺度为单相关系数,简称相关系数,是用于测定两个变量之间线性相关密切程度和相关方向的统计分析指标。如果相关系数是根据总体全部数据计算的,称为总体相关系数,用 ρ 表示。根据样本数据计算的相关系数,称为样本相关系数,用 r 表示。

$$r = \frac{n\sum xy - \sum x \sum y}{\sqrt{n\sum x^2 - (\sum x)^2}\sqrt{n\sum y^2 - (\sum y)^2}} \tag{9-1}$$

式中,r 为样本相关系数,x、y 为两个相关变量,n 为变量样本容量。

(五) 相关系数的性质

第一,相关系数是一种对称测量。参与相关分析的两个变量是对等的,改变两变量位置相关系数值不变。因此,x 与 y 之间的相关系数 r_{xy} 和 y 与 x 之间的相关系数 r_{yx} 相等,即 $r_{xy} = r_{yx}$。

第二,相关系数的正负号反映相关关系的方向。$r > 0$ 时,表明变量之间为正相关;$r < 0$ 时,表明变量之间为负相关。

第三,相关系数取值在 -1 与 1 之间($|r| \leqslant 1$),其绝对值($|r|$)大小反映了变量间的相关密切程度。

当 $|r| = 1$ 时,称 x 与 y 完全线性相关;

当 $r = 0$ 时,称 x 与 y 的样本观测值之间没有线性相关关系;

当 $0 < |r| < 1$ 时,称 x 与 y 的样本观测值之间存在一定程度的线性相关关系;

当 $|r|$ 越接近于 0,表示变量间的相关程度越小,现象之间的线性相关关系越不密切;

当 $|r|$ 越接近于 1,表示变量间的相关程度越大,现象之间的线性相关关系越密切。

一般情况下,利用相关系数判别相关密切程度时,可将相关程度分为以下几种情况:

当 $0 < |r| < 0.3$ 时,认为 x 与 y 之间存在微弱线性相关;

当 $0.3 \leqslant |r| < 0.5$ 时,认为 x 与 y 之间存在低度线性相关;

当 $0.5 \leqslant |r| < 0.8$ 时,认为 x 与 y 之间存在显著线性相关(或中度线性相关);

当 $0.8 \leqslant |r| < 1$ 时,认为 x 与 y 之间存在高度线性相关。

但这种解释必须建立在相关系数通过显著性检验的基础之上。

第四,相关系数是没有量纲的、标准化的协方差。相关程度的大小与计量单位无关。

为了消除积差中两个变量原有计量单位的影响,将各变量的离差除以该变量数列的标准差,使之成为相对积差,所以相关系数是无量纲的数量,可以用于比较不同现象相关程度的高低。

第五,相关系数是对变量之间线性相关关系的度量,不等于因果关系。相关系数只度量变量间的线性相关关系,$r=0$ 只是表明两个变量之间不存在线性相关关系,但并不意味着变量间没有关系,它们之间可能存在其他类型的关系,如非线性相关关系。$r\neq0$ 也并不表明 x 与 y 之间就一定有因果关系。

二、实验一：利用数据分析功能计算相关系数

(一)实验要求

根据表 9-1 的数据资料,利用数据分析功能计算上海进出口总额与远洋货物运输量的样本相关系数。

表 9-1　2000—2016 年上海进出口总额与远洋货物运输量

年份	进出口总额(亿美元)	远洋货物运输量(万吨)
2000	547.10	7022
2001	608.98	7129
2002	726.64	7210
2003	1123.97	7832
2004	1600.26	8603
2005	1863.65	10091
2006	2274.89	11766
2007	2829.73	12575
2008	3221.38	12197
2009	2777.31	11916
2010	3688.69	15172
2011	4374.36	16044
2012	4367.58	17491
2013	4413.98	15255
2014	4666.22	16541
2015	4517.33	18145
2016	4338.05	18912

资料来源：2017 上海统计年鉴。

(二)实验步骤

第 1 步：将表 9-1 的数据输入 Excel 工作表单元格区域 A1:C18,如图 9-1 所示。

第 2 步：选择【数据】菜单中的【数据分析】按钮,如图 9-2 中的矩形框所示。

	A	B	C
1	年份	进出口总额（亿美元）	远洋货物运输量（万吨）
2	2000	547.10	7 022
3	2001	608.98	7 129
4	2002	726.64	7 210
5	2003	1 123.97	7 832
6	2004	1 600.26	8 603
7	2005	1 863.65	10 091
8	2006	2 274.89	11 766
9	2007	2 829.73	12 575
10	2008	3 221.38	12 197
11	2009	2 777.31	11 916
12	2010	3 688.69	15 172
13	2011	4 374.36	16 044
14	2012	4 367.58	17 491
15	2013	4 413.98	15 255
16	2014	4 666.22	16 541
17	2015	4 517.33	18 145
18	2016	4 338.05	18 912

图 9-1　上海进出口总额与远洋货物运输量数据

图 9-2　数据分析按钮

第 3 步：在弹出的对话框（图 9-3）中，选择【相关系数】选项，单击【确定】按钮。

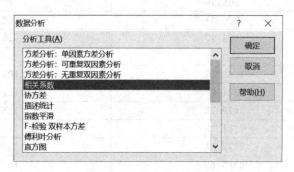

图 9-3　数据分析对话框

第 4 步：弹出【相关系数】对话框后，在【输入区域】方框中输入待分析数据区域单元格引用＄B＄1：＄C＄18，选中【标志位于第一行】复选框，在【输出区域】方框中输入对输出表左上角单元格的引用＄E＄1，单击【确定】按钮，如图 9-4 所示。

（三）实验结果

从图 9-5 的输出结果中可以看到，上海进出口总额、远洋货物运输量的自相关系数为 1，上海进出口总额与远洋货物运输量的相关系数为 0.9725。因此，可以认为上海进出口总额与远洋货物运输量之间存在高度的线性正相关关系。

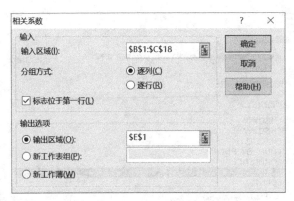

图 9-4　相关系数对话框

E	F	G
	进出口总额（亿美元）	远洋货物运输量（万吨）
进出口总额（亿美元）	1	
远洋货物运输量（万吨）	0.972534193	1

图 9-5　相关系数计算结果

三、实验二：利用 CORREL 函数计算相关系数

（一）实验要求

根据表 9-1 的数据资料，利用 CORREL 函数计算上海进出口总额与远洋货物运输量的样本相关系数。

（二）实验步骤

第 1 步：在图 9-1 所示的工作表中，单击选中任意一个空白单元格（如 E6），选择【公式】菜单中的【插入函数】按钮或直接单击编辑栏左侧的【f_x】按钮，如图 9-6 中的矩形框所示。

图 9-6　插入函数按钮

第 2 步：弹出对话框后，在【或选择类别】下拉列表框中选择【统计】，然后在【选择函数】列表框中选择【CORREL】函数，单击【确定】按钮，如图 9-7 所示。

图 9-7 插入函数对话框

第 3 步：弹出 CORREL【函数参数】对话框后，在【Array1】文本框中输入"进出口总额"数据区域单元格引用 B2:B18，在【Array2】文本框中输入"远洋货物运输量"数据区域单元格引用 C2:C18，单击【确定】按钮，如图 9-8 所示。

图 9-8 CORREL 函数参数对话框

注：利用 CORREL 函数计算相关系数时，也可以直接在选中的空白单元格（如 E6）中输入公式"=CORREL(B2:B18,C2:C18)"，然后按【回车】键即可。

（三）实验结果

从图 9-8 的两个矩形框或者返回的单元格（E6）中都可以得到，上海进出口总额与远洋货物运输量相关系数的计算结果为 0.9725。

第二节　一元线性回归

一、基础知识

（一）回归分析的含义

回归分析是指对具有相关关系的两个或两个以上变量之间的数量关系进行测定，并通过确定一个合适的数学表达式（回归方程）近似地表达变量间的平均变动关系，进而确定一个或几个已知变量（自变量）对另一个特定未知变量（因变量）影响程度的统计分析方法。

其中，自变量又称解释变量，是给定的或可以控制的、用来解释、预测因变量的变量，一般用 X 表示。因变量又称响应变量、被解释变量，是受自变量影响而发生对应变化的变量，一般用 Y 表示。

（二）回归分析的类型

回归分析按自变量个数可分为一元回归和多元回归。只有一个自变量和一个因变量的回归称为一元回归（简单回归）；自变量数目在两个或两个以上的回归称为多元回归（复回归）。

按建立的回归模型形式不同，回归分析可分为线性回归和非线性回归。无论是一元回归还是多元回归，回归模型均有线性回归和非线性回归之分。从所拟合的回归模型看，如果因变量表现为自变量的线性组合，则称为线性回归（直线回归）；如果因变量表现为自变量的非线性组合，则称为非线性回归（曲线回归）。

（三）总体一元线性回归模型

总体一元线性回归模型的一般形式为

$$Y = \beta_0 + \beta_1 X + \varepsilon \tag{9-2}$$

式中，Y 为因变量，X 为自变量；β_0，β_1 为未知的模型参数，又称回归系数；β_0 为常数项或截距，表示在没有自变量 X 的影响时，其他各种因素对因变量 Y 的平均影响；β_1 为斜率，表示当 X 每变动一个单位时 Y 平均变动的数值；$\beta_0 + \beta_1 X$ 为模型的系统性因素部分或确定性部分，反映了由于 X 的变化而引起的 Y 的线性变化；ε 为随机误差项或随机扰动项（随机性部分），是一个特殊的随机变量，反映了除 X 与 Y 的线性关系之外其他所有未列入模型的随机因素对 Y 的综合性影响，是不能由 X 与 Y 之间的线性关系所解释的变异性。

（四）样本一元线性回归模型

在实际研究中，由于总体单位数很多，往往不可能对 X 和 Y 所代表的总体进行全面的观察和了解，因此总体回归模型事实上是未知的，不能被严格地计算出来，只能利用部分样本资料（x 和 y），并通过样本提供的信息认识总体，找出总体回归模型的估计式。

样本一元线性回归模型的一般形式为

$$y = \hat{\beta}_0 + \hat{\beta}_1 x + e \tag{9-3}$$

通过样本回归模型可以得到样本回归方程为

$$\hat{y} = \hat{\beta}_0 + \hat{\beta}_1 x \tag{9-4}$$

式中，$\hat{\beta}_0$，$\hat{\beta}_1$ 是总体未知参数 β_0，β_1 的估计量；$\hat{y}$ 是 y 的估计量；y 的实际观测值与其估计值之差称为残差，用字母 e 表示，即 $e = y - \hat{y}$。残差 e 也可以看成是总体回归模型中随机误差项的估计量 $\hat{\varepsilon}$。

（五）参数估计

回归模型参数的估计方法有很多种，其中最简单、最广泛使用的方法是最小二乘法，也称为最小平方法。最小二乘法的基本思想就是使样本回归线上的点与实际观测点的残差平方和达到最小，根据微积分的极值原理，可得

$$\hat{\beta}_1 = \frac{n \sum xy - \sum x \sum y}{n \sum x^2 - \left(\sum x\right)^2} \tag{9-5}$$

$$\hat{\beta}_0 = \bar{y} - \hat{\beta}_1 \bar{x} \tag{9-6}$$

（六）拟合优度评价

拟合优度是指各实际观测点与样本回归直线的接近程度，反映了回归方程的说明能力。判定回归方程拟合优度最常用的指标是可决系数，又称为样本可决系数、决定系数、判定系数。

因变量的实际观测值与其全部观测值的均值之间的总离差平方和 $\left(\text{SST} = \sum (y - \bar{y})^2\right)$ 可以分解成由回归直线所解释的部分（回归平方和，$\text{SSR} = \sum (\hat{y} - \bar{y})^2$）和总离差平方和中没有被解释的部分 $\left(\text{残差平方和，SSE} = \sum e^2 = \sum (y - \hat{y})^2\right)$，即 $\text{SST} = \text{SSR} + \text{SSE}$。

可决系数（r^2）定义为回归平方和占总离差平方和的比例，即

$$r^2 = \frac{\text{SSR}}{\text{SST}} = 1 - \frac{\text{SSE}}{\text{SST}} \tag{9-7}$$

$0 \leqslant r^2 \leqslant 1$，$r^2$ 越接近于 1，观测点越靠近回归直线，表明总离差平方和中由回归方程

解释的部分也就越大,估计误差相对较小,回归方程的拟合优度就越好;反之,r^2 越接近于 0,拟合优度越差。

(七) 估计标准误差

估计标准误差是用于说明各实际观测点在回归直线周围散布状况的统计分析指标,是实际值 y_i 与估计值 $\hat{y}_i$ 的平均离差,可以反映理论模型误差的大小,用 S_e 表示,其计算公式为

$$S_e = \sqrt{\frac{\sum e_i^2}{n-2}} = \sqrt{\frac{\sum (y-\hat{y})^2}{n-2}} = \sqrt{\frac{\text{SSE}}{n-2}} = \sqrt{\text{MSE}} \tag{9-8}$$

式中,$n-2$ 为自由度。估计标准误差 S_e 的数值越小,说明各观测点越靠近直线,回归直线对各观测点的代表性就越好。如果所有观测点全部落在回归直线上,则 $S_e = 0$。估计标准误差的平方 S_e^2 就是均方误差(MSE),是对总体随机误差项的方差的无偏估计。

$\hat{\beta}_0$ 和 $\hat{\beta}_1$ 的估计标准误差计算公式分别为

$$S_{\hat{\beta}_0} = S_e \sqrt{\frac{\sum x^2}{n \sum (x-\bar{x})^2}} \tag{9-9}$$

$$S_{\hat{\beta}_1} = \frac{S_e}{\sqrt{\sum (x-\bar{x})^2}} \tag{9-10}$$

(八) 回归系数的区间估计

根据参数区间估计的原理,可得到 β_0 和 β_1 的置信区间分别为

$$\hat{\beta}_0 \pm t_{\frac{\alpha}{2}} S_e \sqrt{\frac{1}{n} + \frac{\bar{x}^2}{\sum (x_i-\bar{x})^2}} \tag{9-11}$$

$$\hat{\beta}_1 \pm t_{\frac{\alpha}{2}} S_e \sqrt{\frac{1}{\sum (x_i-\bar{x})^2}} \tag{9-12}$$

(九) 显著性检验

1. 回归方程整体的显著性检验

对一元线性回归方程整体的显著性检验是检验自变量 X 和因变量 Y 之间的线性关系是否显著,能否用线性模型 $Y = \beta_0 + \beta_1 X + \varepsilon$ 表示,所以又称为线性关系检验。

(1) F 检验

如果 $F > F_\alpha$,则拒绝原假设 H_0,表明两个变量之间的线性关系是显著的;如果 $F < F_\alpha$,则不拒绝原假设 H_0,没有充分的证据表明两个变量之间的线性关系是显著的。

（2）p 检验

回归方程整体的 p 检验是将用于 F 检验的 p 值与给定的显著性水平 α 的值进行比较，如果 $p < \alpha$，则拒绝原假设 H_0，表明因变量 Y 和自变量 X 之间有显著的线性关系；如果 $p > \alpha$，则不拒绝原假设 H_0，没有充分的证据表明因变量 Y 和自变量 X 之间有显著的线性关系。

2. 回归系数的显著性检验

回归系数的检验就是检验自变量对因变量的影响程度是否显著的问题，即总体回归系数是否显著不为零。回归分析中，主要是通过样本考察总体回归系数是否为某一值（一般设为零）进行显著性检验的。

（1）t 检验

若 $|t| > t_{\alpha/2}$，则拒绝 H_0，回归系数 $\beta_1 = 0$ 的可能性小于 α，表明自变量对因变量 Y 的影响是显著的，或者说，两个变量之间存在显著的线性关系；若 $|t| < t_{\alpha/2}$，则不拒绝 H_0，没有证据表明自变量 X 对因变量 Y 的影响显著，或者说，两个变量之间不存在显著的线性关系。

（2）p 检验

回归系数的 p 检验是将用于 t 检验的 p 值与给定的显著性水平 α 的值直接进行比较，如果 $p < \alpha$，则拒绝原假设 H_0；如果 $p > \alpha$，则不拒绝原假设 H_0。

二、实验一：利用数据分析功能进行一元线性回归分析

（一）实验要求

根据 2000—2016 年我国货运量与国内生产总值的数据资料（如表 9-2 所示），利用数据分析功能对我国货运量（y）和国内生产总值（x）进行一元线性回归分析。

表 9-2 2000—2016 年我国国内生产总值与货运量

年份	国内生产总值（万亿元）	货运量（亿吨）
2000	10.03	135.87
2001	11.09	140.18
2002	12.17	148.34
2003	13.74	156.45
2004	16.18	170.64
2005	18.73	186.21
2006	21.94	203.71
2007	27.02	227.58
2008	31.95	258.59
2009	34.91	282.52

续表

年份	国内生产总值(万亿元)	货运量(亿吨)
2010	41.3	324.18
2011	48.93	369.7
2012	54.04	410.04
2013	59.52	409.89
2014	64.4	416.73
2015	68.91	417.59
2016	74.36	438.68

资料来源:中国统计年鉴2017。

(二)实验步骤

第1步:将表9-2中的数据输入Excel工作表单元格区域A1:C18,如图9-9所示。

	A	B	C
1	年份	货运量（亿吨）	国内生产总值（万亿元）
2	2000	135.87	10.03
3	2001	140.18	11.09
4	2002	148.34	12.17
5	2003	156.45	13.74
6	2004	170.64	16.18
7	2005	186.21	18.73
8	2006	203.71	21.94
9	2007	227.58	27.02
10	2008	258.59	31.95
11	2009	282.52	34.91
12	2010	324.18	41.3
13	2011	369.7	48.93
14	2012	410.04	54.04
15	2013	409.89	59.52
16	2014	416.73	64.4
17	2015	417.59	68.91
18	2016	438.68	74.36

图9-9　我国货运量与国内生产总值数据

第2步:选择【数据】菜单中的【数据分析】按钮,如图9-2中的矩形框所示。

第3步:在弹出的对话框(图9-10)中,选择【回归】选项,单击【确定】按钮。

图9-10　数据分析对话框

第 4 步：弹出【回归】对话框后，在【Y 值输入区域】方框中输入因变量数据区域单元格引用＄B＄1：＄B＄18，在【X 值输入区域】方框中输入自变量数据区域单元格引用＄A＄1：＄A＄18，选中【标志】复选框，在【输出区域】方框中输入对输出表左上角单元格的引用＄E＄1，单击【确定】按钮，如图 9-11 所示。

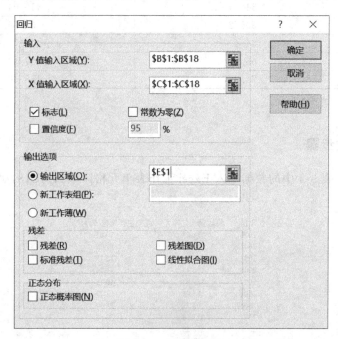

图 9-11　回归对话框

（三）实验结果

我国货运量和国内生产总值的一元线性回归分析结果如图 9-12 所示。

E	F	G	H	I	J	K	L	M
SUMMARY OUTPUT								
回归统计								
Multiple R	0.987140531							
R Square	0.974446427							
Adjusted R Square	0.972742856							
标准误差	18.87199101							
观测值	17							
方差分析								
	df	SS	MS	F	Significance F			
回归分析	1	203719.7066	203719.7066	572.0020693	2.33078E-13			
残差	15	5342.280671	356.1520447					
总计	16	209061.9872						
	Coefficients	标准误差	t Stat	P-value	Lower 95%	Upper 95%	下限 95.0%	上限 95.0%
Intercept	92.90700872	8.929798215	10.40415545	2.95964E-08	73.87359438	111.9404231	73.87359438	111.9404231
国内生产总值（万亿元）	5.117167611	0.213959139	23.91656475	2.33078E-13	4.6611245	5.573210721	4.6611245	5.573210721

图 9-12　一元线性回归分析结果

回归分析结果的第一部分为回归统计，其中 Multiple R 是相关系数 r，R Square 是可决系数 r^2，Adjusted R Square 是调整的可决系数，标准误差是指估计标准误差 S_e，观测值是指样本容量。

第二部分为方差分析，其中 df 列是自由度，SS 列是平方和（回归平方和为 203719.7066，残差平方和为 5342.2807，总离差平方和为 209061.9872），MS 列是均方，F 是指 F 值，Significance F 是用于 F 检验的 p 值。

第三部分中，Intercept 是截距，Coefficient 列是系数，t Stat 列是 t 值，P-value 列是用于 t 检验的 p 值，Lower 95%、下限 95.0% 是回归系数 95.0% 置信区间下限，Upper 95%、上限 95.0% 是回归系数 95.0% 置信区间上限。

因此可以得到，我国货运量对国内生产总值的一元线性回归方程为

$$y = 92.91 + 5.12x$$

三、实验二：利用图表功能建立一元线性回归方程

（一）实验要求

根据 2000—2016 年我国货运量与国内生产总值的数据资料（如表 9-2 所示），利用图表功能建立对我国货运量（y）对国内生产总值（x）的一元线性回归方程。

（二）实验步骤

第 1 步：将表 9-2 中 x 与 y 的数据输入 Excel 工作表单元格区域 A1:B18，如图 9-13 所示。

	A	B
1	国内生产总值（万亿元）	货运量（亿吨）
2	10.03	135.87
3	11.09	140.18
4	12.17	148.34
5	13.74	156.45
6	16.18	170.64
7	18.73	186.21
8	21.94	203.71
9	27.02	227.58
10	31.95	258.59
11	34.91	282.52
12	41.3	324.18
13	48.93	369.7
14	54.04	410.04
15	59.52	409.89
16	64.4	416.73
17	68.91	417.59
18	74.36	438.68

图 9-13　我国国内生产总值与货运量数据

第 2 步：单击选中数据区域 A1:B18 中的任意一个单元格，选择【插入】菜单中的【散点图】按钮，选中第一个子图表类型，如图 9-14 中的矩形框所示。

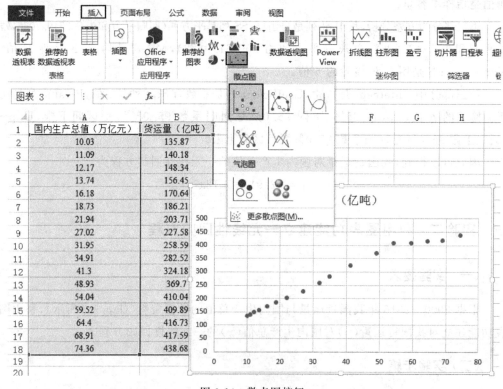

图 9-14   散点图按钮

第 3 步：对输出图形的标题、坐标轴、网格线等格式进行调整后，可以得到我国货运量与国内生产总值关系的散点图，如图 9-15 所示。

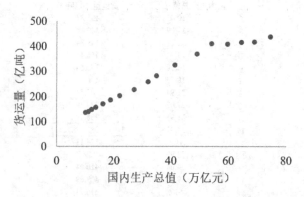

图 9-15   我国货运量对国内生产总值散点图

第 4 步：右键单击散点图上任意一个数据点，选择【添加趋势线】按钮，如图 9-16 中的矩形框所示。

第 5 步：打开"设置趋势线格式"窗格后，在窗格的"趋势线选项"栏中选择"线性"单选按钮，并勾选"显示公式"和"显示 R 平方值"两个复选框，如图 9-17 中的矩形框所示。

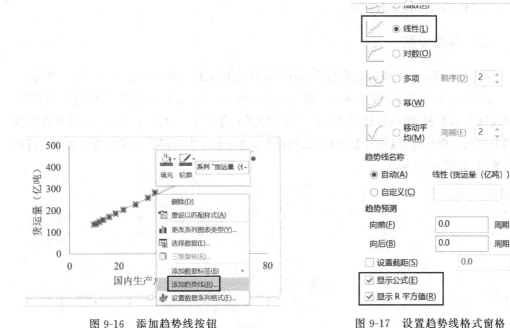

图 9-16　添加趋势线按钮　　　　　　　　　　图 9-17　设置趋势线格式窗格

（三）实验结果

设置好趋势线格式后，即可在我国货运量对国内生产总值的散点图上增加一条趋势直线，并在该直线附近标注一元线性回归方程及其可决系数，如图 9-18 所示。

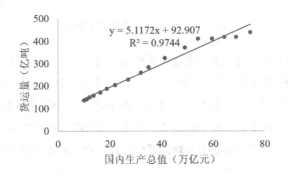

图 9-18　一元线性回归方程图表输出结果

四、实验三：利用 LINEST 函数计算一元线性回归方程参数

（一）实验要求

根据表 9-2 的数据资料，利用 LINEST 函数计算我国货运量(y)和国内生产总值(x)的一元线性回归方程参数。

（二）实验步骤

第 1 步：将表 9-2 中的数据输入 Excel 工作表单元格区域 A1：C18，如图 9-9 所示。

第 2 步：选中"E2：F6"2 列 5 行的单元格区域，用于存放计算结果。选择【公式】菜单中的【插入函数】按钮或直接单击编辑栏左侧的【f_x】按钮。弹出对话框后，在【或选择类别】下拉列表框中选择【统计】，然后在【选择函数】列表框中选择【LINEST】函数，单击【确定】按钮，如图 9-19 所示。

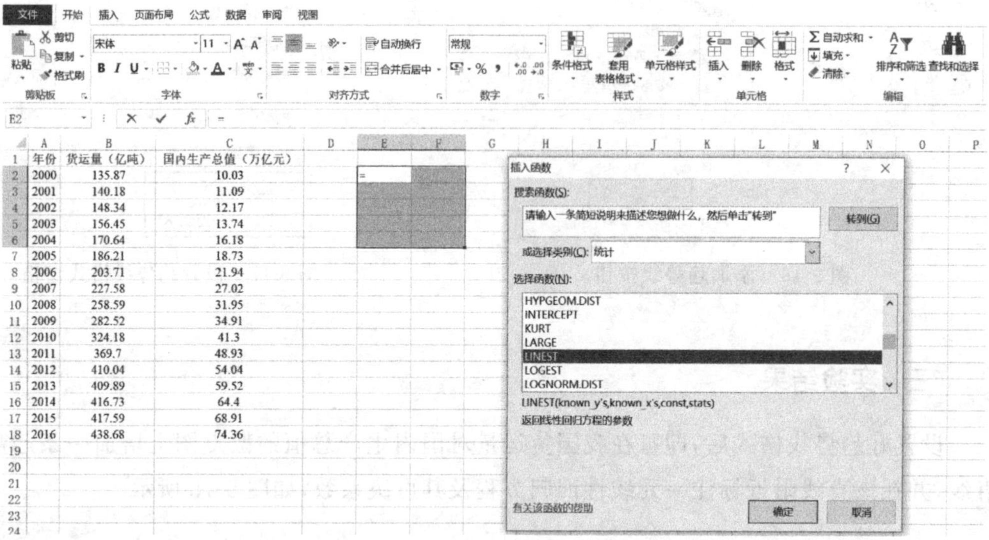

图 9-19　LINEST 函数向导界面

第 3 步：弹出 LINEST【函数参数】对话框后，在【Known_y's】文本框中输入"货运量(y)"数据区域单元格引用 B2：B18；在【Known_x's】文本框中输入"国内生产总值(x)"数据区域单元格引用 C2：C18；在【Const】文本框中输入"1"或"TURE"，表示回归方程中要保留常数项；在【Stats】文本框中也输入"1"或"TURE"，表示要输出各项回归统计量，如图 9-20 所示。然后同时按住【Shift】键和【Ctrl】键，单击【确定】按钮。

（三）实验结果

我国货运量和国内生产总值的一元线性回归统计量计算结果如图 9-21 所示。

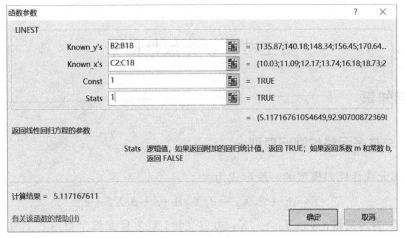

图 9-20　LINEST 函数参数对话框

	A	B	C	D	E	F	G
1	年份	货运量（亿吨）	国内生产总值（万亿元）				
2	2000	135.87	10.03		5.117168	92.90701	
3	2001	140.18	11.09		0.213959	8.929798	
4	2002	148.34	12.17		0.974446	18.87199	
5	2003	156.45	13.74		572.0021	15	
6	2004	170.64	16.18		203719.7	5342.281	
7	2005	186.21	18.73				
8	2006	203.71	21.94				
9	2007	227.58	27.02				
10	2008	258.59	31.95				
11	2009	282.52	34.91				
12	2010	324.18	41.3				
13	2011	369.7	48.93				
14	2012	410.04	54.04				
15	2013	409.89	59.52				
16	2014	416.73	64.4				
17	2015	417.59	68.91				
18	2016	438.68	74.36				

图 9-21　一元线性回归统计量计算结果

计算结果中各个单元格对应值的含义如表 9-3 所示。

表 9-3　一元线性回归统计量计算结果含义

行	E 列	F 列
2	斜率的估计量（$\hat{\beta}_1$）	常数项的估计量（$\hat{\beta}_0$）
3	$\hat{\beta}_1$ 的估计标准误差	$\hat{\beta}_0$ 的估计标准误差
4	可决系数（r^2）	$\hat{y}$ 的标准误差（S_e）
5	F 统计量	自由度（$n-2$）
6	回归平方和（SSR）	残差平方和（SSE）

注：也可以利用其他函数计算一元线性回归统计量。例如，可以利用 SLOPE 函数计算一元线性回归方程斜率的估计量（$\hat{\beta}_1$），形式为“＝SLOPE(y 数据区域，x 数据区域)”；可以利用 INTERCEPT 函数计算一元线性回归方程常数项的估计量（$\hat{\beta}_0$），形式为“＝INTERCEPT(y 数据区域，x 数据区域)”；可以利用 RSQ 函数计算可决系数（r^2），形式为“＝RSQ(y 数据区域，x 数据区域)”。

第三节　多元线性回归

一、基础知识

（一）总体多元线性回归模型

总体多元线性回归模型的一般形式为

$$Y = \beta_0 + \beta_1 X_1 + \beta_2 X_2 + \cdots + \beta_k X_k + \varepsilon \tag{9-13}$$

其中，Y 为因变量；$X_1, X_2, \cdots, X_k$ 为自变量；k 为自变量个数，$k = 1$ 时，该模型退化为一元线性回归模型；$\beta_0, \beta_1, \beta_2, \cdots, \beta_k$ 为总体回归系数，表示当其他自变量保持不变时，$X_j (j = 1, \cdots, k)$ 变化一个单位所引起的因变量 Y 平均变化的量，因此也称为偏回归系数；$\beta_0 + \beta_1 X_1 + \beta_2 X_2 + \cdots + \beta_k X_k$ 是模型的线性函数部分（确定性部分）；ε 为随机误差项（随机性部分），反映了除 $X_1, X_2, \cdots, X_k$ 与 Y 的线性关系之外其他所有未列入模型的随机因素对 Y 的综合性影响，是不能由 $X_1, X_2, \cdots, X_k$ 与 Y 之间的线性关系所解释的变异性。

（二）样本多元回归模型

由于总体回归模型中的参数 $\beta_0, \beta_1, \beta_2, \cdots, \beta_k$ 是未知的，需要利用样本数据进行估计。样本多元线性回归模型的一般形式为

$$y = \hat{\beta}_0 + \hat{\beta}_1 x_1 + \cdots + \hat{\beta}_k x_k + e \tag{9-14}$$

通过样本回归模型可以得到样本多元线性回归方程为

$$\hat{y} = \hat{\beta}_0 + \hat{\beta}_1 x_1 + \cdots + \hat{\beta}_k x_k \tag{9-15}$$

式中，$\hat{\beta}_0, \hat{\beta}_1, \cdots, \hat{\beta}_k$ 是总体未知参数 $\beta_0, \beta_1, \cdots, \beta_k$ 的估计量；$\hat{y}$ 是 y 的估计量；e 为残差，是 y 的实际观测值与其估计值之差，即 $e = y - \hat{y}$。

同一元回归分析一样，多元回归分析就是要通过样本回归模型估计样本回归方程，并用样本回归方程"近似"代替总体回归方程。

（三）参数估计

与一元回归方程一样，多元线性回归方程的估计仍用最小二乘法，即利用 n 组样本观测值寻找一组样本回归系数，使 y 的样本估计值与实际观测值之间的残差平方和最小，可得

$$\hat{\boldsymbol{\beta}} = (\boldsymbol{x}'\boldsymbol{x})^{-1} \boldsymbol{x}'\boldsymbol{y} \tag{9-16}$$

其中

$$
\mathbf{y} = \begin{bmatrix} y_1 \\ y_2 \\ \vdots \\ y_n \end{bmatrix}, \quad \mathbf{x} = \begin{bmatrix} 1 & x_{11} & \cdots & x_{k1} \\ 1 & x_{12} & \cdots & x_{k2} \\ \cdots & \cdots & \cdots & \cdots \\ 1 & x_{1n} & \cdots & x_{kn} \end{bmatrix}, \quad \hat{\boldsymbol{\beta}} = \begin{bmatrix} \hat{\beta}_0 \\ \hat{\beta}_1 \\ \vdots \\ \hat{\beta}_k \end{bmatrix}
$$

（四）拟合优度评价

在多元线性回归分析中,总离差平方和的分解公式依然成立,因为总平方和是因变量对其均值离差的平方和,与自变量无关,即有 SST＝SSR＋SSE。三个平方的矩阵形式分别表示为

$$
\text{SST} = \sum (y_i - \bar{y})^2 = \mathbf{y}'\mathbf{y} - n\bar{y}^2 \tag{9-17}
$$

$$
\text{SSR} = \sum (\hat{y}_i - \bar{y})^2 = \hat{\mathbf{y}}'\hat{\mathbf{y}} - n\bar{y}^2 \tag{9-18}
$$

$$
\text{SSE} = \sum e_i^2 = \sum (y_i - \hat{y}_i)^2 = \mathbf{e}'\mathbf{e} = \mathbf{y}'\mathbf{y} - \hat{\boldsymbol{\beta}}'\mathbf{x}'\mathbf{y} \tag{9-19}
$$

多元回归分析中同样可以利用可决系数衡量回归方程对样本观测值拟合程度的优劣。但由于多元线性回归分析中的可决系数可以反映因变量 Y 与自变量 $X_1, \cdots, X_k$ 的相关程度,所以称为多重可决系数。为了避免混淆,多重可决系数用 R^2 表示,其计算公式为

$$
R^2 = \frac{\text{SSR}}{\text{SST}} = 1 - \frac{\text{SSE}}{\text{SST}} = 1 - \frac{\sum e^2}{\sum (y_i - \bar{y})^2} \tag{9-20}
$$

R^2 与 r^2 的意义相同,都表示回归平方和占总离差平方和的比例,反映了在 Y 的变差中被估计的回归方程所解释的比例,且 $0 \leqslant R^2 \leqslant 1$。$R^2$ 越接近于 1,表示回归拟合效果越好。但是如果直接用 R^2 比较两个模型的拟合优劣,两个模型的自变量个数必须相同。

R^2 的平方根称为多重相关系数或复相关系数,它度量了因变量同 k 个自变量的相关程度。

在样本容量一定的情况下,随着方程中自变量个数的增多,残差平方和会不断减少,而总离差平方和不变,所以 R^2 是随自变量个数递增的函数。也就是说,不管一个变量和因变量有没有关系,只要把它加到模型中去,R^2 就会提高。这样容易导致要提高拟合优度,只需增加自变量个数即可的错觉。在这种情况下,如果以 R^2 作为判断一个变量应不应该加到模型中去的标准,就会造成自变量有进无出的现象。因此,在多元回归分析中常使用修正的可决系数 $\bar{R}^2$ 评价拟合优度:

$$
\bar{R}^2 = 1 - \frac{\sum e^2/(n-k-1)}{\sum (y_i - \bar{y})^2/(n-1)} = 1 - \frac{n-1}{n-k-1}(1 - R^2) \tag{9-21}
$$

$\bar{R}^2$ 将残差平方和(或回归平方和)与总离差平方和之比的分子和分母分别除以各自

的自由度,变成均方差之比,以剔除变量个数对拟合优度的影响。这使得 $\overline{R}^2$ 永远小于或等于相应的 R^2,而且 $\overline{R}^2$ 不会随着模型中自变量个数的增加而越来越接近于1。

(五)估计标准误差

与一元线性回归分析一样,未知总体回归模型中随机误差项的标准差 σ 可由样本回归模型中的残差项 e 给出无偏估计,即估计标准误差 S_e,其计算公式为

$$S_e = \sqrt{\frac{\sum e_i^2}{n-k-1}} = \sqrt{\frac{\sum(y_i - \hat{y}_i)^2}{n-k-1}} = \sqrt{\frac{\text{SSE}}{n-k-1}} = \sqrt{\text{MSE}} \qquad (9\text{-}22)$$

多元回归中 S_e 的含义与一元回归类似,反映了根据 $x_1, x_2, \cdots, x_k$ 预测 y 时的平均预测误差。

(六)显著性检验

1. 回归方程整体的显著性检验

多元回归方程整体的显著性检验就是要检验所选择的变量是否从总体上对因变量起线性作用,即检验"各自变量前的参数是否不全为零"。

多元回归方程整体的显著性检验可以采用 F 统计量进行检验,并根据 F 值与 $F_\alpha(k, n-k-1)$ 的关系,决定是否拒绝原假设 H_0。如果 $F > F_\alpha$,则拒绝原假设 H_0;如果 $F < F_\alpha$,则不拒绝原假设 H_0。也可以根据 Excel 的回归分析结果,直接利用 p 值进行判断。如果 $p < \alpha$,则拒绝原假设 H_0;如果 $p > \alpha$,则不拒绝原假设 H_0。

2. 回归系数的显著性检验

整体上线性关系成立,并不意味着每个自变量对因变量的影响都是显著的。为了判断每个自变量对因变量的影响是否显著,还需要对各个回归系数分别进行显著性检验。如果某个自变量的影响不显著,应将其从模型中删除,以做到用尽可能少的自变量达到尽可能高的拟合优度。

回归系数的显著性检验往往也是进行总体回归参数是否为零的检验,同样可以采用 t 检验或 p 检验。若 $|t| > t_{\alpha/2}$,则拒绝 H_0,认为自变量 X_j 对因变量 Y 的影响是显著的;若 $|t| < t_{\alpha/2}$,则不拒绝 H_0,没有证据表明自变量 X_j 对因变量 Y 的影响显著。利用 p 值进行判断时,如果 $p < \alpha$,则拒绝原假设 H_0;如果 $p > \alpha$,则不拒绝原假设 H_0。

在多元线性回归中,由于存在多个自变量,参数的显著性检验不再等价于回归方程整体的显著性检验。

二、实验:利用数据分析功能进行多元线性回归分析

(一)实验要求

根据表 9-4 中的数据,利用数据分析功能建立 A 仓库的送货成本 y 与销售额 x_1 和

订单数 x_2 的线性回归方程。

表 9-4 A 仓库的送货成本及其相关数据

月	送货成本 y（万元）	销售额 x_1（万元）	订单数 x_2（份）
1	37.07	270	4015
2	50.16	312	3806
3	59.91	358	5309
4	44.58	281	4262
5	50.97	320	4296
6	47.91	321	4097
7	36.72	211	3213
8	49.54	339	4809
9	57.42	362	5237
10	52.07	352	4732
11	49.59	375	4413
12	37.86	247	2921
13	44.09	260	3977
14	50.61	230	4428
15	41.29	286	3964
16	55.57	344	4582
17	66.11	369	5582
18	41.82	311	3450
19	63.35	436	5079
20	65.27	417	5735
21	48.53	324	4269
22	37.60	272	3708
23	62.43	383	5387
24	46.76	291	4161

（二）实验步骤

第 1 步：将表 9-4 中的数据输入 Excel 工作表单元格区域 A1:D25,如图 9-22 所示。

第 2 步：选择【数据】菜单中的【数据分析】按钮,如图 9-23 中的红色矩形框所示。

第 3 步：在弹出的对话框(图 9-24)中,选择【回归】选项,单击【确定】按钮。

第 4 步：弹出【回归】对话框后,在【Y 值输入区域】方框中输入因变量数据区域单元格引用 ＄B＄1：＄B＄25 在【X 值输入区域】方框中输入自变量数据区域单元格引用 ＄C＄1：＄D＄25,选中【标志】复选框,在【输出区域】方框中输入对输出表左上角单元格的引用＄F＄1,单击【确定】按钮,如图 9-25 所示。

	A	B	C	D
1	月	送货成本（万元）	销售额（万元）	订单数（份）
2	1	37.07	270	4015
3	2	50.16	312	3806
4	3	59.91	358	5309
5	4	44.58	281	4262
6	5	50.97	320	4296
7	6	47.91	321	4097
8	7	36.72	211	3213
9	8	49.54	339	4809
10	9	57.42	362	5237
11	10	52.07	352	4732
12	11	49.59	375	4413
13	12	37.86	247	2921
14	13	44.09	260	3977
15	14	50.61	230	4428
16	15	41.29	286	3964
17	16	55.57	344	4582
18	17	66.11	369	5582
19	18	41.82	311	3450
20	19	63.35	436	5079
21	20	65.27	417	5735
22	21	48.53	324	4269
23	22	37.6	272	3708
24	23	62.43	383	5387
25	24	46.76	291	4161

图 9-22　送货成本与销售额、订单数数据

图 9-23　数据分析按钮

图 9-24　数据分析对话框

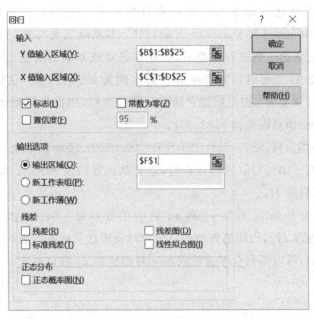

图 9-25　回归对话框

（三）实验结果

A 仓库的送货成本与销售额和订单数的多元线性回归分析结果如图 9-26 所示。

F	G	H	I	J	K	L	M	N
SUMMARY OUTPUT								
回归统计								
Multiple R	0.935934							
R Square	0.875972							
Adjusted R Square	0.864159							
标准误差	3.335907							
观测值	24							
方差分析								
	df	SS	MS	F	Significance F			
回归分析	2	1650.502	825.251	74.15802	3.0337E-10			
残差	21	233.6938	11.12828					
总计	23	1884.196						
	Coefficien	标准误差	t Stat	P-value	Lower 95%	Upper 95%	下限 95.0%	上限 95.0%
Intercept	-1.92483	4.31132	-0.44646	0.659835	-10.8907092	7.04105254	-10.890709	7.04105254
销售额（万元）	0.047167	0.020337	2.319307	0.03054	0.004874592	0.08945993	0.00487459	0.08945993
订单数（份）	0.008362	0.001574	5.313625	2.87E-05	0.005089236	0.01163445	0.00508924	0.01163445

图 9-26　多元线性回归分析结果

利用数据分析功能得到的多元线性回归分析结果与一元线性回归的组成部分相同。
第一部分为回归统计，R^2（R Square）＝0.875972。其实际意义是：在仓库送货成本取值的变差中,能被送货成本与销售额和订单数的二元回归方程所解释的比例为 87.5972%。$\overline{R}^2$(Adjusted R Square)=0.864159。其实际意义与 R^2 类似,表示:在用样本量和模型中自变量的个数进行调整后,在仓库送货成本取值的变差中,能被送货成本与销售额和订单数的二元回归方程所解释的比例为 86.4159%。估计标准误差 S_e=3.335907。其实际意义为:根据所建立的多元回归方程,用销售额和订单数预测仓库的送货成本时,平均的预测误差为 3.335907。

第二部分为方差分析,SST=1884.196,SSR=1650.502,SSE=233.6938。由 Significance F 可知 p 值=3.03E-10<5%(回归分析时,系统默认置信度为 95%,即显著性水平 α=5%),因此拒绝原假设 H_0。

第三部分中,由 P-value 可知 x_1 和 x_2 的 p 值分别为 0.03054 和 2.87E-05,均小于 5%,因此拒绝原假设 H_0,说明销售额和订单数对仓库送货成本的影响都是显著的。

因此可以得到,可以得到仓库送货成本 y 对销售额 x_1 和订单数 x_2 的二元线性回归方程为:

$$\hat{y} = -1.92483 + 0.047167x_1 + 0.008362x_2$$

各回归系数的实际意义为:

$\hat{\beta}_1$=0.047167 表示在订单数不变的条件下,销售额每增加 1 万元,仓库的送货成本平均增加 0.047167 万元。

$\hat{\beta}_2$=0.008362 表示在销售额不变的条件下,订单数每增加 1 份,仓库的送货成本平均增加 0.008362 万元。

🎯 实验练习九

1. 已知两个变量 y 与 x 的数据如表 9-5 所示。

表 9-5 y 与 x 的数据

y	9	10	12	14	16	20	25	25	28
x	5	5	5	6	7	9	10	11	12

要求:

(1) 绘制 y 与 x 的散点图,判断二者之间的关系形态;

(2) 计算 y 与 x 之间的相关系数。

2. 根据上题数据,利用最小二乘法建立线性回归方程,计算参数估计的标准误差、可决系数、估计标准误差,并对参数进行显著性检验(α=0.05)。

3. 上海市 2000—2016 年港口货物吞吐量(y)与地区生产总值(x)的统计数据如表 9-6 所示。

表 9-6　上海市 2000－2016 年港口货物吞吐量与地区生产总值

年份	港口货物吞吐量(万吨)	地区生产总值(亿元)
2000	20440	4812.15
2001	22099	5257.66
2002	26384	5795.02
2003	31621	6762.38
2004	37897	8165.38
2005	44317	9365.54
2006	53748	10718.04
2007	56144	12668.12
2008	58170	14275.80
2009	59205	15285.58
2010	65339	17433.21
2011	72758	19533.84
2012	73559	20553.52
2013	77575	22257.66
2014	75529	24060.87
2015	71740	25643.47
2016	70177	28178.65

资料来源：2017 年上海统计年鉴。

要求：

(1) 计算 y 与 x 之间的相关系数；

(2) 利用最小二乘法建立 y 对 x 的线性回归方程,并解释回归系数的实际意义；

(3) 计算可决系数,并解释其意义；

(4) 检验回归方程整体的显著性($\alpha=0.05$)。

第十章

时间序列分析

第一节　时间序列的水平分析及速度分析

一、基础知识

时间序列的基本分析指标包括水平分析指标和速度分析指标。

时间序列的水平分析包括以下四种指标。

（一）发展水平

发展水平是指时间序列中不同时间的数值，反映了统计指标在不同时间发展变化的水平，以刻画社会经济现象发展变化的过程。如果时间序列中时期 t 的发展水平用 a_t 表示，则有 n 期的时间序列表示为 $a_0, a_1, \cdots, a_t, \cdots, a_n$，其中指标的第一项 a_0 称为最初水平，最后一项 a_n 称为最末水平，其余项称为中间水平。在时间序列分析中，将所研究的某一时间的发展水平称为报告期水平，而进行比较的基础时间的发展水平称为基期水平。当然，报告期水平和基期水平根据具体研究问题而确定。

（二）平均发展水平

平均发展水平是指时间序列中不同时间的数值的平均数，又称序时平均数，反映了社会经济现象在某段时间内发展的一般水平。其中总量指标时间序列计算平均发展水平是最基本的方法，而总量指标时间序列分为时期数列和时点数列。

时期数列的平均发展水平 $\bar{a}$ 计算公式为

$$\bar{a} = \frac{a_1 + \cdots + a_n}{n} = \frac{\sum\limits_{t=1}^{n} a_t}{n} \tag{10-1}$$

时点数列按照是否逐日记录且逐日排列，分为连续时点数列和间断时点数列。

1. 连续时点数列

连续时点数列即逐日记录且逐日排列的时点数列，如果每日时点序列发生变化，则

平均发展水平 $\bar{a}$ 的计算公式为

$$\bar{a} = \frac{a_1 + \cdots + a_n}{n} = \frac{\sum_{t=1}^{n} a_t}{n} \tag{10-2}$$

2. 间断时点数列

间断时点数列即间隔一段时间的时点数列,通常情况下,假定所研究的统计指标在两个相邻时点之间的变动是均匀的,则两个相邻时点之间的平均发展水平为 $\frac{期初 + 期末}{2}$。如果间隔时间相等,则将这些平均数计算简单算术平均数,则平均发展水平 $\bar{a}$ 的计算公式为

$$\bar{a} = \frac{\left(\dfrac{a_0 + a_1}{2}\right) + \left(\dfrac{a_1 + a_2}{2}\right) \cdots + \left(\dfrac{a_{n-1} + a_n}{2}\right)}{n} = \frac{\dfrac{a_0}{2} + a_1 + \cdots + a_{n-1} + \dfrac{a_n}{2}}{n} \tag{10-3}$$

如果间隔时间不等,则将这些平均数用时间间隔长度(f)为权数计算加权平均数,则平均发展水平 $\bar{a}$ 的计算公式为

$$\bar{a} = \frac{\left(\dfrac{a_0 + a_1}{2}\right) f_1 + \left(\dfrac{a_1 + a_2}{2}\right) f_2 + \cdots + \left(\dfrac{a_{n-1} + a_n}{2}\right) f_n}{\sum_{i=1}^{n} f_n} \tag{10-4}$$

相对指标或平均指标时间序列通常是由两个绝对数相除得到的,应先分别计算构成该相对指标或平均指标时间序列的分子和分母时间序列的平均发展水平,再相除得到该指标的平均发展水平,则计算公式为

$$\bar{c} = \frac{\bar{a}}{\bar{b}} \tag{10-5}$$

式中 $\bar{c}$ 表示相对指标或平均指标时间序列的平均发展水平,$\bar{a}$ 表示分子时间序列的平均发展水平,$\bar{b}$ 表示分母时间序列的平均发展水平,其中 $\bar{a}$ 和 $\bar{b}$ 根据总量指标的平均发展水平相应公式进行计算。

(三) 增长水平(增长量)

增长量是指时间序列在一段时期内发生变动的绝对数量,即报告期水平与基期水平之差,如果是正数表示增长,如果是负数表示减少。按照比较的基期,增长量可分为逐期增长量和累计增长量。逐期增长量反映时间序列逐期变动的绝对数量,即报告期水平与前一期水平之差,表达式为

$$a_1 - a_0, a_2 - a_1, \cdots, a_n - a_{n-1} \tag{10-6}$$

累计增长量反映时间序列一段时间内变动的绝对数量,即报告期水平与某固定基期水平之差,表达式为

$$a_1 - a_0, a_2 - a_0, \cdots, a_n - a_0 \qquad (10\text{-}7)$$

逐期增长量与累计增长量存在关系：各逐期增长量之和等于对应时期的累计增长量，即

$$\sum_{t=1}^{n}(a_t - a_{t-1}) = a_n - a_0 \qquad (10\text{-}8)$$

(四) 平均增长量

平均增长量是指时间序列各逐期增长量的平均数，反映社会经济现象在一段时间内每期平均增长量，计算公式为

$$\text{平均增长量} = \frac{(a_1 - a_0) + (a_2 - a_1) + \cdots + (a_n - a_{n-1})}{n} = \frac{a_n - a_0}{n} \qquad (10\text{-}9)$$

时间序列的速度分析包括以下四种指标。

(五) 发展速度

发展速度是指时间序列中两个不同时期的发展水平之比，反映社会经济现象发展变化的相对程度，通常用百分比(%)表示，计算公式为

$$\text{发展速度} = \frac{\text{报告期水平}}{\text{基期水平}} \qquad (10\text{-}10)$$

根据所采用的基期不同，发展速度分为环比发展速度和定基发展速度。环比发展速度是报告期水平与前一期水平发展变化的程度，表示为

$$\frac{a_1}{a_0}, \frac{a_2}{a_1}, \frac{a_3}{a_2}, \cdots, \frac{a_n}{a_{n-1}} \qquad (10\text{-}11)$$

定基发展速度是报告期水平与某固定基期水平发展变化的程度，表示为

$$\frac{a_1}{a_0}, \frac{a_2}{a_0}, \frac{a_3}{a_0}, \cdots, \frac{a_n}{a_0} \qquad (10\text{-}12)$$

环比发展速度与定基发展速度存在关系：定基发展速度等于各对应时期环比发展速度的连乘积，即

$$\frac{a_1}{a_0} \cdot \frac{a_2}{a_1} \cdot \frac{a_3}{a_2} \cdot \cdots \cdot \frac{a_n}{a_{n-1}} = \frac{a_n}{a_0} \qquad (10\text{-}13)$$

(六) 增长速度

增长速度是时间序列中增长量与基期水平之比，反映社会经济现象增长的相对程度及其增长的方向，计算公式为

$$\text{增长速度} = \frac{\text{增长量}}{\text{基期水平}} = \frac{\text{报告期水平} - \text{基期水平}}{\text{基期水平}} = \text{发展速度} - 1 \qquad (10\text{-}14)$$

　　根据所采用的基期不同,增长速度分为环比增长速度和定基增长速度。环比增长速度是逐期增长量与前一期水平之比,表示为

$$\frac{a_1-a_0}{a_0},\frac{a_2-a_1}{a_1},\cdots,\frac{a_n-a_{n-1}}{a_{n-1}} \quad 或 \quad \frac{a_1}{a_0}-1,\frac{a_2}{a_1}-1,\cdots,\frac{a_n}{a_{n-1}}-1 \quad (10\text{-}15)$$

　　定基发展速度是累计增长量与某固定基期水平之比,表示为

$$\frac{a_1-a_0}{a_0},\frac{a_2-a_0}{a_0},\frac{a_3-a_0}{a_0},\cdots,\frac{a_n-a_0}{a_0} \quad 或 \quad \frac{a_1}{a_0}-1,\frac{a_2}{a_0}-1,\frac{a_3}{a_0}-1,\cdots,\frac{a_n}{a_0}-1$$

$$(10\text{-}16)$$

(七)平均发展速度

　　平均发展速度是指各时期环比发展速度的平均数,反映社会经济现象逐期平均发展变化的程度。由于总发展速度等于对应时期内各环比发展速度的乘积,则平均发展速度 $\overline{X}$ 可用几何平均法计算,计算公式为

$$\overline{X}=\sqrt[n]{\frac{a_1}{a_0}\cdot\frac{a_2}{a_1}\cdot\frac{a_3}{a_2}\cdot\cdots\cdot\frac{a_n}{a_{n-1}}}=\sqrt[n]{\frac{a_n}{a_0}} \quad (10\text{-}17)$$

(八)平均增长速度

　　平均增长速度反映社会经济现象逐期增长的平均程度,可利用平均发展速度计算,即

$$平均增长速度＝平均发展速度－1 \quad (10\text{-}18)$$

时间序列进行动态分析时,需要把速度指标和水平指标结合起来进行分析。

(九)增长1%的绝对值

　　增长1%的绝对值是将增长水平和增长速度指标结合起来的指标,计算公式为

$$增长1\%的绝对值=\frac{逐期增长量}{环比增长速度\times100}=\frac{a_{t-1}}{100} \quad (10\text{-}19)$$

二、实验:计算时间序列的水平指标和速度指标

(一)实验要求

　　根据表10-1的数据资料,对1993—2016年货物运输量进行动态分析,包括水平指标、速度指标以及增长1%的绝对值。

表 10-1　1993—2016 年货物运输量　　　　　　　　万吨

年份	货物运输量	年份	货物运输量
1993	1115902	2005	1862066
1994	1180396	2006	2037060
1995	1234938	2007	2275822
1996	1298421	2008	2585937
1997	1278218	2009	2825222
1998	1267427	2010	3241807
1999	1293008	2011	3696961
2000	1358682	2012	4100436
2001	1401786	2013	4098900
2002	1483447	2014	4167296
2003	1564492	2015	4175886
2004	1706412	2016	4386763

数据来源：国家统计局 http://data.stats.gov.cn/。

（二）实验步骤

第 1 步：录入数据。将表 10-1 的数据输入 Excel 工作表单元格区域 A1:B25，如图 10-1 所示。

第 2 步：对货物运输量进行水平分析，在 Excel 中输入相应的计算公式。

（1）计算平均发展水平。由于货物运输量时间序列为时期数列，根据公式（10-1），则直接利用函数 AVERAGE 计算，在 B26 单元格中输入公式"=AVERAGE(B2:B25)"。

（2）计算逐期增长量。根据公式（10-6），在 C3 单元格输入公式"=B3-B2"，并拖动鼠标复制公式至 C25 单元格。

（3）计算累计增长量。根据公式（10-7），在 D3 单元格输入公式"=B3-\$B\$2"（"\$"是英文输入方式下 shift+"4"，"\$B\$2"表示固定单元格 B2），并拖动鼠标复制公式至 D25 单元格。

（4）计算平均增长量。根据公式（10-9），在 C26 单元格输入公式"=AVERAGE(C3:C25)"，或在 D26 单元格输入公式"=D25/23"。

	A	B
1	年份	货物运输量
2	1993	1115902
3	1994	1180396
4	1995	1234938
5	1996	1298421
6	1997	1278218
7	1998	1267427
8	1999	1293008
9	2000	1358682
10	2001	1401786
11	2002	1483447
12	2003	1564492
13	2004	1706412
14	2005	1862066
15	2006	2037060
16	2007	2275822
17	2008	2585937
18	2009	2825222
19	2010	3241807
20	2011	3696961
21	2012	4100436
22	2013	4098900
23	2014	4167296
24	2015	4175886
25	2016	4386763

图 10-1　货物运输量数据

第 3 步：对货物运输量进行速度分析，在 Excel 中输入如下相应的计算公式。

（1）计算环比发展速度。根据公式（10-11），在 E3 单元格输入公式"=B3/B2"，并拖动鼠标复制公式至 E25 单元格。

（2）计算定基发展速度。根据公式（10-12），在 F3 单元格输入公式"=B3/\$B\$2"，并拖动鼠标复制公式至 F25 单元格。

（3）计算环比增长速度。根据公式（10-15），在 G3 单元格输入公式"＝C3/B2"，或输入公式"＝E3−1"，并拖动鼠标复制公式至 G25 单元格。

（4）计算定基增长速度。根据公式（10-16），在 H3 单元格输入公式"＝D3/＄B＄2"，或输入公式"＝F3−1"，并拖动鼠标复制公式至 H25 单元格。

（5）计算平均发展速度。根据公式（10-17），在 E26 单元格输入公式"＝POWER（B25/B2,1/23）"，或"＝GEOMEAN(E3：E25)"。

（6）计算平均增长速度。根据公式（10-18），在 G26 单元格输入公式"＝E26−1"。

第 4 步：计算增长 1% 的绝对值。根据公式（10-19），在 I3 单元格输入公式"＝B2/100"，并拖动鼠标复制公式至 I25 单元格。

第 5 步：调整单元格格式。选定单元格区域 E3：H26，单击鼠标右键选"设置单元格格式"，设置为百分比，小数位数为 2 位。最终结果如图 10-2 所示。

	A	B	C	D	E	F	G	H	I
1	年份	货物运输量	逐期增长量	累计增长量	环比发展速度	定基发展速度	环比增长速度	定基增长速度	增长1%的绝对值
2	1993	1115902							
3	1994	1180396	64494	64494	105.78%	105.78%	5.78%	5.78%	11159.02
4	1995	1234938	54542	119036	104.62%	110.67%	4.62%	10.67%	11803.96
5	1996	1298421	63483	182519	105.14%	116.36%	5.14%	16.36%	12349.38
6	1997	1278218	−20203	162316	98.44%	114.55%	−1.56%	14.55%	12984.21
7	1998	1267427	−10791	151525	99.16%	113.58%	−0.84%	13.58%	12782.18
8	1999	1293008	25581	177106	102.02%	115.87%	2.02%	15.87%	12674.27
9	2000	1358682	65674	242780	105.08%	121.76%	5.08%	21.76%	12930.08
10	2001	1401786	43104	285884	103.17%	125.62%	3.17%	25.62%	13586.82
11	2002	1483447	81661	367545	105.83%	132.94%	5.83%	32.94%	14017.86
12	2003	1564492	81045	448590	105.46%	140.20%	5.46%	40.20%	14834.47
13	2004	1706412	141920	590510	109.07%	152.92%	9.07%	52.92%	15644.92
14	2005	1862066	155654	746164	109.12%	166.87%	9.12%	66.87%	17064.12
15	2006	2037060	174994	921158	109.40%	182.55%	9.40%	82.55%	18620.66
16	2007	2275822	238762	1159920	111.72%	203.94%	11.72%	103.94%	20370.6
17	2008	2585937	310115	1470035	113.63%	231.74%	13.63%	131.74%	22758.22
18	2009	2825222	239285	1709320	109.25%	253.18%	9.25%	153.18%	25859.37
19	2010	3241807	416585	2125905	114.75%	290.51%	14.75%	190.51%	28252.22
20	2011	3696961	455154	2581059	114.04%	331.30%	14.04%	231.30%	32418.07
21	2012	4100436	403475	2984534	110.91%	367.45%	10.91%	267.45%	36969.61
22	2013	4098900	−1536	2982998	99.96%	367.32%	−0.04%	267.32%	41004.36
23	2014	4167296	68396	3051394	101.67%	373.45%	1.67%	273.45%	40989
24	2015	4175886	8590	3059984	100.21%	374.22%	0.21%	274.22%	41672.96
25	2016	4386763	210877	3270861	105.05%	393.11%	5.05%	293.11%	41758.86
26		2318220.208	142211.3478	142211.348	106.13%		6.13%		

图 10-2　货物运输量的动态分析

（三）实验结果

由图 10-2 可知，对货物运输量进行水平分析，货物运输量的平均发展水平是 2318220.208 万吨；逐期增长量有正有负，其中 1997 年、1998 年和 2013 年货物运输量较前一年有所减少，而其他年份货物运输量较前一年有所增加；累计增长量都是正的，说明所有年份货物运输量都比基期 1993 年有所增加，平均增长量为 142211.348 万吨。

对货物运输量进行速度分析,货物运输量的环比发展速度与 1 进行对比,有的大于 1 有的小于 1,与逐期增长量相对应,其中 1997 年、1998 年和 2013 年的环比发展速度小于 1,说明 1997 年、1998 年和 2013 年货物运输量较前一年有所减少,而其他年份环比发展速度大于 1,说明其他年份货物运输量较前一年有所增加;定基发展速度都是大于 1,与累计增长量相对应,说明所有年份货物运输量都比基期 1993 年有所增加;当发展速度小于 1 时,增长速度为负值,说明是负增长,当发展速度大于 1 时,增长速度为正值,说明是正增长;货物运输量的平均发展速度为 106.13%,平均增长速度为 6.13%。

第二节 移动平均法实验

一、基础知识

移动平均法是测定时间序列的长期趋势的一种简单方法,采用按照选择的时间间隔期数进行推移,分别计算出一系列的移动平均数,这样形成的时间序列对原时间序列的波动起到修匀作用,从而得到社会经济现象的长期趋势。对于平稳时间序列,利用移动平均法可以进行外推预测;对于非平稳时间序列,利用移动平均法可以进行平滑修匀。

移动平均法对非平稳时间序列进行平滑修匀,按照时间间隔期数的取值,分为奇数项移动平均和偶数项移动平均。假设原时间序列表示为 $y_1, y_2, \cdots, y_n$,对于奇数项移动平均,时间间隔期数为 $(2k+1)$,则 y_t 的趋势值 $\hat{y}_t$ 为

$$\hat{y}_t = \frac{1}{2k+1}(y_{t-k} + \cdots + y_{t-1} + y_t + y_{t+1} + \cdots + y_{t+k}), \quad t = k+1, \cdots, n-k$$

(10-20)

从表达式(10-20)可以看出 y_t 的趋势值是其前后 k 期及自身的平均数,形成的时间序列前后各损失 k 期数据。

对于偶数项移动平均,时间间隔期数为 $2k$,第一次平均为 $2k$ 项移动平均

$$\tilde{y}_t = \frac{1}{2k}(y_{t-k} + \cdots + y_t + y_{t+1} + \cdots + y_{t+k-1}), \quad t = k+1, \cdots, n-k+1 \quad (10\text{-}21)$$

从表达式(10-21)可以看出 $\tilde{y}$ 对应时期 $t-1$ 和时期 t 的中点,故还需做一次移动平均。第二次平均为取 $\tilde{y}_t$ 相邻两期的平均数,则 y_t 的趋势值 $\hat{y}_t$ 为

$$\hat{y}_t = \frac{1}{2}(y_t + y_{t+1}) = \frac{1}{2}\left[\frac{1}{2k}(y_{t-k} + \cdots + y_t + \cdots + y_{t+k-1}) + \right.$$

$$\left. \frac{1}{2k}(y_{t-k+1} + \cdots + y_{t+1} + \cdots + y_{t+k}) \right]$$

$$= \frac{1}{2k}\left(\frac{1}{2}y_{t-k} + \cdots + y_t + y_{t+1} + \cdots + y_{t+k-1} + \frac{1}{2}y_{t+k}\right), \quad t = k+1, \cdots, n-k$$

(10-22)

从表达式(10-22)可以看出形成的时间序列前后各损失 k 期数据。

移动平均法对平稳时间序列可以进行平滑修匀和外推预测。如果对平稳时间序列进行平滑修匀,类似于非平稳时间序列,当 K 为奇数时,可以得到 $y_{t+\frac{K+1}{2}}$ 的趋势值 $\hat{y}_{t+\frac{K+1}{2}}$ 为

$$\hat{y}_{t+\frac{K-1}{2}} = \frac{1}{K}(y_t + y_{t+1} + \cdots + y_{t+\frac{K-1}{2}} + \cdots + y_{t+K-1}), \quad t = 1, \cdots, n-K+1$$

(10-23)

从表达式(10-23)可以看出形成的时间序列前后各损失 $\frac{K-1}{2}$ 期数据。当 K 为偶数时,类似于非平稳时间序列,计算长期趋势值需要进行二次平均,这里就不赘述。

如果对平稳时间序列进行外推预测,对于时间间隔 K 期的移动平均值 $\bar{y}_t$,作为下一期的预测值

$$F_{t+1} = \bar{y}_t = \frac{1}{K}(y_t + y_{t-1} + \cdots + y_{t-K+1}), \quad t = K, \cdots, n$$

(10-24)

从表达式(10-23)和(10-24)可以看出,进行平滑修匀利用计算公式(10-23)得到的移动平均值排放在时间间隔时期的中间一期,而进行外推预测利用计算公式(10-24)得到的移动平均值排放在时间间隔时期的下一期,都可以直接使用 Excel 里的数据分析功能,只是移动平均值对应的时间点不同。

在应用移动平均法时,关键是选取合适的时间间隔 K,因为选取不同的 K 值将直接导致不同的移动平均值。为了比较不同时间间隔 K 的移动平均值进行时间序列外推预测的准确度,这里采用均方误差进行比较,均方误差越小,准确度越高。均方误差计算公式为

$$\text{MSE} = \frac{\sum_{t=1}^{n}(Y_t - F_t)^2}{n}$$

(10-25)

二、实验一:移动平均法的平滑修匀和预测实验

(一) 实验要求

根据表 10-2 的 1990—2016 年居民消费价格指数数据资料,计算时间间隔 K 分别取 3 和 5 时居民消费价格指数的长期趋势,并计算时间间隔 K 分别取 3 和 5 时进行外推预测的预测误差和均方误差。

表 10-2 1990—2016 年居民消费价格指数（上年＝100）

年份	居民消费价格指数	年份	居民消费价格指数
1990	103.1	2004	103.9
1991	103.4	2005	101.8
1992	106.4	2006	101.5
1993	114.7	2007	104.8
1994	124.1	2008	105.9
1995	117.1	2009	99.3
1996	108.3	2010	103.3
1997	102.8	2011	105.4
1998	99.2	2012	102.6
1999	98.6	2013	102.6
2000	100.4	2014	102
2001	100.7	2015	101.4
2002	99.2	2016	102
2003	101.2		

数据来源：国家统计局 http://data.stats.gov.cn/。

（二）实验步骤

第 1 步：在【数据】选项卡下添加【数据分析】按钮。Excel 中的"分析工具库"提供了一系列数据分析工具，如果"分析工具库"没有显示在【数据】选项卡下，需要打开 Excel，单击"文件"，接着依次单击"选项"→"加载项"→"分析数据库"，点击"转到"按钮，弹出"加载宏"窗口，如图 10-3 所示，并选择"分析工具库"选项，单击【确定】按钮。

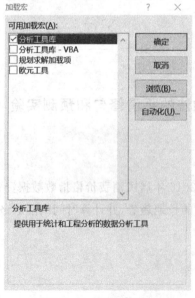

图 10-3 加载宏窗口

这时单击【数据】选项卡,在最右侧出现了【数据分析】按钮,如图10-4所示。

图10-4　【数据分析】按钮

第2步:录入数据。将表10-2的数据输入Excel工作表单元格区域A1:B28,如图10-5所示。

第3步:采用移动平均法得到居民消费价格指数的长期趋势,时间间隔K取3或5。单击【数据分析】按钮,弹出【数据分析】对话框,在其中选择【移动平均】,如图10-6所示,单击【确定】。

	A	B
1	年份	居民消费价格指数
2	1990	103.1
3	1991	103.4
4	1992	106.4
5	1993	114.7
6	1994	124.1
7	1995	117.1
8	1996	108.3
9	1997	102.8
10	1998	99.2
11	1999	98.6
12	2000	100.4
13	2001	100.7
14	2002	99.2
15	2003	101.2
16	2004	103.9
17	2005	101.8
18	2006	101.5
19	2007	104.8
20	2008	105.9
21	2009	99.3
22	2010	103.3
23	2011	105.4
24	2012	102.6
25	2013	102.6
26	2014	102
27	2015	101.4
28	2016	102

图10-5　居民消费价格指数数据

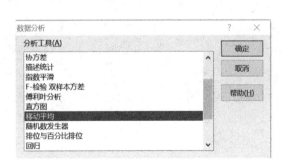

图10-6　数据分析对话框

如果根据公式(10-23)得到的移动平均值,则接下来实验步骤如下:

第4步:弹出【移动平均】对话框,如图10-7所示,【输入区域】选择"＄B＄2:＄B＄28",【间隔】选"3",【输出区域】选"＄C＄1"。单击【确定】,得到3期移动平均值。

第5步:重复第4步,【间隔】选"5",【输出区域】选"＄D＄1",为了第3期(单元格D4)开始有移动平均值,则鼠标右键单击单元格D4,选择【删除】,弹出【删除】对话框,选择"下方单元格上移",点击【确定】,得到5期移动平均值。最终结果如图10-8所示。

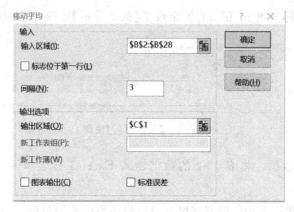

图 10-7　移动平均设置

	A	B	C	D
1	年份	居民消费价格指数	#N/A	#N/A
2	1990	103.1	#N/A	#N/A
3	1991	103.4	104.3	#N/A
4	1992	106.4	108.1667	110.34
5	1993	114.7	115.0667	113.14
6	1994	124.1	118.6333	114.12
7	1995	117.1	116.5	113.4
8	1996	108.3	109.4	110.3
9	1997	102.8	103.4333	105.2
10	1998	99.2	100.2	101.86
11	1999	98.6	99.4	100.34
12	2000	100.4	99.9	99.62
13	2001	100.7	100.1	100.02
14	2002	99.2	100.3667	101.08
15	2003	101.2	101.4333	101.36
16	2004	103.9	102.3	101.52
17	2005	101.8	102.4	102.64
18	2006	101.5	102.7	103.58
19	2007	104.8	104.0667	102.66
20	2008	105.9	103.3333	102.96
21	2009	99.3	102.8333	103.74
22	2010	103.3	102.6667	103.3
23	2011	105.4	103.7667	102.64
24	2012	102.6	103.5333	103.18
25	2013	102.6	102.4	102.8
26	2014	102	102	102.12
27	2015	101.4	101.8	
28	2016	102		

图 10-8　居民消费价格指数的移动平均值

如果根据公式(10-24)得到的移动平均值,则第 3 步后的实验步骤如下。

第 4 步:弹出【移动平均】对话框,如图 10-9 所示,【输入区域】选择"＄B＄2:＄B＄28",【间隔】选"3",【输出区域】选"＄C＄3"。单击【确定】,得到 3 期移动平均值。

第 5 步:重复第 4 步,【间隔】选"5",【输出区域】选"＄F＄3",得到 5 期移动平均值。

第 6 步:计算 3 期移动平均值和 5 期移动平均值的预测误差和均方误差。根据公式(10-25),在 D5 单元格输入公式"＝B5－C5",并拖动鼠标复制公式至 D28 单元格,然后在 E5 单元格输入公式"＝D5＊D5",并拖动鼠标复制公式至 E28 单元格,则 3 期移动

图 10-9　移动平均设置

平均值的均方误差在 D29 单元格输入公式"＝SUMSQ(D5∶D28)/24"，或在 E29 单元格输入公式"＝AVERAGE(E5∶E28)"。同理，在 G7 单元格输入公式"＝B7－F7"，并拖动鼠标复制公式至 G28 单元格，然后在 H7 单元格输入公式"＝G7＊G7"，并拖动鼠标复制公式至 H28 单元格，则 5 期移动平均值的均方误差在 G29 单元格输入公式"＝SUMSQ(G7∶G28)/22"，或在 H29 单元格输入公式"＝AVERAGE(H7∶H28)"。最终结果如图 10-10 所示，单元格格式为保留两位小数。

	A	B	C	D	E	F	G	H
1	年份	居民消费价格指数	3期移动平均	预测误差	误差平方	5期移动平均	预测误差	误差平方
2	1990	103.1						
3	1991	103.4	#N/A			#N/A		
4	1992	106.4	#N/A			#N/A		
5	1993	114.7	104.30	10.40	108.16	#N/A		
6	1994	124.1	108.17	15.93	253.87	#N/A		
7	1995	117.1	115.07	2.03	4.13	110.34	6.76	45.70
8	1996	108.3	118.63	−10.33	106.78	113.14	−4.84	23.43
9	1997	102.8	116.50	−13.70	187.69	114.12	−11.32	128.14
10	1998	99.2	109.40	−10.20	104.04	113.40	−14.20	201.64
11	1999	98.6	103.43	−4.83	23.36	110.30	−11.70	136.89
12	2000	100.4	100.20	0.20	0.04	105.20	−4.80	23.04
13	2001	100.7	99.40	1.30	1.69	101.86	−1.16	1.35
14	2002	99.2	99.90	−0.70	0.49	100.34	−1.14	1.30
15	2003	101.2	100.10	1.10	1.21	99.62	1.58	2.50
16	2004	103.9	100.37	3.53	12.48	100.02	3.88	15.05
17	2005	101.8	101.43	0.37	0.13	101.08	0.72	0.52
18	2006	101.5	102.30	−0.80	0.64	101.36	0.14	0.02
19	2007	104.8	102.40	2.40	5.76	101.52	3.28	10.76
20	2008	105.9	102.70	3.20	10.24	102.64	3.26	10.63
21	2009	99.3	104.07	−4.77	22.72	103.58	−4.28	18.32
22	2010	103.3	103.33	−0.03	0.00	102.66	0.64	0.41
23	2011	105.4	102.83	2.57	6.59	102.96	2.44	5.95
24	2012	102.6	102.67	−0.07	0.00	103.74	−1.14	1.30
25	2013	102.6	103.77	−1.17	1.36	103.30	−0.70	0.49
26	2014	102	103.53	−1.53	2.35	102.64	−0.64	0.41
27	2015	101.4	102.40	−1.00	1.00	103.18	−1.78	3.17
28	2016	102	102.00	0.00	0.00	102.80	−0.80	0.64
29	2017		**101.80**	35.61	35.61	**102.12**	28.71	28.71

图 10-10　居民消费价格指数的移动平均值

（三）实验结果

由图 10-8 可知,根据公式(10-23),1990—2016 年居民消费价格指数的 3 期移动平均值是从 1991 年才出现数值,前后各有一期没有数值;而 5 期移动平均值是从 1992 年才出现数值,前后各有两期没有数值。

由图 10-10 可知,根据公式(10-24),1990—2016 年居民消费价格指数的 3 期移动平均值是从 1993 年才出现数值,且观测值与预测值之间的误差有正有负,均方误差为 35.61;而 5 期移动平均值是从 1995 年才出现数值,且观测值与预测值之间的误差有正有负,均方误差为 28.71。由此可知,时间间隔为 5 时比时间间隔为 3 时移动平均值预测准确度高一些。此时运用移动平均法还能预测 2017 年的居民消费价格指数,时间间隔为 3 时预测 2017 年是 101.80,而时间间隔为 5 时预测 2017 年是 102.12。

三、实验二：移动平均法的修匀实验

（一）实验要求

根据表 10-3 的 2014 年第一季度至 2017 年第四季度国内 GDP 当季值数据,利用移动平均法进行平滑修匀。

表 10-3   2014—2017 年各季度国内 GDP 当季值   亿元

年/季度	国内 GDP_当季值
2014/1	140618.3
2	156461.3
3	165711.9
4	181182.5
2015/1	150986.7
2	168503
3	176710.4
4	192851.9
2016/1	161456.3
2	180615
3	190362.7
4	211151.4
2017/1	180385.3
2	200558.7
3	211595.5
4	234582.2

数据来源：国家统计局 http://data.stats.gov.cn/。

（二）实验步骤

第 1 步：录入数据。将表 10-3 的数据输入 Excel 工作表单元格区域 A1：B17，如图 10-11 所示。

	A	B
1	年/季度	国内GDP_当季值
2	2014/1	140618.3
3	2	156461.3
4	3	165711.9
5	4	181182.5
6	2015/1	150986.7
7	2	168503
8	3	176710.4
9	4	192851.9
10	2016/1	161456.3
11	2	180615
12	3	190362.7
13	4	211151.4
14	2017/1	180385.3
15	2	200558.7
16	3	211595.5
17	4	234582.2

图 10-11　国内 GDP 当季值数据

第 2 步：计算 4 期移动平均数。因为国内 GDP 当季值是季度数据，则采用 4 期移动平均。首先根据公式(10-21)，在 C4 单元格输入公式"＝(B2＋B3＋B4＋B5)/4"，并拖动鼠标复制公式至 C16 单元格；

第 3 步：计算二次平均。根据公式(10-22)，在 D4 单元格输入公式"＝(C4＋C5)/2"，并拖动鼠标复制公式至 D15 单元格。最终结果如图 10-12 所示，单元格格式为保留两位小数。

	A	B	C	D
1	年/季度	国内GDP_当季值	4期移动平均	二次平均
2	2014/1	140618.3		
3	2	156461.3		
4	3	165711.9	160993.50	162289.55
5	4	181182.5	163585.60	165090.81
6	2015/1	150986.7	166596.03	167970.84
7	2	168503	169345.65	170804.33
8	3	176710.4	172263.00	173571.70
9	4	192851.9	174880.40	176394.40
10	2016/1	161456.3	177908.40	179614.94
11	2	180615	181321.48	183608.91
12	3	190362.7	185896.35	188262.48
13	4	211151.4	190628.60	193121.56
14	2017/1	180385.3	195614.53	198268.63
15	2	200558.7	200922.73	203851.58
16	3	211595.5	206780.43	
17	4	234582.2		

图 10-12　国内 GDP 当季值的移动平均值

（三）实验结果

从图 10-12 可以看出采用移动平均法对国内 GDP 当季值进行平滑修匀,时间间隔为 4,偶数期移动平均形成的时间序列前后各损失 2 期数据。

第三节　　指数平滑法实验

一、基础知识

指数平滑法是测定时间序列的长期趋势的另一种方法,是对过去的观察值加权平均得到,可分为一次指数平滑法和多次指数平滑法,这里主要介绍一次平滑法。基本指数平滑法的计算公式为

$$F_{t+1} = \alpha y_t + (1-\alpha)F_t \qquad (10\text{-}26)$$

其中,F_t 为时期 t 的趋势值,$\alpha(0 < \alpha < 1)$ 为平滑系数。

在应用指数平滑法时,由于选取不同的平滑系数 α 将直接导致不同的指数平滑值,关键是选取合适的平滑系数 α,使得均方误差越小,指数平滑值反映时间序列的长期趋势的准确度越高。

二、实验:指数平滑法的预测实验

（一）实验要求

根据表 10-2 的 1990—2016 年居民消费价格指数数据资料,计算平滑系数 α 为 0.3 和 0.5 时居民消费价格指数的预测值,并计算误差和均方误差。

（二）实验步骤

第 1 步:录入数据。如图 10-5 所示。

第 2 步:采用指数平滑法得到居民消费价格指数的长期趋势,平滑系数 α 为 0.3 和 0.5。单击【数据】菜单下最右侧的【数据分析】按钮,弹出【数据分析】对话框,在其中选择【指数平滑】,如图 10-13 所示,单击【确定】。

第 3 步:弹出【指数平滑】对话框,如图 10-14 所示,【输入区域】选择"＄B＄2:＄B＄28",【阻尼系数】输入"0.7"(注:阻尼系数＝1−α),【输出区域】选"＄C＄2"。单击【确定】,得到平滑系数 α 为 0.3 时的指数平滑值。

第 4 步:重复第 3 步,【阻尼系数】输入"0.5",【输出区域】选"＄F＄2",得到平滑系数 α 为 0.5 时的指数平滑值。

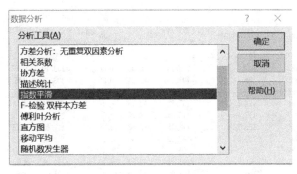

图 10-13 数据分析对话框

图 10-14 指数平滑设置

第 5 步:计算阻尼系数 α 为 0.3 和 0.5 时指数平滑值的误差和均方误差。根据公式 (10-25),在 D3 单元格输入公式"=B3-C3",并拖动鼠标复制公式至 D28 单元格,然后在 E3 单元格输入公式"=D3*D3",并拖动鼠标复制公式至 E28 单元格,则阻尼系数 α 为 0.3 时指数平滑值的均方误差在 E29 单元格,输入公式"=AVERAGE(E3:E28)"。同理,在 G3 单元格输入公式"=B3-F3",并拖动鼠标复制公式至 G28 单元格,然后在 H3 单元格输入公式"=G3*G3",并拖动鼠标复制公式至 H28 单元格,则阻尼系数 α 为 0.5 时指数平滑值的均方误差在 H29 单元格,输入公式"=AVERAGE(H3:H28)"。最终结果如图 10-15 所示,单元格格式为保留两位小数。

(三)实验结果

由图 10-15 可知,1990—2016 年居民消费价格指数的一次指数平滑值均从 1991 年出现数值,且观测值与趋势值之间的误差有正有负,平滑系数 α 为 0.3 时均方误差为 30.36,而平滑系数 α 为 0.5 时均方误差为 25.25。由此可知,平滑系数 α 为 0.5 时一次指数平滑值进行预测的准确度高一些。

	A	B	C	D	E	F	G	H
1	年份	居民消费价格指数	指数平滑预测 α=0.3	误差	误差平方	指数平滑预测 α=0.5	误差	误差平方
2	1990	103.1	#N/A			#N/A		
3	1991	103.4	103.10	0.30	0.09	103.10	0.30	0.09
4	1992	106.4	103.19	3.21	10.30	103.25	3.15	9.92
5	1993	114.7	104.15	10.55	111.24	104.83	9.88	97.52
6	1994	124.1	107.32	16.78	281.67	109.76	14.34	205.56
7	1995	117.1	112.35	4.75	22.54	116.93	0.17	0.03
8	1996	108.3	113.78	-5.48	29.99	117.02	-8.72	75.96
9	1997	102.8	112.13	-9.33	87.11	112.66	-9.86	97.18
10	1998	99.2	109.33	-10.13	102.69	107.73	-8.53	72.74
11	1999	98.6	106.29	-7.69	59.19	103.46	-4.86	23.66
12	2000	100.4	103.99	-3.59	12.85	101.03	-0.63	0.40
13	2001	100.7	102.91	-2.21	4.88	100.72	-0.02	0.00
14	2002	99.2	102.25	-3.05	9.28	100.71	-1.51	2.27
15	2003	101.2	101.33	-0.13	0.02	99.95	1.25	1.55
16	2004	103.9	101.29	2.61	6.80	100.58	3.32	11.04
17	2005	101.8	102.08	-0.28	0.08	102.24	-0.44	0.19
18	2006	101.5	101.99	-0.49	0.24	102.02	-0.52	0.27
19	2007	104.8	101.84	2.96	8.73	101.76	3.04	9.24
20	2008	105.9	102.73	3.17	10.04	103.28	2.62	6.87
21	2009	99.3	103.68	-4.38	19.20	104.59	-5.29	27.98
22	2010	103.3	102.37	0.93	0.87	101.94	1.36	1.84
23	2011	105.4	102.65	2.75	7.58	102.62	2.78	7.71
24	2012	102.6	103.47	-0.87	0.76	104.01	-1.41	1.99
25	2013	102.6	103.21	-0.61	0.37	103.31	-0.71	0.50
26	2014	102	103.03	-1.03	1.06	102.95	-0.95	0.91
27	2015	101.4	102.72	-1.32	1.74	102.48	-1.08	1.16
28	2016	102	102.32	-0.32	0.10	101.94	0.06	0.00
29					30.36			25.25

图 10-15　居民消费价格指数的指数平滑值

第四节　趋势的预测实验

一、基础知识

时间序列的趋势分为线性趋势和非线性趋势。对时间序列的趋势进行预测就是对时间序列拟合趋势直线或趋势曲线,如果这种趋势能够延续,则可利用这种趋势进行预测。

(一)线性趋势预测

当时间序列 y_t 的发展趋势按照线性趋势变化时,可用线性趋势方程表示为

$$\hat{y}_t = b_0 + b_1 t \tag{10-27}$$

其中,$\hat{y}_t$ 是时间序列的趋势预测值,b_0 和 b_1 分别是通过一元线性回归分析的最小二乘法得到的截距项和变量 t 的回归系数的估计值。

（二）非线性趋势预测

当时间序列 y_t 的发展趋势按照非线性趋势变化时，这里主要介绍指数曲线与多阶曲线拟合非线性趋势，指数曲线的趋势方程表示为

$$\hat{y}_t = b_0 b_1^t \tag{10-28}$$

其中，$\hat{y}_t$ 是时间序列的趋势预测值，b_0 和 b_1 分别是待定系数的估计值。

为了得到待定系数 b_0 和 b_1 的估计值，可采取对数线性化，方程两边取对数得

$$\lg \hat{y}_t = \lg b_0 + t \lg b_1 \tag{10-29}$$

其中，变化后的被解释变量为 $\lg y_t$，$\lg b_0$ 和 $\lg b_1$ 分别是通过一元线性回归分析的最小二乘法得到的截距项和变量 t 的回归系数的估计值，再取其反对数则可得 b_0 和 b_1 的估计值。

多阶曲线的趋势方程表示为

$$\hat{y}_t = b_0 + b_1 t + b_2 t^2 + \cdots + b_k t^k \tag{10-30}$$

其中，$\hat{y}_t$ 是时间序列的趋势预测值，$b_0, b_1, b_2, \cdots, b_k$ 分别是通过多元线性回归分析的最小二乘法得到的截距项、变量 t 的回归系数以及变量 t 的高阶次回归系数的估计值。

二、实验一：线性趋势的预测实验

（一）实验要求

根据表 10-4 的 1990—2016 年人均 GDP 数据资料，采用线性趋势方程(10-27)进行拟合，并计算出各期的预测值和预测误差，预测 2017 年人均 GDP。

表 10-4　1990—2016 年人均 GDP　　　　　　　　　　　　元

年份	人均 GDP	年份	人均 GDP
1990	1663	2004	12487
1991	1912	2005	14368
1992	2334	2006	16738
1993	3027	2007	20505
1994	4081	2008	24121
1995	5091	2009	26222
1996	5898	2010	30876
1997	6481	2011	36403
1998	6860	2012	40007
1999	7229	2013	43852
2000	7942	2014	47203
2001	8717	2015	50251
2002	9506	2016	53935
2003	10666		

数据来源：国家统计局 http://data.stats.gov.cn/。

（二）实验步骤

第1步：录入数据。将表10-4的数据输入 Excel 工作表单元格区域 A1:B28，如图 10-16 所示。

第2步：单击【数据】菜单下最右侧的【数据分析】按钮，弹出【数据分析】对话框，在其中选择【回归】，如图 10-17 所示，单击【确定】。

	A	B
1	年份	人均GDP
2	1990	1663
3	1991	1912
4	1992	2334
5	1993	3027
6	1994	4081
7	1995	5091
8	1996	5898
9	1997	6481
10	1998	6860
11	1999	7229
12	2000	7942
13	2001	8717
14	2002	9506
15	2003	10666
16	2004	12487
17	2005	14368
18	2006	16738
19	2007	20505
20	2008	24121
21	2009	26222
22	2010	30876
23	2011	36403
24	2012	40007
25	2013	43852
26	2014	47203
27	2015	50251
28	2016	53935

图 10-16　人均 GDP 数据

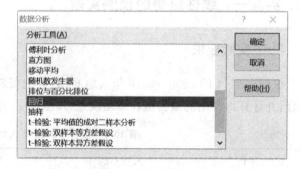

图 10-17　数据分析对话框

第3步：弹出【回归】对话框，如图 10-18 所示，【Y 值输入区域】选择单元格 $B$2:$B$28，【X 值输入区域】选择单元格 $C$2:$C$28，【输出区域】选"$F$2"。

第4步：单击【确定】，得到回归结果，如图 10-19 所示。

第5步：计算各期预测值和残差。在 B30 单元格输入公式"=G18"，即 b_0 的估计值，在 D30 单元格输入公式"=G19"，即 b_1 的估计值；计算各期线性趋势的预测值，在 D2 单元格输入公式"=$B$30+C2*$D$30"，并拖动鼠标复制公式至 D28 单元格；计算各期预测误差，在 E2 单元格输入公式"=B2−D2"，并拖动鼠标复制公式至 E28 单元格。

第6步：预测 2017 年人均 GDP。在 C29 单元格输入对应的 t 值"28"，并拖动鼠标复制 D28 单元格公式至 D29 单元格。最终结果如图 10-20 所示。

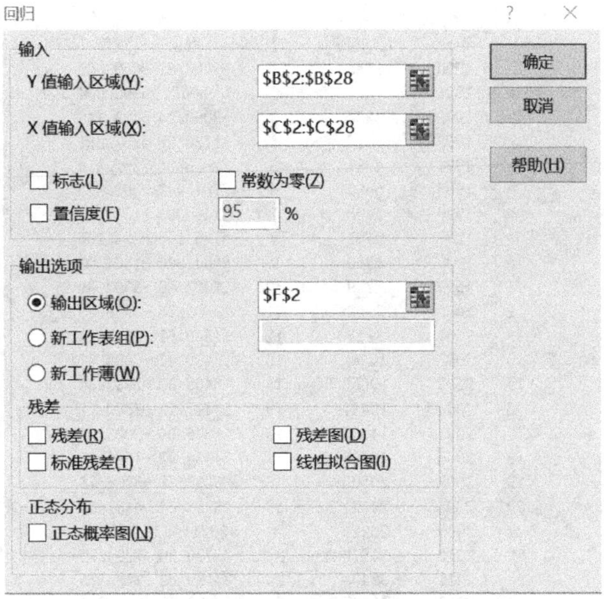

图 10-18 回归设置

	F	G	H	I	J	K	L	M	N
1									
2	SUMMARY OUTPUT								
3									
4	回归统计								
5	Multiple R	0.935588							
6	R Square	0.875324							
7	Adjusted R Square	0.870337							
8	标准误差	5984.071							
9	观测值	27							
10									
11	方差分析								
12		df	SS	MS	F	nificance F			
13	回归分析	1	6.29E+09	6.29E+09	175.5205	8.37E-13			
14	残差	25	8.95E+08	35809106					
15	总计	26	7.18E+09						
16									
17		Coefficien	标准误差	t Stat	P-value	Lower 95%	Upper 95%	下限 95.0	上限 95.0%
18	Intercept	-8965.73	2368.779	-3.78496	0.000859	-13844.3	-4087.14	-13844.3	-4087.14
19	X Variable 1	1958.861	147.8563	13.24841	8.37E-13	1654.346	2263.377	1654.346	2263.377

图 10-19 线性趋势回归结果

（三）实验结果

由图 10-20 可知，1990—2016 年人均 GDP 的线性趋势方程为 $\hat{y}_t=-8965.73+1958.86t$，即时间 t 每增加一年，人均 GDP 平均增加 1958.86 元。

	A	B	C	D	E
1	年份	人均GDP	*t*	预测值	残差
2	1990	1663	1	-7006.87	8669.865
3	1991	1912	2	-5048	6960.004
4	1992	2334	3	-3089.14	5423.142
5	1993	3027	4	-1130.28	4157.281
6	1994	4081	5	828.5806	3252.419
7	1995	5091	6	2787.442	2303.558
8	1996	5898	7	4746.303	1151.697
9	1997	6481	8	6705.165	-224.165
10	1998	6860	9	8664.026	-1804.03
11	1999	7229	10	10622.89	-3393.89
12	2000	7942	11	12581.75	-4639.75
13	2001	8717	12	14540.61	-5823.61
14	2002	9506	13	16499.47	-6993.47
15	2003	10666	14	18458.33	-7792.33
16	2004	12487	15	20417.19	-7930.19
17	2005	14368	16	22376.06	-8008.06
18	2006	16738	17	24334.92	-7596.92
19	2007	20505	18	26293.78	-5788.78
20	2008	24121	19	28252.64	-4131.64
21	2009	26222	20	30211.5	-3989.5
22	2010	30876	21	32170.36	-1294.36
23	2011	36403	22	34129.22	2273.775
24	2012	40007	23	36088.09	3918.914
25	2013	43852	24	38046.95	5805.053
26	2014	47203	25	40005.81	7197.191
27	2015	50251	26	41964.67	8286.33
28	2016	53935	27	43923.53	10011.47
29	2017		28	**45882.4**	
30	$b_0=$	-8965.7265	$b_1=$	1958.861	
31	趋势方程	$y_t = -8965.73 + 1958.86t$			

图 10-20　人均 GDP 的线性趋势预测

三、实验二：指数曲线趋势的预测实验

（一）实验要求

根据表 10-5 的 1990—2016 年私人汽车拥有量数据资料，采用指数曲线趋势方程 (10-28) 进行拟合，并计算出各期的预测值和预测误差，预测 2017 年私人汽车拥有量。

表 10-5　1990—2016 年私人汽车拥有量　　　　　　　　　　　　万辆

年份	私人汽车拥有量	年份	私人汽车拥有量
1990	81.62	1997	358.36
1991	96.04	1998	423.65
1992	118.2	1999	533.88
1993	155.77	2000	625.33
1994	205.42	2001	770.78
1995	249.96	2002	968.98
1996	289.67	2003	1219.23

续表

年份	私人汽车拥有量	年份	私人汽车拥有量
2004	1481.66	2011	7326.79
2005	1848.07	2012	8838.6
2006	2333.32	2013	10501.68
2007	2876.22	2014	12339.36
2008	3501.39	2015	14099.1
2009	4574.91	2016	16330.2
2010	5938.71		

数据来源：国家统计局 http://data.stats.gov.cn/。

（二）实验步骤

第1步：录入数据。将表10-5的数据输入Excel工作表单元格区域A1:B28,如图10-21所示。

	A	B
1	年份	私人汽车拥有量
2	1990	81.62
3	1991	96.04
4	1992	118.2
5	1993	155.77
6	1994	205.42
7	1995	249.96
8	1996	289.67
9	1997	358.36
10	1998	423.65
11	1999	533.88
12	2000	625.33
13	2001	770.78
14	2002	968.98
15	2003	1219.23
16	2004	1481.66
17	2005	1848.07
18	2006	2333.32
19	2007	2876.22
20	2008	3501.39
21	2009	4574.91
22	2010	5938.71
23	2011	7326.79
24	2012	8838.6
25	2013	10501.68
26	2014	12339.36
27	2015	14099.1
28	2016	16330.2

图 10-21 私人汽车拥有量数据

第2步：计算lgY值。在D2单元格输入公式"＝LOG(B2)",并拖动鼠标复制公式至D28单元格。

第3步：单击【数据】菜单下最右侧的【数据分析】按钮,弹出【数据分析】对话框,在其中选择【回归】,如图10-17所示,单击【确定】。

第 4 步：弹出【回归】对话框，如图 10-22 所示，【Y 值输入区域】选择单元格 $D$2:$D$28，【X 值输入区域】选择单元格 $C$2:$C$28，【输出区域】选“$G$2”。

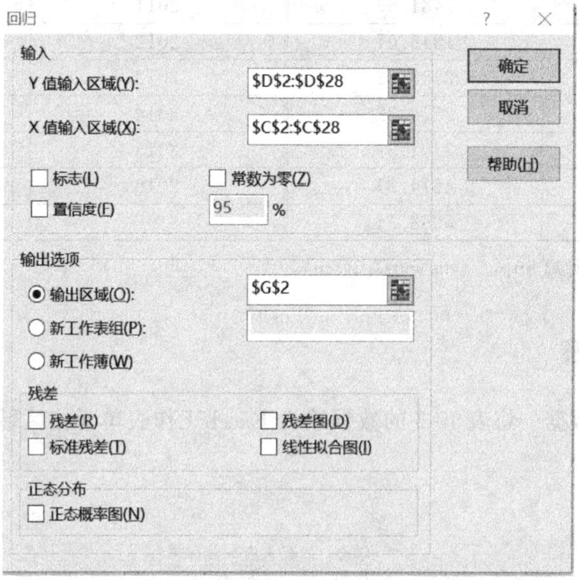

图 10-22　回归设置

第 5 步：单击【确定】，得到回归结果，如图 10-23 所示。

	G	H	I	J	K	L	M	N	O
1									
2	SUMMARY OUTPUT								
3									
4	回归统计								
5	Multiple R	0.999396							
6	R Square	0.998793							
7	Adjusted R Square	0.998745							
8	标准误差	0.025567							
9	观测值	27							
10									
11	方差分析								
12		df	SS	MS	F	gnificance F			
13	回归分析	1	13.52459	13.52459	20690.22	5.24E-38			
14	残差	25	0.016342	0.000654					
15	总计	26	13.54093						
16									
17		Coefficien	标准误差	t Stat	P-value	Lower 95%	Upper 95%	下限 95.0	上限 95.0%
18	Intercept	1.821368	0.010121	179.966	1.95E-40	1.800525	1.842212	1.800525	1.842212
19	X Variable 1	0.090867	0.000632	143.841	5.24E-38	0.089566	0.092168	0.089566	0.092168

图 10-23　指数曲线趋势回归结果

第 6 步：计算各期预测值和残差。H18 单元格是 $\lg b_0$ 的估计值，则在 B30 单元格输入公式“=10^H18”，即 b_0 的估计值，H19 单元格是 $\lg b_1$ 的估计值，在 D30 单元格输入公式“=10^H19”，即 b_1 的估计值；计算各期线性趋势的预测值，在 E2 单元格输入公式“— $B$30 × $D$30^C2”，并拖动鼠标复制公式至 E28 单元格；计算各期预测误差，在 F2 单元格输入公式"＝B2－E2",并拖动鼠标复制公式至 F28 单元格。

第 7 步:预测 2017 年私人汽车拥有量。在 C29 单元格输入对应的 t 值"28",并拖动鼠标复制 E28 单元格公式至 E29 单元格。最终结果如图 10-24 所示。

	A	B	C	D	E	F
1	年份	私人汽车拥有量	t	lgY	预测值	残差
2	1990	81.62	1	1.911797	81.70247	-0.08247
3	1991	96.04	2	1.982452	100.7168	-4.67681
4	1992	118.2	3	2.072617	124.1563	-5.95629
5	1993	155.77	4	2.192484	153.0508	2.71924
6	1994	205.42	5	2.312643	188.6697	16.75025
7	1995	249.96	6	2.397871	232.5782	17.38178
8	1996	289.67	7	2.461904	286.7054	2.964639
9	1997	358.36	8	2.55432	353.4293	4.930669
10	1998	423.65	9	2.627007	435.6817	-12.0317
11	1999	533.88	10	2.727444	537.0765	-3.19649
12	2000	625.33	11	2.796109	662.0685	-36.7385
13	2001	770.78	12	2.88693	816.1494	-45.3694
14	2002	968.98	13	2.986315	1006.089	-37.1091
15	2003	1219.23	14	3.086086	1240.233	-21.0029
16	2004	1481.66	15	3.170749	1528.868	-47.2081
17	2005	1848.07	16	3.266718	1884.676	-36.6064
18	2006	2333.32	17	3.367974	2323.291	10.02926
19	2007	2876.22	18	3.458822	2863.982	12.23765
20	2008	3501.39	19	3.54424	3530.507	-29.1173
21	2009	4574.91	20	3.660383	4352.15	222.7597
22	2010	5938.71	21	3.773692	5365.012	573.6985
23	2011	7326.79	22	3.864914	6613.593	713.1974
24	2012	8838.6	23	3.946353	8152.752	685.8484
25	2013	10501.68	24	4.021259	10050.11	451.5661
26	2014	12339.36	25	4.091293	12389.04	-49.683
27	2015	14099.1	26	4.149191	15272.3	-1173.2
28	2016	16330.2	27	4.212992	18826.57	-2496.37
29	2017		28		**23208**	
30	$b_0=$	66.27784681		$b_1=$	1.232727	
31	趋势方程	$\hat{y}_t = 66.28*1.23^t$				

图 10-24　私人汽车拥有量的指数曲线趋势预测

(三)实验结果

由图 10-24 可知,1990—2016 年私人汽车拥有量的指数曲线趋势方程为 $\hat{y}_t = 66.28 * 1.23^t$,其中 $b_1 = 1.23 > 1$,则增长率随着时间 t 的增加而增加。

四、实验三:二次抛物曲线趋势的预测实验

(一)实验要求

根据表 10-6 的 1993—2012 年货物运输量数据资料,采用二次曲线趋势方程(10-30)进行拟合,并计算出各期的预测值和预测误差,预测 2013 年货物运输量。

表 10-6　1993—2012 年货物运输量　　　　　　　　万吨

年份	货物运输量	年份	货物运输量
1993	1115902	2003	1564492
1994	1180396	2004	1706412
1995	1234938	2005	1862066
1996	1298421	2006	2037060
1997	1278218	2007	2275822
1998	1267427	2008	2585937
1999	1293008	2009	2825222
2000	1358682	2010	3241807
2001	1401786	2011	3696961
2002	1483447	2012	4100436

数据来源：国家统计局 http://data.stats.gov.cn/。

（二）实验步骤

第 1 步：录入数据。将表 10-6 的数据输入 Excel 工作表单元格区域 A1：B21，如图 10-25 所示。

第 2 步：计算 t^2 值。在 D2 单元格输入公式"＝C2＊C2"，并拖动鼠标复制公式至 D21 单元格。

第 3 步：单击【数据】菜单下最右侧的【数据分析】按钮，弹出【数据分析】对话框，在其中选择【回归】，如图 10-17 所示，单击【确定】。

第 4 步：弹出【回归】对话框，如图 10-26 所示，【Y 值输入区域】选择单元格 $B$2：$B$21，【X 值输入区域】选择单元格 $C$2：$D$21，【输出区域】选"$G$2"。

图 10-25　货物运输量数据　　　　　　　　　图 10-26　回归设置

第 5 步：单击【确定】，得到回归结果，如图 10-27 所示。

	G	H	I	J	K	L	M	N	O
1									
2	SUMMARY OUTPUT								
3									
4		回归统计							
5	Multiple R	0.992716							
6	R Square	0.985484							
7	Adjusted R Square	0.983776							
8	标准误差	114237.9							
9	观测值	20							
10									
11	方差分析								
12		df	SS	MS	F	mificance F			
13	回归分析	2	1.51E+13	7.53E+12	577.0655	2.38E-16			
14	残差	17	2.22E+11	1.31E+10					
15	总计	19	1.53E+13						
16									
17		Coefficien	标准误差	t Stat	P-value	Lower 95%	Upper 95%	下限 95.0%	上限 95.0%
18	Intercept	1454579	84990.92	17.11453	3.76E-12	1275264	1633895	1275264	1633895
19	X Variable 1	-121989	18639.82	-6.54452	5E-06	-161315	-82662.2	-161315	-82662.2
20	X Variable 2	12311.67	862.1791	14.27971	6.74E-11	10492.63	14130.71	10492.63	14130.71

图 10-27 二次抛物曲线趋势回归结果

第 6 步：计算各期预测值和残差。在 B23 单元格输入公式"＝H18"，即 b_0 的估计值，在 D23 单元格输入公式"＝H19"，即 b_1 的估计值，在 F23 单元格输入公式"＝H20"，即 b_2 的估计值；计算各期线性趋势的预测值，在 E2 单元格输入公式"＝\$B\$23＋\$D\$23*C2＋\$F\$23*D2"，并拖动鼠标复制公式至 E21 单元格；计算各期预测误差，在 F2 单元格输入公式"＝B2－E2"，并拖动鼠标复制公式至 F21 单元格。

第 7 步：预测 2013 年货物运输量。在 C22 单元格输入对应的 t 值"21"，拖动鼠标复制 D21 单元格公式至 D22 单元格，并拖动鼠标复制 E21 单元格公式至 E22 单元格。最终结果如图 10-28 所示。

	A	B	C	D	E	F
1	年份	货物运输量	t	t^2	预测值	残差
2	1993	1115902	1	1	1344902	-229000
3	1994	1180396	2	4	1259849	-79452.6
4	1995	1234938	3	9	1199418	35519.81
5	1996	1298421	4	16	1163611	134809.9
6	1997	1278218	5	25	1152427	125790.6
7	1998	1267427	6	36	1165867	101560
8	1999	1293008	7	49	1203930	89078.07
9	2000	1358682	8	64	1266616	92065.79
10	2001	1401786	9	81	1353926	47860.18
11	2002	1483447	10	100	1465859	17588.22
12	2003	1564492	11	121	1602415	-37923.1
13	2004	1706412	12	144	1763595	-57182.7
14	2005	1862066	13	169	1949398	-87331.7
15	2006	2037060	14	196	2159824	-122764
16	2007	2275822	15	225	2394874	-119052
17	2008	2585937	16	256	2654547	-68609.6
18	2009	2825222	17	289	2938843	-113621
19	2010	3241807	18	324	3247763	-5955.58
20	2011	3696961	19	361	3581306	115655.4
21	2012	4100436	20	400	3939472	160964.1
22	2013		21	441	**4322262**	
23	b_0=	1454579.43	b_1=	-121989	b_2=	12311.67
24	趋势方程	$\hat{y}_t = 1454579.43 - 121989t + 12311.67t^2$				

图 10-28 货物运输量的二次抛物曲线趋势预测

（三）实验结果

由图 10-28 可知，1993—2012 年货物运输量的二次抛物曲线趋势方程为 $\hat{y}_t = 1454579.43 - 121989t + 12311.67t^2$。

第五节　时间序列的分解实验

一、基础知识

时间序列中可能含有趋势成分、季节成分、周期成分和随机成分，这里主要介绍时间序列 Y_t 中含有趋势成分 T_t、季节成分 S_t 和随机成分 I_t，则采用的分解模型为 $Y_t = T_t \cdot S_t \cdot I_t$。时间序列的分解按照以下步骤进行。

第 1 步：确定并分离季节成分，即计算季节指数，并将时间序列中的观测值除以季节指数以消除季节成分，则为 $\dfrac{Y_t}{S_t} = T_t \cdot I_t$，即消除季节成分的时间序列；其中季节指数是通过移动平均趋势剔除法得到的，首先计算中心化移动平均值（CMA），如果是季度数据，则计算 4 项移动平均，如果是月度数据，则计算 12 项移动平均，具体算法见公式（10-21）和（10-22）；然后计算季节比率（Y/CMA），以及该比率的季度或月度平均值；最后，计算季节指数，调整使得季节比率的平均值为 1 得到季节指数。

第 2 步：对消除季节成分的时间序列的趋势进行预测。

第 3 步：计算最终预测值，即将第二步所得的趋势成分预测值乘以对应的季节指数。

二、实验：时间序列的分解及预测实验

（一）实验要求

根据表 10-7 的 2012 年第一季度至 2017 年第四季度国内 GDP 当季值数据，计算出各季的季节指数，各期的预测值和预测误差，以及预测 2018 年各季度的国内 GDP 当季值。

表 10-7　2012—2017 年各季度国内 GDP 当季值　　　　　　　　　　亿元

年/季度	国内 GDP_当季值（Y）
2012/1	117593.9
2	131682.5
3	138622.2
4	152468.9
2013/1	129747

续表

年/季度	国内 GDP_当季值(Y)
2	143967
3	152905.3
4	168625.1
2014/1	140618.3
2	156461.3
3	165711.9
4	181182.5
2015/1	150986.7
2	168503
3	176710.4
4	192851.9
2016/1	161456.3
2	180615
3	190362.7
4	211151.4
2017/1	180385.3
2	200558.7
3	211595.5
4	234582.2

数据来源：国家统计局 http://data.stats.gov.cn/。

（二）实验步骤

第 1 步：录入数据。将表 10-7 的数据输入 Excel 工作表单元格区域 A1：B25，如图 10-29 所示。

第 2 步：计算中心化移动平均值（CMA）。因为国内 GDP 当季值是季度数据，则采用 4 项移动平均。首先根据公式（10-21），在 C4 单元格输入公式"＝（B2＋B3＋B4＋B5）/4"，并拖动鼠标复制公式至 C24 单元格；然后根据公式（10-22），在 D4 单元格输入公式"＝（C4＋C5）/2"，并拖动鼠标复制公式至 D23 单元格。

第 3 步：计算季节比率。在 E4 单元格输入公式"＝B4/D4"，并拖动鼠标复制公式至 E23 单元格。具体结果见图 10-30。

第 4 步：计算季节指数。将第 3 步得到的季节比率按季度排列，计算各季度季节比率的总和，在 B9 单元格输入公式"＝SUM（B4：B8）"，在 C9 单元格输入公式

	A	B
1	年/季度	国内GDP_当季值(Y)
2	2012/1	117593.9
3	2	131682.5
4	3	138622.2
5	4	152468.9
6	2013/1	129747
7	2	143967
8	3	152905.3
9	4	168625.1
10	2014/1	140618.3
11	2	156461.3
12	3	165711.9
13	4	181182.5
14	2015/1	150986.7
15	2	168503
16	3	176710.4
17	4	192851.9
18	2016/1	161456.3
19	2	180615
20	3	190362.7
21	4	211151.4
22	2017/1	180385.3
23	2	200558.7
24	3	211595.5
25	4	234582.2

图 10-29　国内 GDP 当季值数据

	A	B	C	D	E
1	年/季度	国内GDP_当季值(Y)	4项移动平均	中心化移动平均值（CMA）	比值（Y/CMA）
2	2012/1	117593.9			
3	2	131682.5			
4	3	138622.2	135091.875	136611.0125	1.0147
5	4	152468.9	138130.15	139665.7125	1.0917
6	2013/1	129747	141201.275	142986.6625	0.9074
7	2	143967	144772.05	146791.575	0.9808
8	3	152905.3	148811.1	150170.0125	1.0182
9	4	168625.1	151528.925	153090.7125	1.1015
10	2014/1	140618.3	154652.5	156253.325	0.8999
11	2	156461.3	157854.15	159423.825	0.9814
12	3	165711.9	160993.5	162289.55	1.0211
13	4	181182.5	163585.6	165090.8125	1.0975
14	2015/1	150986.7	166596.025	167970.8375	0.8989
15	2	168503	169345.65	170804.325	0.9865
16	3	176710.4	172263	173571.7	1.0181
17	4	192851.9	174880.4	176394.4	1.0933
18	2016/1	161456.3	177908.4	179614.9375	0.8989
19	2	180615	181321.475	183608.9125	0.9837
20	3	190362.7	185896.35	188262.475	1.0112
21	4	211151.4	190628.6	193121.5625	1.0934
22	2017/1	180385.3	195614.525	198268.625	0.9098
23	2	200558.7	200922.725	203851.575	0.9838
24	3	211595.5	206780.425		
25	4	234582.2			

图 10-30　国内 GDP 当季值的中心化移动平均值和季节比率

"=SUM(C4:C8)"，在 D9 单元格输入公式"=SUM(D3:D7)"，在 E9 单元格输入公式"=SUM(E3:E7)"；计算各季度季节比率的平均值，在 B10 单元格输入公式"=B9/5"，并拖动鼠标复制公式至 E10 单元格；计算季节指数，在 B11 单元格输入公式"=B10/($B$10+$C$10+$D$10+$E$10)*4"，并拖动鼠标复制公式至 E11 单元格。具体结果见图 10-31。

	A	B	C	D	E
1	年份	季度			
2		1	2	3	4
3	2012			1.0147	1.0917
4	2013	0.9074	0.9808	1.0182	1.1015
5	2014	0.8999	0.9814	1.0211	1.0975
6	2015	0.8989	0.9865	1.0181	1.0933
7	2016	0.8989	0.9837	1.0112	1.0934
8	2017	0.9098	0.9838		
9	合计	4.5149	4.9162	5.0833	5.4773
10	平均	0.9030	0.9832	1.0167	1.0955
11	季节指数	0.9034	0.9837	1.0171	1.0959

图 10-31　季节指数计算表

第 5 步：计算季节分离后的序列，并用线性趋势方程拟合，计算最终预测值和预测误差。首先得到季节分离后的序列，在 E3 单元格输入公式"=C3/D3"，并拖动鼠标复制公式至 E26 单元格；然后得到消除季节成分的时间序列的线性趋势方程，单击【数据】菜单下最右侧的【数据分析】按钮，弹出【数据分析】对话框，在其中选择【回归】，如图 10-13 所示，单击【确定】。弹出【回归】对话框，如图 10-32 所示，【Y 值输入区域】选择单元格 $E$2:$E$26，【X 值输入区域】选择单元格 $B$2:$B$26，【输出区域】选“$I$2”。

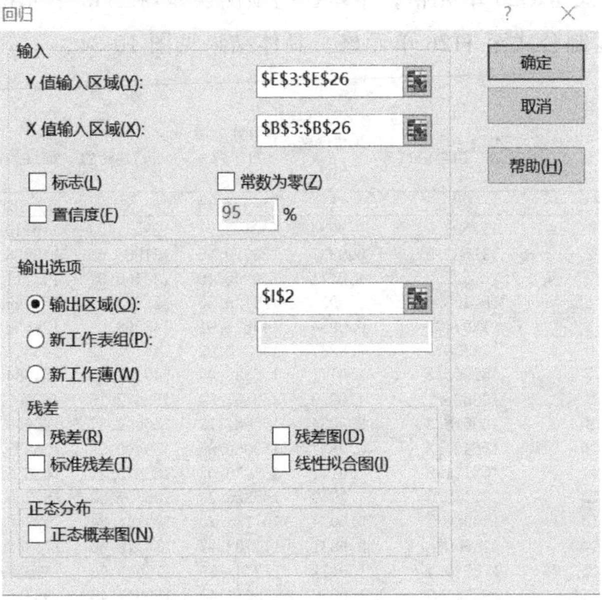

图 10-32　回归设置

单击【确定】，得到回归结果，如图 10-33 所示。

	I	J	K	L	M	N	O	P	Q
1									
2	SUMMARY OUTPUT								
3									
4	回归统计								
5	Multiple R	0.993841							
6	R Square	0.987719							
7	Adjusted R Square	0.987161							
8	标准误差	2768.798							
9	观测值	24							
10									
11	方差分析								
12		df	SS	MS	F	nificance F			
13	回归分析	1	1.36E+10	1.36E+10	1769.381	1.62E-22			
14	残差	22	1.69E+08	7666243					
15	总计	23	1.37E+10						
16									
17		Coefficien	标准误差	t Stat	P-value	Lower 95%	Upper 95%	下限 95.0	上限 95.0%
18	Intercept	125096.8	1166.634	107.2288	2.07E-31	122677.4	127516.3	122677.4	127516.3
19	X Variable 1	3434.417	81.6474	42.06401	1.62E-22	3265.09	3603.743	3265.09	3603.743

图 10-33　线性趋势回归结果

计算各期预测值和预测误差。在 C27 单元格输入公式“=J18”，即 b_0 的估计值，在 E27 单元格输入公式“=J19”，即 b_1 的估计值；计算各期线性趋势的预测值，在 F3 单元格输入公式"＝＄C＄27＋＄E＄27＊B3",并拖动鼠标复制公式至 F26 单元格；计算各期最终预测值,即各期线性趋势预测值乘以季节指数,在 G3 单元格输入公式"＝F3＊D3",并拖动鼠标复制公式至 G26 单元格；计算各期预测误差,在 H3 单元格输入公式"＝C3－G3",并拖动鼠标复制公式至 H26 单元格。具体结果见图 10-34。

	A	B	C	D	E	F	G	H
1	年/季度	t	国内GDP_当季值(Y)	季节指数(S)	季节分离后的序列(Y/S)	回归趋势值	最终预测值	预测误差
2	(1)	(2)	(3)	(4)	(5)=(3)/(4)	(6)	(7)=(6)*(4)	(8)=(3)-(7)
3	2012/1	1	117593.9	0.9034	130173.71	128531.24	116110.16	1483.74
4	2	2	131682.5	0.9837	133870.48	131965.66	129808.81	1873.69
5	3	3	138622.2	1.0171	136295.10	135400.07	137711.90	910.30
6	4	4	152468.9	1.0959	139125.56	138834.16	152149.92	318.98
7	2013/1	5	129747	0.9034	143626.91	142268.91	128520.23	1226.77
8	2	6	143967	0.9837	146359.09	145703.32	143321.95	645.05
9	3	7	152905.3	1.0171	150338.42	149137.74	151684.12	1221.18
10	4	8	168625.1	1.0959	153867.84	152572.16	167205.15	1419.95
11	2014/1	9	140618.3	0.9034	155661.19	156006.57	140930.31	-312.01
12	2	10	156461.3	0.9837	159060.99	159440.99	156835.09	-373.79
13	3	11	165711.9	1.0171	162930.03	162875.41	165656.34	55.56
14	4	12	181182.5	1.0959	165326.28	166309.83	182260.37	-1077.87
15	2015/1	13	150986.7	0.9034	167138.76	169744.24	153340.39	-2353.69
16	2	14	168503	0.9837	171302.77	173178.66	170348.23	-1845.23
17	3	15	176710.4	1.0171	173743.89	176613.08	179628.57	-2918.17
18	4	16	192851.9	1.0959	175974.43	180047.49	197315.60	-4463.70
19	2016/1	17	161456.3	0.9034	178728.37	183481.91	165750.47	-4294.17
20	2	18	180605	0.9837	183616.02	186916.33	183861.37	-3246.37
21	3	19	190362.7	1.0171	187167.01	190350.74	193600.79	-3238.09
22	4	20	211151.4	1.0959	192672.45	193785.16	212370.83	-1219.43
23	2017/1	21	180385.3	0.9034	199682.33	197219.58	178160.54	2224.76
24	2	22	200558.7	0.9837	203891.10	200653.99	197374.50	3184.20
25	3	23	211595.5	1.0171	208043.37	204088.41	207573.02	4022.48
26	4	24	234582.2	1.0959	214052.70	207522.83	227426.06	7156.14
27		$b_0=$	125096.8234	$b_1=$	3434.4168			
28		趋势方程	$\hat{y}_t=125096.82+3434.42t$					

图 10-34　国内 GDP 当季值的预测值

第 6 步：预测 2018 年各季度国内 GDP 当季值。计算回归预测值,在 D2 单元格输入公式"＝＄B＄6＋＄D＄6＊B2",并拖动鼠标复制公式至 D5 单元格；计算最终预测值,即回归预测值乘以季节指数,在 E2 单元格输入公式"＝C2＊D2",并拖动鼠标复制公式至 E5 单元格。最终结果如图 10-35 所示。

	A	B	C	D	E
1	年/季度	t	季节指数(S)	回归预测值	最终预测值
2	2018/1	25	0.9034	210957.32	190570.69
3	2	26	0.9837	214391.74	210887.721
4	3	27	1.0171	217826.16	221545.326
5	4	28	1.0959	221260.58	242481.381
6	$b_0=$	125096.8	$b_1=$	3434.42	
7	趋势方程	$\hat{y}_t=125096.82+3434.42t$			

图 10-35　2018 年各季度国内 GDP 当季值的预测值

（三）实验结果

由图 10-35 可以看出，国内 GDP 当季值在下半年较上半年规模较大，存在明显的季节成分；剔除季节成分的时间序列的线性趋势方程为 $\hat{y}_t = 125096.82 + 3434.42t$，说明每增加一个季度，其平均变动 3434.42 亿元。

实验练习十

1. 根据表 10-4 的 1990—2016 年人均 GDP 数据资料，计算人均 GDP 进行动态分析，包括水平指标、速度指标以及增长 1% 的绝对值。

2. 根据表 10-8 的 2000—2016 年的固定资产投资价格指数数据资料，运用移动平均法（时间间隔为 3 或 5）和指数平滑法（阻尼系数为 0.3 或 0.5）测定其长期趋势，并分别计算预测误差和均方误差。

表 10-8 2000—2016 年的固定资产投资价格指数（上年＝100）

年份	固定资产投资价格指数（上年＝100）
2000	101.1
2001	100.4
2002	100.2
2003	102.2
2004	105.6
2005	101.6
2006	101.5
2007	103.9
2008	108.9
2009	97.6
2010	103.6
2011	106.6
2012	101.1
2013	100.3
2014	100.5
2015	98.2
2016	99.4

数据来源：国家统计局 http://data.stats.gov.cn/。

3. 根据表 10-9 的 2000—2016 年水运货运量资料，采用线性趋势方程进行拟合，并计算出各期的预测值和预测误差，预测 2017 年水运货运量。

表 10-9 2000—2016 年的水运货运量   万吨

年份	水运货运量	年份	水运货运量
2000	122391	2009	318996
2001	132675	2010	378949
2002	141832	2011	425968
2003	158070	2012	458705
2004	187394	2013	559785
2005	219648	2014	598283
2006	248703	2015	613567
2007	281199	2016	638238
2008	294510		

数据来源：国家统计局 http://data.stats.gov.cn/。

4. 根据表 10-10 的 2012—2017 年各季度工业增加值当季值数据资料,计算出各季的季节指数,各期的预测值和预测误差,以及预测 2018 年各季度的工业增加值当季值。

表 10-10 2012—2017 年各季度工业增加值当季值   亿元

年/季度	工业增加值_当季值
2012/1	47152.2
2	52496.9
3	52452.1
4	56804.4
2013/1	50128.5
2	55267.2
3	55883.3
4	61058.6
2014/1	52797.1
2	58607.6
3	59061.7
4	63389.9
2015/1	53796.7
2	59362.5
3	59734.4
4	63612.6
2016/1	54118.4
2	61494.5
3	62512.6
4	69752.2
2017/1	61928.6
2	69371
3	70492.1
4	78205.3

数据来源：国家统计局 http://data.stats.gov.cn/。

第十一章

统 计 指 数

第一节　编制总指数

一、基础知识

（一）统计指数的内涵

1. 统计指数的含义

统计指数（亦称指数）是分析社会经济基础的、应用最广泛的统计指标。诸如商品零售价格指数、农产品生产价格指数等指数从多角度呈现了关于经济数量变化的程度，股票价格指数、生产资料价格指数等指数起到了预测景气度的作用。

统计指数是相对数，即通常的表现形式是百分数。需要注意的是：其一，统计指数虽然包括单一项目的指数计算，但关键要义是测定多个项目的复杂现象数量综合变动程度；其二，统计指数具有动态性，也即指数编制过程中需留意指标的基期对比、不同要素基期的选择等相关问题。

2. 统计指数的分类

根据不同的分类方法，统计指数具体划分为如下几种类型。

（1）按考察对象的范围不同——个体指数和总指数

根据考察对象的范围不同，分为个体指数和总指数。其中，个体指数是反映总体中个别现象或个别项目数量变动的相对数，个体指数是计算总指数的基础；总指数是反映多项目数量变动的相对数，诸如多个商品的价格指数等。

（2）按计算方法不同——简单指数和加权指数

总指数与个体指数存在一定的联系，即总指数是对个体指数的综合。当不考虑权数时，仅对个体指数简单汇总，这类指数称之为简单指数；当考虑权数的作用时，这类指数称之为加权指数。其中，简单指数将计入指数的各个项目的重要性视作相同；加权指数先以重要性为依据，赋予计入指数的各个项目不同的权数，后进行计算。其中，加权指数又以具体计算方法的不同,分为加权综合指数和加权平均指数。

（3）按反映指标的性质不同——数量指标指数和质量指标指数

根据反映指标的性质不同,分为数量指标指数和质量指标指数。其中,数量指标指数是反映数量指标变动程度的相对数,通常采用实物计量单位；质量指标指数是反映品质指标变动程度的相对数,通常采用货币计量单位。

数量指标指数和质量指标指数的划分并非是绝对的,以单位产品原材料消耗量指标为例,相对于产品产量指标,它是质量指标；相对于单位原材料价格指标,它是数量指标。

3. 统计指数的编制

统计指数的编制,重点需要解决选择项目、确定权数及计算方法等问题。

（1）选择项目

统计指数是反映总体数量变动的相对数,但实际中无法也无须将总体全部项目都计算在内,必须学会项目选择。

（2）确定权数

统计指数的权数可以通过两类方法进行确定,一是利用已有信息进行构造权数；二是对于没有或无法构造权数时,选用主观方式,即由编制人员主观决定。

（3）计算方法

由于统计指数测定对象不同、编制指数的数据来源不同等多种原因,统计指数的计算方法也有多种,每种方法都有适用条件。

（二）简单指数

按照计算方法不同,简单指数分为简单综合指数和简单平均指数。

1. 简单综合指数

简单综合指数呈现"先综合,后对比"的特性,即是指先将报告期的指标与基期指标分别加总,后进行对比的指数。

$$I_p = \frac{\sum p_1}{\sum p_0} \tag{11-1}$$

$$I_q = \frac{\sum q_1}{\sum q_0} \tag{11-2}$$

其中,q 代表数量指标；p 代表质量指标；I_q 代表数量指标指数；I_p 代表质量指标指数；下标 0 表示基期；下标 1 表示报告期。

简单综合指数的便捷之处在于操作简单、对数据要求少,但该指数有一个显著的不足,即该指标只适用于指标值相差不大的项目,变动幅度差异大的情况下,该指标不能反映真实的变动水平。以价格指数为例,当参与计算的商品价格水平有较大差异时,价格低的商品的价格波动会被价格高的商品掩盖而无法显示。

2. 简单平均指数

简单平均指数呈现"先对比,后综合"的特性,即将个体指数进行简单平均得到的总指数。

$$I_p = \frac{\sum \dfrac{p_1}{p_0}}{n} \tag{11-3}$$

$$I_q = \frac{\sum \dfrac{q_1}{q_0}}{n} \tag{11-4}$$

其中,q 代表数量指标;p 代表质量指标;I_q 代表数量指标指数;I_p 代表质量指标指数;下标 0 表示基期;下标 1 表示报告期。

以价格指数为例,简单平均指数能够消除不同商品价格水平的影响,可以反映商品价格变动的情况。但该指数无法确切地反映不同商品对市场价格总水平的不同影响。

综上,简单综合指数和简单平均指数存在着计算方法上的缺陷,即由于没有考虑到权数的影响,计算结果很难反映实际情况。此外,将使用价值不同的商品个体指数或价格相加,既缺少实际意义,又缺乏理论依据。

(三)加权指数

按照计算方法不同,加权指数分为加权综合指数和加权平均指数。

1. 加权综合指数

加权综合指数呈现"先综合,后对比"并选择同度量因素的特征,该指数可以解决复杂现象总体的指数化指标不能直接加总的问题。加权综合指数编制过程中,必须明确指数化指标和同度量因素,即必须引入一个媒介因素,将其转化为相应的价值总量形式,且固定同度量因素,用以单纯反映指数化指标的变动或差异程度。

加权综合指数的基本公式:

价格指数 $\qquad I_p = \dfrac{\sum q p_1}{\sum q p_0}$ $\tag{11-5}$

销售量指数 $\qquad I_q = \dfrac{\sum q_1 p}{\sum q_0 p}$ $\tag{11-6}$

其中,在销售量指数中,价格 p 是权数;在价格指数中,销售量 q 是权数。

可知,在加权综合指数中,媒介因素(同度量因素)同时起着权数的作用。但权数固定在哪个时期,不是固定不变的。知名的拉氏指数与帕氏指数即源于权数所固定时期的不同。

（1）拉氏指数

拉氏指数是指将作为权数的同度量因素固定在基期的指数,该指数于 1684 年由德国统计学家拉斯贝尔斯(Laspeyres)首次提出。拉氏指数具体公式为:

$$\text{拉氏数量指标指数} \quad I_q = \frac{\sum q_1 p_0}{\sum q_0 p_0} \tag{11-7}$$

$$\text{拉氏质量指标指数} \quad I_p = \frac{\sum q_0 p_1}{\sum q_0 p_0} \tag{11-8}$$

式中,I_q 表示数量指标指数;I_p 表示质量指标指数;p_0 和 p_1 分别表示基期和报告期的质量指标值;q_0 和 q_1 分别表示基期和报告期的数量指标值。

（2）帕氏指数

帕氏指数是指将作为权数的同度量因素固定在报告期的指数,该指数于 1874 年由德国统计学家帕舍(H. Paasche)首次提出。帕氏指数具体公式为:

$$\text{帕氏数量指标指数} \quad I_q = \frac{\sum q_1 p_1}{\sum q_0 p_1} \tag{11-9}$$

$$\text{帕氏质量指标指数} \quad I_p = \frac{\sum q_1 p_1}{\sum q_1 p_0} \tag{11-10}$$

式中,I_q 表示数量指标指数;I_p 表示质量指标指数;p_0 和 p_1 分别表示基期和报告期的质量指标值;q_0 和 q_1 分别表示基期和报告期的数量指标值。

通常而言,计算数量指标指数时,以生产量指数为例,权数(价格)应该固定于基期,如此方可剔除价格变动的影响,准确反映生产量的变化;计算质量指标指数时,不同时期的权数含义不同,以价格指数为例,若权数固定在基期,反映的是在基期商品结构下价格的整体变动;若权数固定在报告期,反映的是在现实商品结构下价格的整体变动,揭示价格变动后的实际影响。

综上,权数究竟固定在哪个时期取决于编制统计指数的目的。

2. 加权平均指数

加权平均指数以个体指数为基础,通过加权平均方法编制而成。具体编制过程为:先计算所研究对象各个项目的个体指数,后根据所给的价值量指标(产量或销售额)作为权数对个体指数进行加权平均。加权平均指数的公式为:

$$A_p = \frac{\sum \frac{p_1}{p_0} qp}{\sum qp}, \quad A_q = \frac{\sum \frac{q_1}{q_0} qp}{\sum qp} \tag{11-11}$$

和

$$H_p = \frac{\sum qp}{\sum \frac{p_0}{p_1}qp}, \quad H_q = \frac{\sum qp}{\sum \frac{q_0}{q_1}qp} \tag{11-12}$$

其中,式(11-11)称之为加权算术平均指数,(11-12)称之为加权调和平均指数。式(11-11)和式(11-12)在一定条件下,从形式上可以相互转换。

式中 A_p, A_q, H_p, H_q 的只是表示指数计算方法不同,以便区分。式(11-11)和式(11-12)的核心是权数 qp,由于权数可以取不同时期,可以用做权数的就有 $q_0 p_0$ 和 $q_1 p_1$。

（1）基期权数

用基数权数 $q_0 p_0$ 类似于前面的拉氏指数,例如:

$$A_q = \frac{\sum \frac{q_1}{q_0}q_0 p_0}{\sum q_0 p_0} = \frac{\sum q_1 p_0}{\sum q_0 p_0}$$

与拉氏数量指标指数式(11-7)相同。

$$A_p = \frac{\sum \frac{p_1}{p_0}q_0 p_0}{\sum q_0 p_0} = \frac{\sum q_0 p_1}{\sum q_0 p_0}$$

与拉氏质量指标指数式(11-8)相同。

（2）报告期权数

用报告期权数 $q_1 p_1$ 类似于前面的帕氏指数,例如:

$$H_q = \frac{\sum q_1 p_1}{\sum \frac{q_0}{q_1}q_1 p_1} = \frac{\sum q_1 p_1}{\sum q_0 p_1}$$

与帕氏数量指标指数式(11-9)相同。

$$H_q = \frac{\sum q_1 p_1}{\sum \frac{q_0}{q_1}q_1 p_1} = \frac{\sum q_1 p_1}{\sum q_0 p_1}$$

与帕氏质量指标指数式(11-10)相同。

上述加权平均指数通过权数的确定可以与加权综合指数相同,但该相同也仅局限于测算公式上的相同,本质上存在着显著区别。加权综合指数的计算通常需要掌握全面的资料,但编制加权平均指数时,不论资料是否全面均可测算。

在加权平均指数中,权数的本质是:

基期加权: $\dfrac{q_0 p_0}{\sum q_0 p_0}$　　报告期加权: $\dfrac{q_1 p_1}{\sum q_1 p_1}$

根据上述加权平均指数可知,若权数 $\dfrac{qp}{\sum qp}$ 相对稳定,则可采用固定权数的方法(通常采用比重的方法），计算公式为：

$$I = \frac{\sum iW}{\sum W} \qquad\qquad (11\text{-}13)$$

其中，i 为个体指数或类指数；W 为权数。

二、实验一：编制简单指数

（一）实验要求

根据表 11-1 的数据资料，利用简单指数编制方法计算各种商品零售物价个体指数。

表 11-1　某菜场三类食品价格调整前后数据资料

食品名称	调 整 前		调 整 后	
	销售单价（元/千克）	销售量（万吨）	销售单价（元/千克）	销售量（万吨）
A	2.2	6.53	1.7	8.20
B	13.1	3.46	14.0	5.72
C	3.9	2.30	4.2	2.18
D	8.4	1.75	10.3	1.95

（二）实验步骤

第 1 步：将表 11-1 的数据输入 Excel 工作表单元格区域 A1：E7，并在表格的右边加上 1 列，用以计算各种商品零售物价个体指数，如图 11-1 所示。

图 11-1　某菜场三类食品价格调整前后数据

第 2 步：在 F4 单元格中输入计算公式"＝D4/B4"，如图 11-2 中的矩形框所示。

图 11-2　输入商品零售物价个体指数公式图

第 3 步：F4 单元格确定后，依次向下填充至 F7 单元格，如图 11-3 所示。

第 4 步：选中单元格区域 F1:F7，鼠标右击，如图 11-4 所示，选择【设置单元格格式(F)…】选项。如图 11-5 所示，调整数字格式为百分比和保留两位数，单击【确定】按钮。

| F4 | ▼ | : | × | ✓ | fx | =D4/B4 |

	A	B	C	D	E	F
1		调整前		调整后		各种商品个体指数
2	食品名称	销售单价p_0	销售量q_0	销售单价p_1	销售量q_1	p_1/p_0
3						
4	A	2.2	6.53	1.7	8.20	0.772727273
5	B	13.1	3.46	14.0	5.72	
6	C	3.9	2.30	4.2	2.18	
7	D	8.4	1.75	10.3	1.95	

图 11-3　依次向下填充单元格图　　　　图 11-4　设置单元格格式(F)…对话框图

图 11-5　设置单元格格式对话框图

（三）实验结果

从图 11-6 的输出结果中可以看到，A、B、C、D 四种商品零售物价个体指数分别为 77.27%、106.87%、107.69% 及 122.62%。计算结果表明，A、B、C、D 四种商品报告期价格比基期价格分别下降 22.73%、上涨 6.87%、上涨 7.69% 及上涨 22.62%。

	A	B	C	D	E	F
1	食品名称	调整前		调整后		各种商品个体指数
2、3		销售单价p_0	销售量q_0	销售单价p_1	销售量q_1	p_1/p_0
4	A	2.2	6.53	1.7	8.20	77.27%
5	B	13.1	3.46	14.0	5.72	106.87%
6	C	3.9	2.30	4.2	2.18	107.69%
7	D	8.4	1.75	10.3	1.95	122.62%

图 11-6　统计指数计算结果图

三、实验二：编制加权综合指数

（一）实验要求

根据表 11-2 的数据资料，利用加权指数编制方法分别以基期销售量和零售价格为权数，计算三种商品的价格综合指数和销售量综合指数。

表 11-2　某商场三种产品的零售价格及销售量数据

商品名称	单价（元）		销售量（千克）	
	2017 年	2018 年	2017 年	2018 年
甲	18.2	19.5	500	600
乙	8.2	8.3	1200	1500
丙	8.0	8.1	1500	2000

（二）实验步骤

第 1 步：将表 11-2 的数据输入 Excel 工作表单元格区域 A1:E6，如图 11-7 所示。

	A	B	C	D	E
1	商品名称	单价（元）		销售量（千克）	
2		基期价格p_0	报告期价格p_1	基期销量q_0	报告期销量q_1
3	甲	18.2	19.5	500	600
4	乙	8.2	8.3	1200	1500
5	丙	8.0	8.1	1500	2000
6	合计	—			

图 11-7　数据录入图

第 2 步：依次合并 F1、F2；G1、G2；H1、H2；I1、I2 单元格，并依次填写 p_0q_0、p_1q_1、p_0q_1、p_1q_0，如图 11-8 所示。

	A	B	C	D	E	F	G	H	I
1	商品名称	单价(元)		销售量(千克)		p_0q_0	p_1q_1	p_0q_1	p_1q_0
2		基期价格p_0	报告期价格p_1	基期销量q_0	报告期销量q_1				
3	甲	18.2	19.5	500	600				
4	乙	8.2	8.3	1200	1500				
5	丙	8.0	8.1	1500	2000				
6	合计	—	—						

图 11-8　数据工作图

第 3 步：计算 3 种商品的 p_0q_0，在 F3 单元格中输入"＝B3 * D3"，确定后用鼠标拖曳填充柄将公式复制到"F4:F5"区域，如图 11-9 所示。

F3			f_x	=B3*D3					
	A	B	C	D	E	F	G	H	I
1	商品名称	单价(元)		销售量(千克)		p_0q_0	p_1q_1	p_0q_1	p_1q_0
2		基期价格p_0	报告期价格p_1	基期销量q_0	报告期销量q_1				
3	甲	18.2	19.5	500	600	9100			
4	乙	8.2	8.3	1200	1500	9840			
5	丙	8.0	8.1	1500	2000	12000			
6	合计	—	—						

图 11-9　计算 3 种商品的 p_0q_0 图

第 4 步：按照第 3 步，计算 3 种商品的 p_1q_1、p_0q_1、p_1q_0，如图 11-10 所示。

	A	B	C	D	E	F	G	H	I
1	商品名称	单价(元)		销售量(千克)		p_0q_0	p_1q_1	p_0q_1	p_1q_0
2		基期价格p_0	报告期价格p_1	基期销量q_0	报告期销量q_1				
3	甲	18.2	19.5	500	600	9100	11700	10920	9750
4	乙	8.2	8.3	1200	1500	9840	12450	12300	9960
5	丙	8.0	8.1	1500	2000	12000	16200	16000	12150
6	合计	—	—						

图 11-10　计算 3 种商品的 p_1q_1、p_0q_1、p_1q_0 图

第 5 步：选定"F3:F5"区域，单击工具栏上的求和按钮，在 F6 单元格中将出现该列的求和值。$\sum p_1q_1$、$\sum p_0q_1$、$\sum p_1q_0$ 三项采用同样的操作方法，如图 11-11 所示。

L8			f_x						
	A	B	C	D	E	F	G	H	I
1	商品名称	单价(元)		销售量(千克)		p_0q_0	p_1q_1	p_0q_1	p_1q_0
2		基期价格p_0	报告期价格p_1	基期销量q_0	报告期销量q_1				
3	甲	18.2	19.5	500	600	9100			
4	乙	8.2	8.3	1200	1500	9840			
5	丙	8.0	8.1	1500	2000	12000			
6	合计	—	—						

图 11-11　计算 $\sum p_0q_1$ 图

第 6 步：在 C9 单元格中输入"＝I6/F6"，在 C10 单元格中输入"＝H6/F6"，如图 11-12 所示。

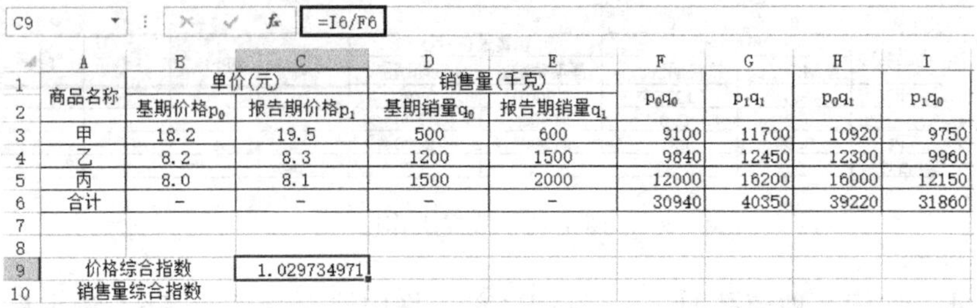

图 11-12　综合指数测算过程图

（三）实验结果

从图 11-13 的输出结果中可以看到，价格综合指数为 102.97％，销售量综合指数为 126.76％。

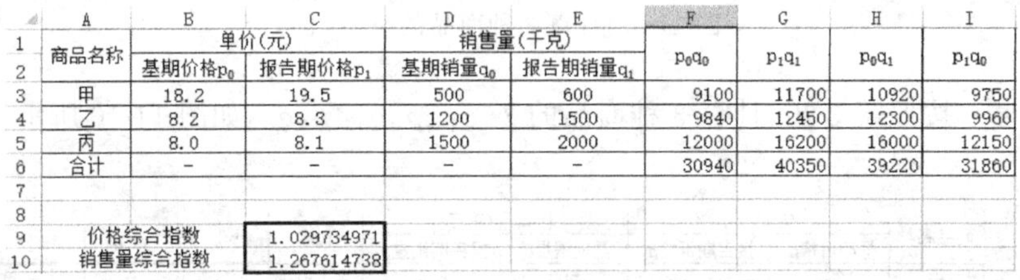

图 11-13　综合指数计算结果图

四、实验三：编制加权平均指数

（一）实验要求

根据表 11-3 的数据资料，利用加权指数编制方法分别计算三种产品的单位成本总指数和产量总指数。

表 11-3　某企业三种产品的相关数据

商品名称	计量单位	总成本（万元）		个体成本指数 p_1/p_0	个体产量指数 q_1/q_0
		2017 年	2018 年		
甲	件	300	350	1.14	1.07
乙	包	80	85	1.02	0.98
丙	台	240	320	1.23	1.15

（二）实验步骤

第 1 步：将表 11-3 的数据输入 Excel 工作表单元格区域 A1:F5，并加入 G 列、H 列，在单元格 G1 及 H1 中，分别输入"$(p_1/p_0)p_0q_0$""$(q_1/q_0)p_0q_0$"，如图 11-14 所示。

	A	B	C	D	E	F	G	H
1	商品名称	计量单位	基期总成本 p_0q_0	报告期总成本 p_1q_1	个体成本指数 p_1/p_0	个体产量指数 q_1/q_0	$(p_1/p_0)p_0q_0$	$(q_1/q_0)p_0q_0$
2	甲	件	300	350	1.14	1.07		
3	乙	包	80	85	1.02	0.98		
4	丙	台	240	320	1.23	1.15		
5	合计				—	—		

图 11-14　数据录入图

第 2 步：在 G2 单元格中输入公式"＝C2 * E2"，确定后用鼠标拖曳填充柄，将公式复制到"G3：G4"区域，如图 11-15 所示。

G2			f_x	=C2*E2				
	A	B	C	D	E	F	G	H
1	商品名称	计量单位	基期总成本 p_0q_0	报告期总成本 p_1q_1	个体成本指数 p_1/p_0	个体产量指数 q_1/q_0	$(p_1/p_0)p_0q_0$	$(q_1/q_0)p_0q_0$
2	甲	件	300	350	1.14	1.07	342	
3	乙	包	80	85	1.02	0.98		
4	丙	台	240	320	1.23	1.15		
5	合计				—	—		

图 11-15　计算 $(p_1/p_0)p_0q_0$ 图

第 3 步：在 H2 单元格中输入公式"＝C2 * F2"，确定后用鼠标拖曳填充柄，将公式复制到"H3：H4"区域，如图 11-16 所示。

H2			f_x	=C2*F2				
	A	B	C	D	E	F	G	H
1	商品名称	计量单位	基期总成本 p_0q_0	报告期总成本 p_1q_1	个体成本指数 p_1/p_0	个体产量指数 q_1/q_0	$(p_1/p_0)p_0q_0$	$(q_1/q_0)p_0q_0$
2	甲	件	300	350	1.14	1.07	342	321
3	乙	包	80	85	1.02	0.98	81.6	
4	丙	台	240	320	1.23	1.15	295.2	
5	合计				—	—		

图 11-16　计算 $(q_1/q_0)p_0q_0$ 图

第 4 步：在 C5、G5、H5 单元格中分别输入公式"＝SUM(C2：C4)""＝SUM(G2：G4)"及"＝SUM(H2：H4)"进行求和计算，如图 11-17 所示。

H5			f_x	=SUM(H2:H4)				
	A	B	C	D	E	F	G	H
1	商品名称	计量单位	基期总成本 p_0q_0	报告期总成本 p_1q_1	个体成本指数 p_1/p_0	个体产量指数 q_1/q_0	$(p_1/p_0)p_0q_0$	$(q_1/q_0)p_0q_0$
2	甲	件	300	350	1.14	1.07	342	321
3	乙	包	80	85	1.02	0.98	81.6	78.4
4	丙	台	240	320	1.23	1.15	295.2	276
5	合计		620		—	—	718.8	675.4

图 11-17　计算 $\sum p_0q_0$、$\sum(p_1/p_0)p_0q_0$、$\sum(q_1/q_0)p_0q_0$ 图

第 5 步：在 C8 单元格中输入"＝G5/C5"，在 C9 单元格中输入"＝H5/C5"，如图 11-18 所示。

（三）实验结果

从图 11-19 的输出结果中可以看到，单位成本总指数为 115.94％，产量总指数为 108.94％。

| | | | | C8 | ▼ | : | × | ✓ | fx | =G5/C5 |

	A	B	C	D	E	F	G	H
1	商品名称	计量单位	基期总成本 p_0q_0	报告期总成本 p_1q_1	个体成本指数 p_1/p_0	个体产量指数 q_1/q_0	$(p_1/p_0)\,p_0q_0$	$(q_1/q_0)\,p_0q_0$
2	甲	件	300	350	1.14	1.07	342	321
3	乙	包	80	85	1.02	0.98	81.6	78.4
4	丙	台	240	320	1.23	1.15	295.2	276
5	合计		620	—	—	—	718.8	675.4
6								
7								
8	单位成本总指数		1.1593548					
9	产量总指数							

图 11-18　计算单位成本总指数图

	A	B	C	D	E	F	G	H
1	商品名称	计量单位	基期总成本 p_0q_0	报告期总成本 p_1q_1	个体成本指数 p_1/p_0	个体产量指数 q_1/q_0	$(p_1/p_0)\,p_0q_0$	$(q_1/q_0)\,p_0q_0$
2	甲	件	300	350	1.14	1.07	342	321
3	乙	包	80	85	1.02	0.98	81.6	78.4
4	丙	台	240	320	1.23	1.15	295.2	276
5	合计		620	—	—	—	718.8	675.4
6								
7								
8	单位成本总指数		1.1593548					
9	产量总指数		1.0893548					

图 11-19　计算结果图

第二节　统计指数体系

一、基础知识

社会经济现象之间的相互关系可以借助统计指数体系进行深入分析,分析方法的基础是进行因素分解,因素分解的对象既可以是总量指数也可以是平均数指数。

(一)总量指数体系分析

1. 总量指数体系的概念

社会经济现象之间的相互联系、影响的关系是客观存在的,这种现象表现为指标间的数量对等关系,如:

商品销售额＝商品销售量×商品销售价格

销售利润＝销售量×销售价格×销售利润率

上述的这类关系,按指数形式表现时,同样也存在着对等关系。即

商品销售额指数＝商品销售量指数×商品销售价格指数

销售利润指数＝销售量指数×销售价格指数×销售利润率指数

统计分析过程中,通常将这类由总量指数及其若干个因素指数构成的数量关系式称为指数体系,指数体系具有非常实际的经济意义。上述列举了两因素指数及三因素指数的体系框架,当然还可以进一步分解成更多的因素。

2. 总量指数体系的因素分析

对总量指标进行因素分析时,先要将其进行因素分解,根据因素的多少不同,可以采用两因素分析或多因素分析。以下作为方法的说明,仅介绍两因素分析。

如果总量指标可以分解为一个数量指标和一个质量指标的乘积,则总量指数可分解为数量指标指数和质量指标指数两因素的乘积。此外,各因素指数中权数必然是不同时期的,即若数量指标指数用基期权数加权,质量指标指数则必须用报告期权数加权,反之亦然。

加权综合指数由于权数所属时期的不同,可以形成不同的指数体系。但实际分析中比较常见的是基期权数加权的数量指数(拉氏指数)和报告期权数加权的质量指数(帕氏指数)形成的指数体系。该指数体系可以表示为

$$\frac{\sum q_1 p_1}{\sum q_0 p_0} = \frac{\sum q_1 p_0}{\sum q_0 p_0} \cdot \frac{\sum q_1 p_1}{\sum q_1 p_0} \tag{11-14}$$

绝对数分析是从各个指数分子与分母指标之差来分析,即因素影响差额之间的关系为

$$\sum q_1 p_1 - \sum q_0 p_0 = \left(\sum q_1 p_0 - \sum q_0 p_0\right) + \left(\sum q_1 p_1 - \sum q_1 p_0\right) \tag{11-15}$$

式中,$\sum q_1 p_1$ 为报告期总量指标;$\sum q_0 p_0$ 为基期总量指标;q、p 为因素指标,其中,q 为数量指标,p 为质量指标。

(二)平均数变动因素分解

平均数通常是在分组数据条件下,用加权算术平均方法计算的,通过对加权算术平均数的分解,可以分析影响平均数变动的各个因素。

$$\bar{x} = \frac{\sum xf}{\sum f} = \sum \left[x \frac{f}{\sum f}\right] \tag{11-16}$$

由此可以看出,平均数的变动受两个因素的影响:一个是各组的变量水平(x);另一个是各组的结构 $\left[\dfrac{f}{\sum f}\right]$。指数体系在这里仍然存在。

1. 总平均水平指数

$$I_{xf} = \frac{\bar{x}_1}{\bar{x}_0} = \frac{\sum x_1 f_1 / \sum f_1}{\sum x_0 f_0 / \sum f_0} \tag{11-17}$$

2. 组水平变动指数

$$I_x = \frac{\bar{x}_1}{\bar{x}_n} = \frac{\sum x_1 f_1 / \sum f_1}{\sum x_0 f_1 / \sum f_1} \tag{11-18}$$

3.结构变动指数

$$I_f = \frac{\bar{x}_n}{\bar{x}_0} = \frac{\sum x_0 f_1 / \sum f_1}{\sum x_0 f_0 / \sum f_0} \tag{11-19}$$

从相对量角度,上述方法定义的有关平均指标指数体系构成为:

总平均水平指数=组水平变动指数×结构变动指数,即

$$\frac{\sum x_1 f_1 / \sum f_1}{\sum x_0 f_0 / \sum f_0} = \frac{\sum x_1 f_1 / \sum f_1}{\sum x_0 f_1 / \sum f_1} \times \frac{\sum x_0 f_1 / \sum f_1}{\sum x_0 f_0 / \sum f_0} \tag{11-20}$$

简写为:$I_{xf} = I_x \times I_f$

从绝对量角度,上述方法定义的有关平均指标指数体系构成为:

总平均水平变动额=各组水平变动影响额+结构变动影响额,即

$$\left(\sum x_1 f_1 / \sum f_1 - \sum x_0 f_0 / \sum f_0 \right)$$

$$= \left(\sum x_1 f_1 / \sum f_1 - \sum x_0 f_1 / \sum f_1 \right) + \left(\sum x_0 f_1 / \sum f_1 - \sum x_0 f_0 / \sum f_0 \right) \tag{11-21}$$

简写为: $\bar{x}_1 - \bar{x}_0 = (\bar{x}_n - \bar{x}_0) + (\bar{x}_1 - \bar{x}_n)$

二、实验一:利用统计指数进行因素分析

(一)实验要求

根据表 11-4 的数据资料,利用统计指数体系进行因素分析。

表 11-4   某菜场四类食品价格调整前后资料

食品名称	销售单价(元/千克)		销售量(万吨)	
	调整前	调整后	调整前	调整后
A	2.2	1.7	6.53	8.20
B	13.1	14.0	3.46	5.72
C	3.9	4.2	2.30	2.18
D	8.4	10.3	1.75	1.95

(二)实验步骤

第 1 步:将表 11-4 的数据输入 Excel 工作表单元格区域 A1:E7,并在表的右边加上 4 列,用以计算参数 $p_0 q_0$、$p_0 q_1$、$p_1 q_1$,如图 11-20 所示。

	A	B	C	D	E	F	G	H
1	食品名称	销售单价		销售量		销售金额		
2		调整前 p_0	调整后 p_1	调整前 q_0	调整后 q_1	p_0q_0	p_0q_1	p_1q_1
3	A	2.2	1.7	6.53	8.20			
4	B	13.1	14.0	3.46	5.72			
5	C	3.9	4.2	2.30	2.18			
6	D	8.4	10.3	1.75	1.95			
7	合计	—	—	—	—			

图 11-20 数据录入图

第 2 步：在 F3 单元格中输入公式"＝B3×D3"，确定后用鼠标拖曳填充柄，将公式复制到"F4:F6"区域；在 G3 单元格中输入公式"＝B3×E3"，确定后用鼠标拖曳填充柄，将公式复制到"G4:G6"区域；在 H3 单元格中输入公式"＝C3＊E3"，确定后用鼠标拖曳填充柄，将公式复制到"H4:H6"区域如图 11-21 所示。

H3 | | × ✓ f_x | =C3*E3

	A	B	C	D	E	F	G	H
1	食品名称	销售单价		销售量		销售金额		
2		调整前 p_0	调整后 p_1	调整前 q_0	调整后 q_1	p_0q_0	p_0q_1	p_1q_1
3	A	2.2	1.7	6.53	8.20	14.366	18.040	13.940
4	B	13.1	14.0	3.46	5.72	45.326	74.932	80.080
5	C	3.9	4.2	2.30	2.18	8.970	8.502	9.156
6	D	8.4	10.3	1.75	1.95	14.700	16.380	20.085
7	合计							

图 11-21 p_0q_0、p_0q_1、p_1q_1 计算图

第 3 步：在 F8、G8、H8 单元格中分别输入公式"＝SUM(F3:F6)""＝SUM(G3:G6)"及"＝SUM(H3:H6)"进行求和计算，如图 11-22 所示。

H7 | | × ✓ f_x | =SUM(H3:H6)

	A	B	C	D	E	F	G	H
1	食品名称	销售单价		销售量		销售金额		
2		调整前 p_0	调整后 p_1	调整前 q_0	调整后 q_1	p_0q_0	p_0q_1	p_1q_1
3	A	2.2	1.7	6.53	8.20	14.366	18.040	13.940
4	B	13.1	14.0	3.46	5.72	45.326	74.932	80.080
5	C	3.9	4.2	2.30	2.18	8.970	8.502	9.156
6	D	8.4	10.3	1.75	1.95	14.700	16.380	20.085
7	合计	—	—	—	—	83.362	117.854	123.261

图 11-22 $\sum p_0q_0$、$\sum p_0q_1$、$\sum p_0q_1$ 计算图

第 4 步：根据计算结果，进行深入分析。先在计算表下方编制一张小的分析计算表，填入有关指标名称，如图 11-23 所示。

	A	B	C	D	E	F	G	H
4	B	13.1	14.0	3.46	5.72	45.326	74.932	80.080
5	C	3.9	4.2	2.30	2.18	8.970	8.502	9.156
6	D	8.4	10.3	1.75	1.95	14.700	16.380	20.085
7	合计	—	—	—	—	83.362	117.854	123.261
8								
9								
10	指标名称		指标	比重				
11	四类食品物价总指数							
12	四类食品销售量总指数							
13	全部食品价格变动居民增加支出							
14	A类食品价格的变动增加支出							
15	B类食品价格的变动增加支出							
16	C类食品价格的变动增加支出							
17	D类食品价格的变动增加支出							

图 11-23 数据分析计算图

第 5 步：在 D11 单元格中输入"四类食品物价总指数"的计算公式"＝H7/G7"；在 D12 单元格中输入"四类食品销售量总指数"的计算公式"＝G7/F7"；在 D13 单元格中输入"全部食品价格变动居民增加支出"的计算公式"＝（H7－G7）×1000"。此处，乘以 1000 是因为单位换算的缘故，即 1 吨＝1000 千克；在 D14 单元格中输入"A 类食品价格的变动增加支出"的计算公式"＝（H3－G3）＊1000"，确定后用鼠标拖曳填充柄，将公式复制到"D15：D17"区域，如图 11-24 所示。

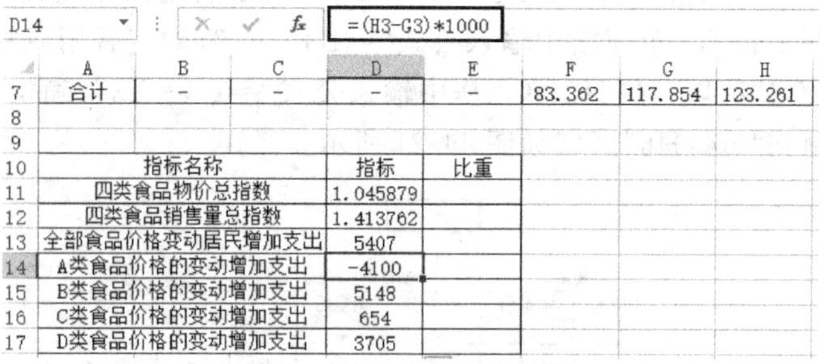

图 11-24　指标测算图

第 6 步：在 E14 单元格中输入公式"＝D14/＄D＄13"，依次向下填充至 E17 单元格，如图 11-25 所示。选中单元格区域 E14：E17，鼠标右击，选择【设置单元格格式（F）…】选项，调整数字格式为百分号和保留两位数，单击【确定】按钮。

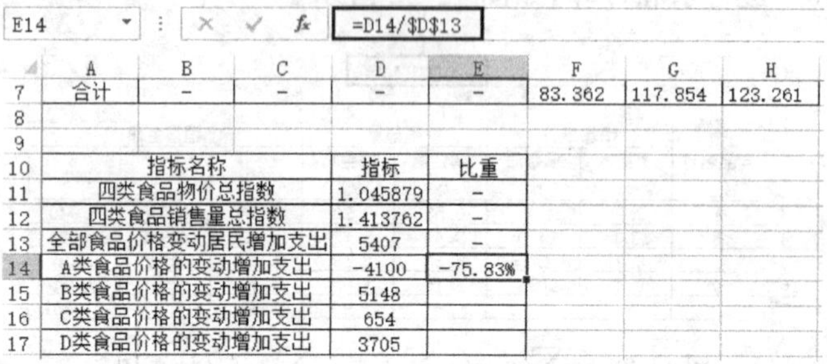

图 11-25　比重测算图

（三）实验结果

从图 11-26 的输出结果中可以看到：四类食品物价总指数为 1.05；四类食品销售量总指数为 1.41；全部食品价格变动使居民增加支出的金额为 5407 万元；其中，A 类食品价格的变动减少支出 4100 万元，B 类食品价格的变动增加支出 5148 万元，C 类食品价格的变动增加支出 654 万元，D 类食品价格的变动增加支出 3705 万元。

通过上述分析可知：B 类食品价格变动影响最大，占居民增加支出总额的 95.21％。

	A	B	C	D	E	F	G	H
1	食品名称	销售单价		销售量		销售金额		
2		调整前 p_0	调整后 p_1	调整前 q_0	调整后 q_1	p_0q_0	p_0q_1	p_1q_1
3	A	2.2	1.7	6.53	8.20	14.366	18.040	13.940
4	B	13.1	14.0	3.46	5.72	45.326	74.932	80.080
5	C	3.9	4.2	2.30	2.18	8.970	8.502	9.156
6	D	8.4	10.3	1.75	1.95	14.700	16.380	20.085
7	合计	-	-	-	-	83.362	117.854	123.261
8								
9								
10	指标名称			指标	比重			
11	四类食品物价总指数			1.045879	-			
12	四类食品销售量总指数			1.413762	-			
13	全部食品价格变动居民增加支出			5407				
14	A类食品价格的变动增加支出			-4100	-75.83%			
15	B类食品价格的变动增加支出			5148	95.21%			
16	C类食品价格的变动增加支出			654	12.10%			
17	D类食品价格的变动增加支出			3705	68.52%			

图 11-26 计算结果图

三、实验二：利用平均数进行因素分解

（一）实验要求

根据表 11-5 的数据资料，利用平均数进行因素分解。

表 11-5 总产值与工人人数资料

企业名称	2017 年		2018 年	
	总产值（万元）	工人数（人）	总产值（万元）	工人数（人）
甲	210	70	180	60
乙	280	140	525	210

（二）实验步骤

第 1 步：将表 11-5 的数据输入 Excel 工作表单元格区域 A1:G5，如图 11-27 所示。

	A	B	C	D	E	F	G	H
1	企业名称	2017年			2018年			q_0T_1
2		总产值 q_0T_0	工人数 T_0	生产率 q_0	总产值 q_1T_1	工人数 T_1	生产率 q_1	
3	甲	210	70		180	60		
4	乙	280	140		525	210		
5	合计							

图 11-27 数据录入图

第 2 步：在 B5、C5、E5、F5 单元格中分别输入公式"＝SUM(B3:B4)""＝SUM(C3:C4)""＝SUM(E3:E4)"及"＝SUM(F3:F4)"进行求和计算，如图 11-28 所示。

第 3 步：在 D3 单元格中输入公式"＝B3/C3"，确定后用鼠标拖曳填充柄，将公式复制到"D4:D5"区域；在 G3 单元格中输入公式"＝E3/F3"，确定后用鼠标拖曳填充柄，将公式复制到"G4:G5"区域，如图 11-29 所示。

F5			fx	=SUM(F3:F4)			
	A	B	C	D	E	F	G	H
1	企业名称	2017年			2018年			q_0T_1
2		总产值 q_0T_0	工人数 T_0	生产率 q_0	总产值 q_1T_1	工人数 T_1	生产率 q_1	
3	甲	210	70		180	60		
4	乙	280	140		525	210		
5	合计	490	210		705	270		

图 11-28　总产值、工人数求和图

D3			fx	=B3/C3			
	A	B	C	D	E	F	G	H
1	企业名称	2017年			2018年			q_0T_1
2		总产值 q_0T_0	工人数 T_0	生产率 q_0	总产值 q_1T_1	工人数 T_1	生产率 q_1	
3	甲	210	70	3	180	60		
4	乙	280	140		525	210		
5	合计	490	210		705	270		

图 11-29　计算生产率图

第 4 步：在 H3 单元格中输入公式"＝D3＊F3"，确定后用鼠标拖曳填充柄，将公式填充至"H4"单元格，在"H5"单元格中输入公式"＝SUM(H3：H4)"，如图 11-30 所示。

H3			fx	=D3*F3			
	A	B	C	D	E	F	G	H
1	企业名称	2017年			2018年			q_0T_1
2		总产值 q_0T_0	工人数 T_0	生产率 q_0	总产值 q_1T_1	工人数 T_1	生产率 q_1	
3	甲	210	70	3	180	60	3	180
4	乙	280	140	2	525	210	2.5	
5	合计	490	210	2.333333	705	270	2.611111	

图 11-30　计算 $q_0 T_1$ 图

第 5 步：根据计算结果，进行深入分析。先在计算表下方编制一张小的分析计算表，填入有关指标名称，如图 11-31 所示。

K26			fx				
	A	B	C	D	E	F	G	H
4	乙	280	140	2	525	210	2.5	420
5	合计	490	210	2.333333	705	270	2.611111	600
6								
7								
8								
9		总平均劳动生产率指数						
10		总平均劳动生产率变动对总产值的影响						
11		组水平变动指数						
12		劳动生产率变动影响的总产值						
13		结构变动指数						
14		人员结构变动影响的总产值						

图 11-31　数据分析计算图

第 6 步：在 E9 单元格中输入公式"＝G5/D5"，选中单元格 E9，鼠标右击，选择【设置单元格格式(F)…】选项，调整数字格式为百分号和保留两位数，单击【确定】按钮，如图 11-32 所示。

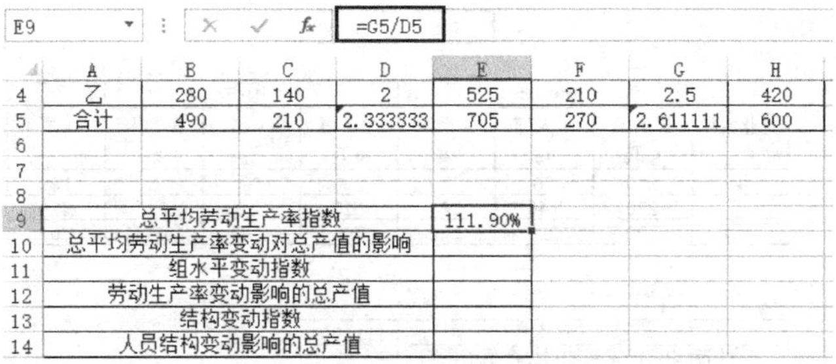

图 11-32 总平均劳动生产率指数计算图

第 7 步：在 E10 单元格中输入公式"＝(G5－D5)＊F5"，如图 11-33 所示。

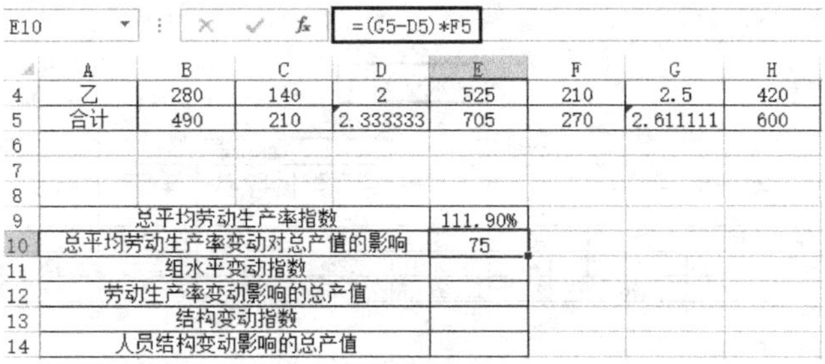

图 11-33 总平均劳动生产率对总产值的影响测算图

第 8 步：在 E11 单元格中输入公式"＝G5/(H5/F5)"，如图 11-34 所示。选中单元格 E11，鼠标右击，选择【设置单元格格式(F)…】选项，调整数字格式为百分号和保留两位数，单击【确定】按钮。

图 11-34 组水平变动指数计算图

第 9 步：在 E12 单元格中输入公式"＝(G5－(H5/F5))＊F5"，如图 11-35 所示。

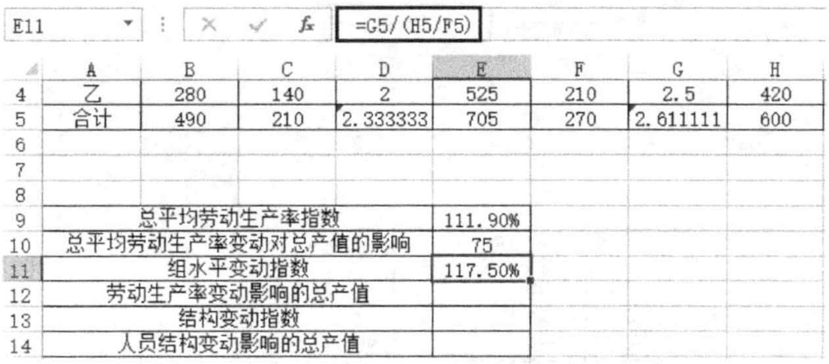

第 10 步：在 E13 单元格中输入公式"＝(H5/F5)/D5"，如图 11-36 所示。选中单元格 E13，鼠标右击，选择【设置单元格格式(F)…】选项，调整数字格式为百分号和保留两位数，单击【确定】按钮。

第 11 步：在 E14 单元格中输入公式"＝((H5/F5)－D5)＊F5"，如图 11-37 所示。

E12			f_x	=(G5-(H5/F5))*F5			
	A	B	C	D	E	F	G	H

	A	B	C	D	E	F	G	H
1	企业名称	2017年			2018年			q_0T_1
2		总产值 q_0T_0	工人数 T_0	生产率 q_0	总产值 q_1T_1	工人数 T_1	生产率 q_1	
3	甲	210	70	3	180	60	3	180
4	乙	280	140	2	525	210	2.5	420
5	合计	490	210	2.333333	705	270	2.611111	600
6								
7								
9	总平均劳动生产率指数				111.90%			
10	总平均劳动生产率变动对总产值的影响				75			
11	组水平变动指数				117.50%			
12	劳动生产率变动影响的总产值				105			
13	结构变动指数							
14	人员结构变动影响的总产值							

图 11-35　劳动生产率变动影响的总产值测算图

E13			f_x	=(H5/F5)/D5			

	A	B	C	D	E	F	G	H
1	企业名称	2017年			2018年			q_0T_1
2		总产值 q_0T_0	工人数 T_0	生产率 q_0	总产值 q_1T_1	工人数 T_1	生产率 q_1	
3	甲	210	70	3	180	60	3	180
4	乙	280	140	2	525	210	2.5	420
5	合计	490	210	2.333333	705	270	2.611111	600
6								
7								
8								
9	总平均劳动生产率指数				111.90%			
10	总平均劳动生产率变动对总产值的影响				75			
11	组水平变动指数				117.50%			
12	劳动生产率变动影响的总产值				105			
13	结构变动指数				95.24%			
14	人员结构变动影响的总产值							

图 11-36　结构变动指数计算图

E14			f_x	=(H5/F5-D5)*F5			

	A	B	C	D	E	F	G	H
3	甲	210	70	3	180	60	3	180
4	乙	280	140	2	525	210	2.5	420
5	合计	490	210	2.333333	705	270	2.611111	600
6								
7								
8								
9	总平均劳动生产率指数				111.90%			
10	总平均劳动生产率变动对总产值的影响				75			
11	组水平变动指数				117.50%			
12	劳动生产率变动影响的总产值				105			
13	结构变动指数				95.24%			
14	人员结构变动影响的总产值				−30			

图 11-37　人员结构变动影响的总产值测算图

（三）实验结果

从图 11-38 的输出结果中可以看到：总平均劳动生产率指数＝111.90％；总平均劳动生产率变动影响的总产值＝75（万元）；组水平变动指数＝117.50％；劳动生产率变动影响的总产值＝105（万元）；结构变动指数＝95.24％；人员结构变动影响的总产值＝−30（万元）。

以上各指数的关系为：

$$111.90\% = 117.50\% \times 95.24\%$$

$$75 = 105 - 30$$

	A	B	C	D	E	F	G	H
1	企业名称	\multicolumn{3}{2017年}			2018年			q_0T_1
2		总产值 q_0T_0	工人数 T_0	生产率 q_0	总产值 q_1T_1	工人数 T_1	生产率 q_1	
3	甲	210	70	3	180	60	3	180
4	乙	280	140	2	525	210	2.5	420
5	合计	490	210	2.333333	705	270	2.611111	600
6								
7								
8								
9		总平均劳动生产率指数			111.90%			
10		总平均劳动生产率变动对总产值的影响			75			
11		组水平变动指数			117.50%			
12		劳动生产率变动影响的总产值			105			
13		结构变动指数			95.24%			
14		人员结构变动影响的总产值			-30			

图 11-38 计算结果图

实验练习十一

1. 已知某企业三类产品的生产情况，如表 11-6 所示。

表 11-6 某企业三类产品的单位成本及产量数据

产品类型	计量单位	单位成本（元）		产 量	
		基期	报告期	基期	报告期
一类	万吨	20	17	4	6
二类	万吨	8	6	20	24
三类	万件	10	8	8	11

要求：

（1）以基期单位成本为同度量因素计算产量综合指数；

（2）以报告期产量为同度量因素计算单位成本综合指数。

2. 已知某企业生产销售 3 种商品，资料如表 11-7 所示。

表 11-7 某企业三类产品销售数据

产品名称	计量单位	2017 年销售额（万元）	2018 年销售量比 2017 年增长的百分比	2018 年价格为 2017 年的百分比
甲	台	160	4.0	98
乙	吨	60	2.0	100
丙	件	90	3.5	102

要求：

（1）计算 3 种产品销售额总指数；

（2）用相对数和绝对数分析销售量变动和销售价格变动对销售额变动的影响。

3. 已知某商业企业的有关资料，如表 11-8 所示。

表 11-8　某商业企业的价格和销售量数据

商品名称	计量单位	商品单价/(元)		产　量	
		基期	报告期	基期	报告期
A	件	11.0	11.0	200	240
B	双	4.0	3.8	110	132
C	箱	22.0	19.8	120	120

要求：

（1）计算全部商品的销售总额指数；

（2）计算全部商品的物价总指数；

（3）计算全部商品的销售量总指数；

（4）分析以上三种指数的经济联系。

参 考 文 献

[1] Dawn Griffiths.深入浅出统计学[M].李芳,译.北京：电子工业出版社,2018.

[2] 陈欢歌,薛微.基于 Excel 的统计运用[M].北京：中国人民大学出版社,2012.

[3] 李金昌,苏为华.统计学[M].4 版.北京：机械工业出版社,2015.

[4] 刘伟,贾士杰.Excel 在复杂随机抽样中的应用[J].数理医药学杂志,2014,27(3)：347.

[5] 侯振明,邵杰,高利军.统计学计算机实验教程——基于 Excel 软件[M].北京：清华大学出版
     社,2017.

[6] 贾俊平.统计学——基于 Excel[M].北京：中国人民大学出版社,2017.

[7] 贾俊平.统计学[M].6 版.北京：中国人民大学出版社,2015.

[8] 贾俊平.统计学[M].7 版.北京：中国人民大学出版社,2018.

[9] 贾俊平,何晓群,金勇进.统计学[M].7 版.北京：中国人民大学出版社,2018.

[10] 蒲括,邵明编.精通 Excel 数据统计与分析[M].北京：人民邮电出版社,2013.

[11] 邱文君.Excel 统计分析与应用大全[M].北京：机械工业出版社,2013.

[12] 赛贝尔资讯.Excel 在统计分析中的典型应用[M].北京：清华大学出版社,2015.

[13] 宋廷山,王坚,刁艳华,郭思亮.应用统计学——以 Excel 为分析工具[M].2 版.北京：清华大学
     出版社,2018.

[14] 王兴德.基于 Excel 的 XD 建模法[M].北京：清华大学出版社,2008.

[15] 吴先华.应用统计学实验教程[M].北京：高等教育出版社,2014.

[16] 徐国祥.统计学[M].上海：格致出版社、上海人民出版社,2014.

[17] 余思勤,陈丽江.统计学[M].北京：人民交通出版社,2011.

[18] 袁卫主编.统计学[M].3 版.北京：高等教育出版社,2010.

[19] 易东,王文昌,张蔚.用 Excel 进行随机抽样模拟试验[J].医学信息,2002(05)：296.

[20] 易东,严中洪,王文昌.用 Excel 制作统计随机抽样教学课件[J].重庆工业高等专科学校学报,
     2002(02)：26-28.

[21] 张秀娟.运用 Excel 模拟抽样分布与中心极限定理[J].统计教育,2001,(2)：23.

[22] 庄美美.Excel 在随机抽样中的应用[J].福建广播电视大学学报,2010,(4)：70.

教师服务

感谢您选用清华大学出版社的教材！为更好地服务教学，我们为采用本书作为教材的师生提供实验数据、参考答案等多种教学辅助资源，其中部分资源仅提供给授课教师使用。请扫描下方二维码获取相应的教学辅助资源。

≫ 教辅获取

本书教辅资源，授课教师扫码获取

扫描二维码
获取实验数据

扫描二维码
获取实验练习答案

≫ 样书赠送

统计学类重点教材，教师扫码获取样书

 清华大学出版社

E-mail: tupfuwu@163.com
电话：010-83470332 / 83470142
地址：北京市海淀区双清路学研大厦 B 座 509

网址：http://www.tup.com.cn/
传真：8610-83470107
邮编：100084